马云情商课

创业导师、演讲天才、电子商务教父的高情商密码

哈佛大学教授、著名心理学家丹尼尔·戈尔曼在其风靡世界的《情商》一书中提出，智商作用只占20%，而情商作用却占80%，情商才是人生成就的真正主宰。

马云说："很多人都非常聪明，比我聪明，也非常努力，但为什么我成功了？我认为，第一是毅力，第二是坚持。"这其实就是我们所说的"高情商"，即是一种洞察人生价值、揭示人生目标的悟性，是一种克服内心矛盾冲突、协调人际关系的技巧，是一种生活智慧。所以，我们有理由说：高情商的人比高智商的人更容易获得成功。

马云情商课

创业导师、演讲天才、电子商务教父的高情商密码

王拥军◎著

中国商业出版社

图书在版编目(CIP)数据

马云情商课/王拥军著. —北京:中国商业出版社,2014.5
ISBN 978-7-5044-8458-1

Ⅰ.①马… Ⅱ.①王… Ⅲ.①情商-通俗读物
Ⅳ.①B842.6-49

中国版本图书馆CIP数据核字(2014)第088332号

责任编辑:唐伟荣

中国商业出版社出版发行
010-63180647 www.c-cbook.com
(100053 北京广安门内报国寺1号)
新华书店总店北京发行所经销
天津冠豪恒胜业印刷有限公司
*
710×1000mm 1/16 18.5印张 250千字
2014年5月第1版 2020年3月第2次印刷
定价:38.00元
* * * *
(如有印装质量问题可更换)

前言

在中国商业史上，马云绝对是一个异类。他一没资金，二没背景，三没技术，却凭借出色的做人智慧、口才技能、创意思维等，取得了石破天惊的成功。显然，这一切都归结为他独一无二的高情商。

作为一种“情绪智力”，情商指人在情绪、情感、意志、耐受挫折等方面的品质。对此，有人说过，“情商是骑手，智商是赛马，没有骑手，马的速度和力量都是枉然。”回望马云50载人生沉浮，20余年创业风云，这个传奇人物在情商方面的成功带给我们怎样的启示呢?

在青少年时期，马云确实是个顽童。作为一名普通人，他长相不讨喜，智力上也看不出有过人之处，基本上就是一个不被看好的普通孩子。但最后，他硬是凭着自己与生俱来的不用麻药直接缝针却不哭的强硬劲，以及坚持不懈的努力，打造出一个震撼世界的互联网帝国。他的成功让很多人跌破眼镜。

马云的成功来源于什么呢?许多人觉得是好的运气，而他们却忽视了马云自身的情商。其实，成功不仅取决于你的谋略才智，在很大程度上，还取决于你正确处理个人情感、个人与他人情感之间关系的能力，也就是自我管理和调节人际关系的能力。

事实上，智商并没有我们想象的那样重要。智商很高而情商很低的人，事业通常都不会很成功。因为智商只能决定一个人的专业能力，而事业的成功，不仅仅依赖于专业知识，还需要你与周围的人建立起良好的人际关系。纵观古今中外成功的政治家，他们无论有什么样的出身、受过什么样的教育，最终之所以获得成功，无不建立在情商高这一基础上。刘邦如此，曹操如此，林肯如此，克林顿、奥巴马也都如此。

再看看我们身边，总会存在一些极其聪明却又郁郁不得志的人，他们都有一个共同的弱点：情商太低，无法与他人建立起和谐的人际关系，他们不能掌控自己的情绪，反而成为情绪的奴隶，所以生活通常也不会幸福圆满。比如，有的人因为一言不合就与人吵架甚至大打出手直至闹出人命，有的人因为对方的一句无心之语就郁郁寡欢，还有的人则自找烦恼，没事也要想出一堆事来，最终把自己搞得苦闷不已。

许多人问马云："很多其他的企业家以及企业也具备了像你和阿里巴巴同样的素质，但为什么不如你成功呢？"马云回答说："很多人都非常聪明，比我聪明，也非常努力，但为什么我成功了？我认为，第一是毅力，第二是坚持。"这就是我们所说的"情商"，它是一种洞察人生价值、揭示人生目标的悟性，是一种克服内心矛盾冲突、协调人际关系的技巧，是一种生活智慧。所以，我们有理由说：高情商的人比高智商的人更容易获得成功。

情商的力量无处不在，情绪的管理至关重要。一个情商高的人，被恶劣环境影响的几率会小很多，与人相处也会比较融洽。在现实生活和工作中，有90%的高绩效者同时也是高情商者，情商作为绩效倍增器，其功效远远大于智商。若一个人本已经拥有了一定的智商，再拥有高情商的话，那此人基本上就会有比较好的发展。

可以这样说，情商是一种能力，是一种创造，又是一种技巧。如今，已功成名就的马云，继续带领着他的团队铸就"阿里帝国梦"，同时，也积极地与他人分享自己过往那些或成功或失败的经验与教训。

总之，情商在我们的工作和个人生活中扮演着十分重要的角色。在智商均等的情况下，拥有高于常人的情商，你就更容易成功。我们要掌控并利用情商，像马云那样不断进取，希望这本《马云情商课》能够为读者的成功之路提供有益的帮助。

目录
PREFACE

第一章　马云的做人情商:记住别人的好,忘记别人的坏

第二章　马云的说话情商:演讲,就是讲自己

第三章　马云的社交情商:没有员工、客户和对手，就没有阿里巴巴

第四章　马云的创业情商:没有优秀的理念，只有脚踏实地的结果

第五章　马云的决策情商:最优秀的模式往往是最简单的东西

第六章　马云的工作情商:做事情要讲究策略和原则

第七章　马云的管理情商:人尽其才,别把飞机引擎装在拖拉机上

第八章　马云的竞合情商:合作伙伴成功,你才能成功

第九章 马云的逆境情商:苦难时,学会用左手温暖右手

第十章 马云的创意情商:倒立看世界,一切皆有可能

第十一章 马云的财富情商:想赚钱就应该把钱看轻

第十二章　马云的幸福情商：耐得住寂寞，才能守得住繁华

第一章　马云的做人情商：记住别人的好，忘记别人的坏

人生就是一本书，一本厚厚的书，需要细细品读才能领悟其中真谛。倘若一个人只知道工作、打拼，而忘记享受生活，忘记如何做人，他就没有真正活过。经历生活中的酸甜苦辣才是我们最重要的财富。马云说："不管事业多成功、多伟大、多了不起，记住我们到这个世界就是享受经历这个人生的体验。忙着做事一定会后悔。"

1. 不装，做自己

“上帝用模型造人，塑造了你之后，就把模型捣碎了。因此，你是唯一的。”一位哲人曾这样说。大千世界里，每一个人都是一道风景，所以我们不必过多地在意别人的言论和评价，只要走好自己的路，做好自己就足够了。

做自己，就不必随世俗之波逐流，就不必为别人的言语行为左右。做自己，就要保持心灵的洁净，别让雨下进自己真实的灵魂里。正是因为有做自己的信念，梅花才能经一番寒彻骨的磨砺，在冰雪中独自翩跹起舞。也只缘做自己的坚守，我们才能守住心中的一方净土，在尘世做一股清流。

当然，做自己决不意味着放纵自我，一意孤行。在必要的时候，听取别人的忠谏，做出适当的调整，也是完善自我的一条捷径。

马云在创立阿里巴巴时曾直言不讳地说：“阿里巴巴一直想做一个影响全世界经济或者是亚洲经济，至少是影响中国经济的一家公司。”最初人们听了这话，都暗想：马云真是不知天高地厚，放出这样的狂言，最后一定会搬起石头砸了自己的脚。可谁想到，经过几年的努力，马云真的让自己的话变成了现实。

1995 年，马云在美国第一次接触互联网之后，很兴奋地回到中国，立刻创办了当时最早的网站——中国黄页网站。在当时那个年代，全中国人民对“因特网”是什么东西，毫无概念。

当时的马云也对互联网一窍不通。可马云是个有头脑的家伙，他借用比尔·盖茨的名号大胆预言道："互联网将改变人类生活的方方面面。"于是，他像大多数做业务的人一样，学兔子，先吃起了"窝边草"。从他身边的朋友开始"骗"起，走遍杭州城的大街小巷，直到"骗"到京城的权威媒体。一路的坚持不懈和努力，马云得到了越来越多的认可。就这样，马云跌跌撞撞地在互联网的道路上摸爬滚打，最后却真的走出了一条自己的路，创办了阿里巴巴，并获得空前的成功。

有人这样评价道："马云是'骗子'也好，是'传教士'也罢，无论如何都不可否认这样一个事实：这个小个子的浙江企业家，身上有一种特异的、让人无法抗拒的魔力、威力、魅力。如果我们非要用'骗子'这个词来形容的话，也许应该加几个修饰词——一个有着相当高的'骗术'的、讲究'技术含量'的'超级骗子'。"

除了"骗子"这个称号，还有人这样称呼马云，说他是一个"疯子"，因为他敢于舍弃自己已经拥有的，为了梦想从头做起；还有人说他是"狂人"，因为同别的成功人士一比，马云实在是不够谦虚，讲起话来，经常是"赚不赚那几个亿没什么了不起的"。小小个子，却是财大气粗的样子。这种"狂"，在马云的身上并不少见。在创业之初，他就说过："我们要做全球前十名的网站。"后来，从"每天盈利 100 万元"到"每天交税 100 万元"，再到"现在赚的只是零花钱而已"，马云的"狂言"从来没有停止过。他也丝毫不掩饰自己公司的实力与良好的盈利前景，并说阿里巴巴是"拿着望远镜也找不到对手"。

这就是马云。他说："我可能疯狂一点，但绝不愚蠢！因为我有目标，我做的都是我自己想做的。"马云的经验告诉我们：坚定地走自己的路，让别人说去吧！勇敢地做自己，没什么不可以！

尽管中国有句俗话叫"枪打出头鸟"，但是在今天日新月异的社会中，传统的那一套早已经不那么好用了，越来越多的人希望能够成为一只引人注目的"出头鸟"。只有冲破了传统的牢笼，才能够拥有真正属于自己的天空。这些人，不仅有敢于做自己的勇气，更具备了比一般人都要高的情商，这也正是他们能够成功的关键。

在1988年的时候，法国巴黎科学院举办了一次征文活动。在这次征文中，有一篇来稿获得了大家的一致肯定。在文章的结尾处，作者写着这样一句话：“干自己应干的事，做自己想做的人！”而这篇文章的作者，也就是数学史上的第一位女教授——苏菲·柯瓦列夫斯卡娅。也正是她，在妇女备受歧视和奴役的19世纪，第一个带头走出了巴黎科学院的大门！当时的苏菲·柯瓦列夫斯卡娅已经有38岁了，但是，勇敢做自己的信念却一点也没有消失。“走自己的路，让别人去说吧！”但丁这句富有力量的至理名言，至今仍鼓舞着许多人奔跑在追逐成功的路上。

关于独一无二，莫里斯曾经这样定义它：“沿着你自己最深刻倾向和最强烈特性的路线前进，并仍然忠实于体现自己人性的可能。”在莫里斯看来，人与人之间如果失去了独特性，那么也就无所谓差别了。对此，他说道：“个人之间的差别很大，很顽强，也很重要。”即使在我们与人打交道时，在我们为群体、为他人服务时，也不意味着你该把自己混同于别人，也没必要强求自己完全融入到人群里去。即使要体现人的共性，仍然是以你自己认为最合适的方式表达为好，这样才能把自己具有“深刻倾向”和“强烈特性”的自我发展与社会发展融为一体，使自己成为一个健康、完整、独立的人。具体而言，我们应做好以下几点：

（1）当面对事情迷茫时，在众说纷纭中乱了方向时，要做自己！

实际上，做自己需要勇气，你是否敢于面对外人的冷眼旁观？做自己需要耐力，你能否忍住外界的冷嘲热讽？人生如一条船，勇气做帆，耐力做桨，方可乘风破浪。

（2）在困难中无数次跌倒，在黑暗中处处碰壁时，要做自己！

坚强些，勇敢地面对探索路上的困难；乐观些，用微笑去征服人生路上的挫折。善于发现并改正自己的错误，你就会在一点一滴中进步。善于总结经验和吸取教训，你就会在磨炼中日益成熟。

（3）遇到创新的萌芽被扼杀，成功的案例难以超越时，要做自己！

要知道，时间将是最公正的裁判，先进的事物会渡过时间的长河，日益显露；落后的事物却只能葬身于时间的惊涛骇浪，永远沉寂。人们往往乐于发表对新事物的看法，但这些意见与建议是对是错只有你自己最清楚。择优而从，取其精华，创新才能逐渐进步。

像马云一样，正因为敢与习惯势力决裂，敢与多数人相悖，所以才发现了新奇的路，才取得了创造性的成功，也才吸引了多数人的关注。而这也是那些有特殊心理素质的人的共同特点：不装，做自己。让迷途的心灵之船找回正确的航向；让风雨中的心灵之花永远顽强地绽放；让我们一步步走向成功，迈向辉煌！

2. 勇于承认错误，不为面子活受罪

人非圣贤，孰能无过。对于每一个人来说，犯错误并不可怕，可怕的是明知是错误却不摆正心态去改正，这只能使人在错误的道路上越走越远。很显然，勇于承认错误，不为所谓的面子活受罪，是人生的必修课！

当我们犯错以后能够听进别人的意见，并勇于纠正错误——这就是“吃一堑，长一智”的成长智慧。人的一生中难免会做错事。假若你硬是梗着脖子，不肯启齿表达歉意，那么必定会寸步难行。

贝多芬曾说过：“一个人最难堪的事情莫过于被迫去为自己的失误而自咎自责。”一个人如果能在知道自己错误的情况下，真心悔改，道出发自内心的歉意，这又何尝不是“知耻近乎勇”的表现呢？如果你认为这是一种怯懦或软弱的表现，那就大错特错了！

一个能够知错道歉的人，才是对家人友人、对社会有责任感的人，因为那种真诚的歉疚，必然也会是知错改错的开始。以这样的姿态做人做事，何愁不成功呢！

同样的，对于每一位创业人士而言，这个道理也是适用的。马云认为：“创业者应该多去看别人失败的经历，成功的原因千千万万，失败的原因就这么几个。更要学会正确看待失败，勇于承认错误，不要为了面子活受罪。创业者去看别人失败的时候，要仔细观察自己是否有犯同样的错误，下次，如果自己遇到，是否应该换一种方式来做？而看人家成功以后，你千万不要以为可以去模仿，后果可能是死得更快。很多人觉得借着这块石头，成功是这么爬上去的，以为自己也可以爬，但事实是也许你的腿劲不够，也许刚好碰到的那块石头松了，那你就惨了。很多失败的人，就是因为那一念之差。这一念之差，你记住了，你学到了，将来走过这个地方的时候，你就懂得绕过去。”

其实，“天下所有的陷阱都是差不多的，无非是贪婪，无非是对人的关系，无非是在过程中你做了不该做的事，这些东西请大家去多学习、多看。去学习那些失败的经验以后，不仅不会让你的胆子更小，更是让你的胆更壮，学会承认错误，分析错误，才是通往成功的捷径！”马云曾说创办阿里巴巴以来，最让他感到骄傲的事情不是取得了什么成绩，而是这么多年了，他们坚持活了下来。“创业是一个不断碰到灾难与挫折的过程，且绝大部分灾难与挫折，你自己不会知道是怎么碰上的，走出来之后，也不会知道是怎么走出来的。很多人告诉你，当时是做了这样那样正确的决定，才让你走出了困境。其实有的时候，运气也很重要。”

对于马云来说，创业过程中，任何的成功与失败，都是他最想要的东西，他曾说过：“创业者要有经历，人这一辈子不会因为你做过什么而后悔，很多时候，当你年纪大了再回过头去看，反而会因为你没做过什么而后悔。所以，创业者永远不要惧怕失败，且从创业的第一天起，就应该知道自己在走的是一条曲折的路，而这是一笔财富，这样的一个认知会让一个创业者的心态永远保持平衡。”

在阿里巴巴的发展过程中，也并不是一帆风顺的，但是重要的是勇于承认这些。不论是当初将中国黄页让给杭州电信，还是将国富通让给政府，马云都坦然地承受自己的失败。尽管，失败会折磨创业者的心志、毁损他们的身体，但一切都是暂时的。马云也曾经多次对别人讲过，和失败相比，反而是那些因为害怕受挫而放弃尝试的行为更让人感觉糟糕，同时给自己带来的损失也更大。只有从一次又一次的失败中吸取教训，获得经验，才能够在将来走得更稳更远。

在我国唐代，出现了历史上有名的贞观之治的佳景，不仅百废俱兴，社会经济得到快速发展，百姓的生活水平也得到了大幅度的提高，经济实力、军事实力等都得到了增强。这种盛世局面的出现，是和唐太宗李世民分不开的。他不仅任用了很多贤才，还善纳诤言，每当听到别人的建议和批评都能够及时改正自己的错误。正因为如此，社会才获得了快速的发展。

朱丽安·A·斯登所说的“逆境乃力量之源”就是这个道理。唯有在失败中磨砺过自己，然后重新站起来，以更强大的力量找回自己的人，才能有所作为。所以，想要创业的人，去学习别人是怎么失败的吧，最基本的有以下三点：

（1）勇于承认错误会赢得大家的信任。

勇于承认“我错了”，在工作中有着非常重大的意义。它可以帮助提高一个人的信誉，并且有利于自我的完善。因为人人都难免犯错，人们看重的是认错的态度如何，大多数人不会盯着你的错误不放，而是会选择原谅你的过失。

（2）请丢掉大胆狂妄的“我认为”。

巴顿将军有句名言：“自以为了不起的人一文不值。遇到这种军官，我会马上调换他的职务。每个人都须心甘情愿为完成任务而献身。”

任何一个人，在工作中都应付出，要到最需要你的地方去，做你必须做的事，而不能忘记自己的责任。犯错的时候，承认它，面对它，改掉它，你就是胜者。

（3）虚心学习才是王道。

面对上司的批评，明智做法是耐着性子听完对方发泄不满，并咨询他对你工作改进的建议。这时候，表现出虚心接受批评的样子很重要，即使要解释自己所犯下的错误也要调低声调，让对方感受到你的敬重。

犯了错，反而为自己辩解，是最愚蠢的行为。这时候，如果找借口申辩，这种反抗不但是徒劳的，还会为你增加更多麻烦。倒不如从错误中虚心学习，提升自己的业务水平和能力。这是职场的生存法则。

中国有句老话说得好：“死要面子活受罪。”那些为了保全自己面子而不肯承认失败的人，不仅十分虚荣，还缺乏成功所应具备的勇气。有些人一听见别人的批评就火冒三丈，强词夺理为自己的失败找各种借口，这样只会让自己和成功背道而驰，最后只能在错误的道路上越走越远。不仅失去了大家的信任和支持，还让自己陷入了困境当中无法自拔。

那些高情商的人之所以容易取得成功，其中很重要的一个原因就是他们能够及时地认识到自己的错误，或者在别人提出来的时候能够虚心接受，并马上改正。知错能改，还有哪种善事比这件事更大的呢?

凡事全力以赴、兢兢业业，做事有职业道德，但求无愧于心、恪尽职守并且多站在别人的角度考虑问题。那么就算结果不尽如人意，也要从容面对，错了没必要推卸责任，应放下面子，主动认错，才是明智的选择。

尤其是在工作的过程中犯错的时候，承认自己的过失，显得比什么都重要。因为，工作本身就意味着责任。犯了错，不要害怕承担责任，勇敢面对它，加以改进，才能走向正途，做得比以前更出色。一个不敢担当的人，不可能在以后的工作中被委以重任，也不可能做好任何重要的事情。“成长”的含义是非常广泛的，从失败中使自己得到改进就是一个重要的方式。它可以使我们在及时改正错误的同时获取经验教训，从而实现了举一反三的效果。

3. 诚信绝对不是一种销售，而是一个人的最高资产

“人若无信，不知其可也。”要知道，诚信是每个人安身立命的根本和前提。人生活在这个世界上，每天都要和不同的人打交道，如果做人连最基本的诚信都做不到，那岂不是要被这个社会隔离？林肯曾经说过：“你能够欺骗所有的人于一时，也能够永远欺骗一些人，但是却不可能永远欺骗所有的人。”一个人只有诚信才能立身，一个国家只有取信于民才能立国，一个产品只有诚信服务才能赢得消费者的认可……在任何行业、任何领域，从事任何活动，都要以“信”确立自己的地位。

仔细想想，我们所生活的社会如若失去了诚信，将会变成什么样？后果简直不可想象。我们诚信待人，付出的是真诚和信任，收获的是友谊和尊重。这是一份无形的财富，这是一笔沉甸甸的无价之宝。把诚信作为根基，我们的生命之厦才会更稳固；携诚信上路，我们的生命之旅才会更加多彩！

要知道，诚信不仅是一种品行，更是一种责任；不仅是一种道义，更是一种准则；不仅是一种声誉，更是一种资源。诚实守信的经商态度可以说是每一位商人的必备素养，众多商人成功的经验告诉人们，真正做到恪守诚信，并不是一种销售，而是一个人的最高资产！

马云在《赢在中国》的现场，曾这么告诫创业者：“我觉得一个 CEO，一个创业者最重要的，也是最大的财富，就是你的诚信。”他还举了这么一个例子：“比如我今天缺 1 亿美金。打电话 3 天之内肯定到账。现在很

多房地产老板叫他拿出1亿人民币出来看看？看他有好大的家产，没有用，不一定有人敢借给他钱。今天以我的信用，打电话给孙正义、郭炳江，说我今天资金有问题，我相信他们不会眨眼睛。他们都会说：'I can do!'"

的确，一个创业者，最重要的就是你的诚信，马云就是一个将诚信看得很重的人。早在营运阿里巴巴初期，马云就给阿里巴巴内部的员工制定了两项铁的规定：其中一条就是"永远不给客户回扣，谁给回扣一经查出立即开除"，因为一旦给了回扣，就会让客户失去对阿里巴巴的信任；还有一条是"永远不说竞争对手的坏话，这涉及到一个公司的商业道德"。马云坚持"所有在阿里巴巴上网的商业信息，都必须经过信息编辑的人工筛选"。这个要求从阿里巴巴创业时的18个人开始，一直坚持到现在。"我们会删去一切看上去不那么真实的信息，然后给会员发一个电子邮件，告诉他们没有发布这条信息的理由。"

马云表示："电子商务，首先应该是安全的电子商务，一个没有安全保障的电子商务环境，是无真正的诚信和信任可言的。而要解决安全问题，就必须先从交易环节入手，彻底解决支付问题。"为此，2004年年底，当阿里巴巴顺利融资8000多万美元以后，马云立刻着手建立和健全阿里巴巴的诚信体系。淘宝网也创造性地推出了支付宝产品。当时，他们有这样一个口号："只有诚信的商人能够富起来。"诚信，在马云这里，已经从一种做生意的手段变成了做人的准则。随后推出的支付宝"全额赔付"制度，也是诚信的重要体现。

要知道，古往今来，诚实和信用都是人与人发生关系所要遵循的基本道德规范。两千多年前的孔子就强调"民以诚而立"，并把"信"作为与"仁、义、礼、智"并列的儒家道德的基本范畴。

对于创业者来说，在创业时选择自己的合作者或者说是创业团队时，其个人的人品和信用是至关重要的，是影响合作的成功的重要因素。事实上，诚信是个基石，最基础的东西往往是最难做的。但是谁做好了这个，谁的路就可以走得很长、很远。

明园集团总裁李松坚曾反复告诫员工："诚信是企业安身立命的根基，它关系到百姓的安居大业。当那些省吃俭用的人为了买你一套房子，而拿出毕生的积蓄时，你还有什么理由不拿出最好的东西来为他们服务呢?"

华人首富李嘉诚之所以能够取得成功，也离不开这"诚信"两个字。在生意场做一个实在人，讲诚信，不仅不是呆傻，反而是一种情商高的表现。所以说，要想成功，首先就要诚信，并做好以下几点：

（1）给人一个信任你的理由。

有两个在法国做生意的潮商陈克威兄弟，他们始终坚持以信誉为重。不仅要保证肉菜等充分新鲜健康，还坚决反对以次充好，蒙骗顾客。那些变质的产品，宁可丢掉，也不能用它们赚黑心钱。正因为这样，他们的生意越做越大，赢得了更多顾客的信任与支持。

（2）诚实合作，打造双赢。

今天的商业世界，早已经由"竞争"走向了"竞合"阶段，即在竞争中合作。越来越多的企业人明白，只有拿出真心实意来和对方合作，才能够进行更有效的交流与配合，所取得的成果才能更大更好。相反，如果大家永远处于一种互相利用、互相猜忌的状态，打一枪换一个地方，不仅损失了一个良好的合作机会，也破坏了市场环境，企业想要获得持续经营就成为一句空话。

（3）提供质量有保证的产品和服务。

产品和服务，可以说是连接企业和顾客的一道桥梁。若想要这座桥梁建得结实，就要用诚信做基石。在竞争激烈的市场上，往往有人以次充好，缺斤短两。殊不知，这是在为自己挖了一个大陷阱，最终只会让自己尝到苦果。

（4）人要诚实，诚恳待人。

俗话说，小生意做事，大生意做人。那些做成大买卖的人，无不是在做人上面很到位，展示了自己诚实的一面。先交朋友后做生意，成为商业伙伴的关键是诚恳待人。

总之，办企业要注重积累自己的信誉，做生意是建立信誉的过程，信用是交易的基础。老子认为：事物得到同一，便有了顺利与祥和；事物失去同一，也就失去了和平与安宁。表现在经商活动中就是，厚道做人，表里如一，讲求信誉，才能广结善缘，赢得合作伙伴和顾客的信赖。

4. 放低才能看到别人看不到的

一位哲人曾经说过：“一个人的心态就是他真正的主人，要么是你驾驭生命，要么是生命驾驭你，而你的心态将决定谁是坐骑，谁是骑师。”一个人放低自己，就意味着放弃了许多充大、装相、张扬和卖弄的虚荣表现，放弃了许多假正经、假道学、假圣人的虚伪面孔。事实上，对每个人来说，聪明是一笔财富，但关键在于怎么使用。高情商的人会用好自己的聪明，在为人处世中懂得深藏不露，始终保持谦卑的姿态，牢牢把握住大局，能够看到别人忽视的某些东西。

熟悉马云的人都知道，他并不是从一开就一帆风顺的。可以说在他的发展道路上，充满了艰难险阻，每迈出一步都会面对一个新的困难。但是，他并没有因此而消沉，反而在磨难中悟出了一个做人做事的道理，那就是：放低自己。这四个字说起来容易做起来却很难，只有那些真正自信，真正看清自己的优势和短板的人，才能够不急不躁，放低姿态。实际上，做任何事都须从最底层做起，打好根基，放低姿态，才能成功。如若一开始就好高骛远，不切实际，定会与成功背道而驰。

在马云身上，还有一点是一般人做不到的，那就是他没有一点虚荣心，他不怕没面子，能十分坦然地面对自己不太成功的过去，连自己的长相也在他自嘲之列。他坦言，做人要低调，放低才能看到别人看不到的。这一点对一个人来说真的并不容易，而且有许多人因为做不到这一点而将自己放大或架了起来。一个人，只有放下架子的时候，才能够正确地认识自己。如果你放下架子，周围人都可以与你平起平坐了，这就使你能与大家有更多的机会相互沟通、相互融合。

对于马云来说，他不会人前一套人后一套，在他的眼中，不论是顺境还是逆境，都要真实地表现自己的不足，也真实地展露自己的才华。很难想象什么人能将马云忽悠起来，也很难想象什么人能把马云的自信打下去让他自卑。他顾全大局、谦虚温和、强而不争、高而不傲，始终处在一种极为清醒的状态，基本不失去自我。也许有人会觉得，这不过是在成功之前的委屈求全，殊不知，这正是高情商的重要组成部分。只有真正认清自己的人，才能够给自己一个正确的定位，既不过分谦虚而贬低自己，也不会因为过度自信而盲目自大。马云的成功，正是和这种对自己的清醒认识分不开的。

多年以后，马云功成名就时，人们回过头去看，纷纷评价说："当时的马云，如果没有放低姿态的决心和态度，想必也是很难成功的。"学会收敛锋芒，韬光养晦，才能在与人共事时留下较大的回旋余地，这是一种必要的自我保护，也是让旁人敬佩的一种内在气质。

殊不知，放低自己才能看到别人看不到的。放低姿态，能够在低调中修炼自己，并且寻求机会，在不显山、不露水之中，成就宏图伟业；能够在无人关注的情况下，一飞冲天，一鸣惊人，不骄不狂，豁达从容；能够在隐蔽中养精蓄锐，从而实现胜人一筹的突变。

如马云一样"低调做人，高调做事"，放低才能看到别人看不到的。生活中很多人都很要强，追求卓越，因而经常锋芒毕露，不自觉地就会抬高自己。小科是一名刚毕业不久的大学生，在学校读书时，他不仅成绩优异，还组织过多次学生活动。在老师和同学眼中，他是一位多才多艺的好学生。进入社会之后，他立志要干出一番事业来。可是在公司里，由于他资历浅，缺乏实际经验，领导并没有把一些重要的任务交给他。

小科的心中便有些不满："我曾经可是学校里的风云人物，没想到在这么一个不起眼的小公司里都不被重用，可见这个公司的领导实在是没有眼光。"从此，他便开始迟到早退，在单位里也不知道虚心向别人学习，

反而总摆出一副“我才是真正的人才”的样子来，没过多久，由于他业务量总是垫后，就被公司辞退了。

可见，给自己一个正确的定位，不仅是创业的必需，更是踏实做人的必要条件。那么，怎样做到保持低姿态呢？这需要一个很好的心态。

（1）在姿态上要低调。

在低调中修炼自己。低调做人在商场的竞争中是一种进可攻、退可守，看似平淡，实则高深的处世谋略。为对手叫好，是一种谋略，能做到放低姿态为对手叫好的人，那他在做人做事上必定会成功。

创业者初涉商业，毛羽不丰时，要懂得让步，低调做人，往往是赢取对手的帮助，最后不断走向强盛、扩张势力再反过来使对手屈服的一条有用的妙计。

（2）在心态上要低调。

创业者不要恃才傲物，当你取得成绩时，你要感谢他人、与人分享、为人谦卑，这正好让他人吃下了一颗定心丸。做人要低调，不要锋芒毕露，功成名就需要一种谦逊的态度，自觉地在名利场中做看客，修炼广阔心境。

有一句话是这样说的，“并不是社会去适应你，而是你去适应这个社会。”这可以说是正确认识自己的最佳诠释。因为纵使自己有着千万种才华，也要在社会上给自己找一个正确的位置，把自己的心态放平，才能够在稳扎稳打中取得成功。如若不然，就会因为过于急躁而迷失方向，甚至给对手留下了可乘之机，让自己摔一个大跟头。放低姿态，并不是一味地讨好别人，而是认清自己，同时也认清别人，只有知己知彼，才能百战百胜。

总之，一个人只有在姿态和心态上保持低姿态，才能积累一个好人缘，才能看到别人所看不到的风景，得到别人所得不到的机会！人的一生总会经历很多坎坷，千曲百折，不见得每件事情都合我们的心意，这就需要我们不断地调整心态，否则很有可能撞得头破血流。放低自己，不失为一种保护自己的手段。放低自己，不是做表面功夫，不是言不由衷地乱敷衍他人，而是要学会“放低姿态放下身段”，学会仔细倾听别人的话，学习“忖度他人之心”，而不是高高在上，鹤立鸡群。有时候，“低”比“高”更适宜生存，对自己的成就轻描淡写，以低姿态出现在人们面前，这是安身立命的方略。学会谦虚，学会低头，才能永远受到人们的欢迎。

5. 用委屈撑大自己的胸怀

中国有句古话，“宰相肚里能撑船”，说的是一个人的胸怀和度量。气度决定高度，气魄决定胆魄。心胸狭窄的人，不但难以做成大事，对自己也容易造成伤害。气度恢弘，任何委屈、打击都能承受，胸怀宽广的人，更容易成功。

世界上的事情是复杂的，而人性的多变也使我们处在一个不确定的环境中。人生不如意的事情十之八九，遇到难题和烦恼时、被他人误解时，以气度恢弘的心态来应对可以使我们笑对人生。反之，如果一个人气量狭小，在一些无关紧要的事情上斤斤计较，只能自寻烦恼，得不偿失，也难以在事业上有所进步。

委屈和苦难是人生的一块垫脚石，对于弱者是万丈深渊，而对于强者却是一笔丰厚的财富。人人都要学会用委屈撑大自己的胸怀，只有拥有一个博大的胸襟，才能守得住成功和掌声。

无论是生活还是创业，没有谁是一帆风顺的，每个人都要在人生道路上不可避免地经历命运的坎坷。你现在只看到了阿里巴巴创始人马云的成功与光鲜，不要羡慕，那是因为你不曾经历过他创业路上的艰辛，也不曾受过他所承受的委屈。马云常被人家笑话说什么都不懂。马云也常常说自己是杭州师院毕业，学的是英文，应该是去教高中的，对于技术和营销什么都不懂。在几乎什么都不懂的情况下，马云发现男人需要胸怀，唯有胸怀可以去包容别人，理解别人，倾听别人，去给别人发挥的空间，这是管理一帮聪明人很重要的一个特质。

马云说："男人是一定要吃冤枉的，人家骂你，你就把骂你的话吞进去，把胸怀撑大，然后你就会发现你会尊重他们、理解他们，尤其是对那些有才华的人。有才华的人一般都是很古怪的。阿里巴巴公司里，有的人一分钟可以讲五六十句话，有的人是五天不讲一句话，大家为此经常碰到矛盾。"

最终，马云发现了，只有用宽容的心态去包容他们，理解他们，才能够把各种关系处理得当。当然在这个过程中，自己免不了要受点委屈，吃点苦头。但是马云坚信，自己所承受的这些委屈，在将来都会变成宝贵的经验。同时也让他明白了，任何的困难，都需要自己去勇敢面对。人生在世，并不是为贪图安逸，而是应该在痛苦逆境中调整好心态，学会享受痛苦，这一点是极其重要的。

马云曾经问过自己："连'猪坚强'都能活，你为什么不可以？这点委屈算什么？现在的苦不过是为了以后更甜。"对所有人来说，请永远牢记一点：从来到这个世间的第一天起，你每天要面对的就是困难和压力，而不是成功。学会用委屈撑大自己的胸怀，唯有如此，才能收获成功。

美国耐克公司的创始人菲尔·耐克曾经说过："当公司出现经营危机时，并不意味着那一定是坏事。能否转危为安，就看做老板的怎样去面对它。在困难面前，你一旦弯下腰去，就很有可能被压趴下，再也站不起来。只有那些能够在困难来临时直起腰杆的人，才有希望取得成功。不论是在哪个地方，哪种行业里，失败者并不会被人瞧不起，反而是那些在失败后自甘堕落的人，才会受到人们的轻视。"

如今，脑白金的广告可以说是铺天盖地。而脑白金背后的创始人——史玉柱的坎坷经历却很少有人知道。1989 年 7 月，浙江大学数学系研究生毕业的史玉柱，带着 4000 元钱及耗费 9 个月心血研制的 M－6401 桌面排版印刷系统，辞去公职南下独闯深圳。令他没想到的是，在短短五个月内就赢利了百万元。随后，史玉柱创立了"珠海巨人新技术公司"，与此同时也实现了一个世间所罕见的三级跳：一年成为百万富翁，两年成为千万

富翁，三年成为亿万富翁。正当他被鲜花和掌声围绕的时候，却发生了意想不到的事情——巨人集团因投资房地产和生物工程领域的失误导致负债结构中出现恶性债务，陷入了财务危机。

但是，史玉柱并没有一蹶不振，相反，他努力地从失败中站起来，将所有的委屈装进自己的肚里，咬紧牙关，默默奋斗。终于，脑白金的一炮打响，也让这位曾经风光一时的人再次回到人们的视野中。

中国有句顺口溜说得好，“天下雨，地上滑，哪儿跌倒哪儿爬。”在创业的过程中，没有困难，没有挫折，不受委屈都是不可能的。只有勇敢地跨过这些困难，才能让自己获得历练，获得成长。

企业的领袖，是一个企业生存的根本，是继续经营下去的支柱人物，如果他们跌倒了，受了点委屈就灰心丧气，很难想象这样一家企业能够长久发展。

一次的失败并不代表永远失败。只有爬起来，才能继续战斗，去实现自己的理想。如果只是躺在地上，反复咀嚼所受的委屈，自怜自艾是不会有任何机会的。自古以来锦上添花的多，雪中送炭的少。想要被别人看得起，就要整理好自己的心态，摆正自己发展的方向。人们常常会说，“在哪里跌倒，就在哪里爬起来。”其实，换个角度想想，自己也可以在另一个地方重整旗鼓，重新打造出一片新天地！

在成功者眼里，那些接踵而至的委屈与苦难并不能滞留他们的脚步，反而成为了激发他们前进的助推剂。当然，对于他们来说，宽大的胸怀也不是想要就能有的，它需要经过挫折、委屈的层层磨练。心胸宽广不是单指能容“人”，而且能容“事”。多给自己一些信心，不断提高个人的道德层次，才能够登上顶峰，一览众山小！

6. 不要在乎别人说什么

走自己的路，让别人去说吧！你的梦想才是最重要的，认定目标，努力前进，不要在乎旁人的非议，也不要在乎世人加在你身上的虚名，只有一心一意向目标前进的人，才是真正的成功者。

所以，不要在乎别人怎么说，过自己的生活，才对得住自己，我们才没白白地来这人世间一趟。当然，这并不是说，一个人应该独断专行，不顾是非黑白。而是说，他人的评价，只能代表他们的看法，并不一定是真理，也不一定是神圣不可改变的。你认为有道理你就听，认为不正确就可以不去理会，主动权应掌握在你的手里。如果凡事都一股脑儿接受，其结果必定是失去了锻炼自我、表现自我的机会。

事实上，一个企业在成长的过程中都是要经历痛苦的，阿里巴巴也一样，面临着各种各样的成长中的痛苦。其中一个痛苦来源于“人言”，即外界的表扬与批评，尤其是媒体。可以说，阿里巴巴和马云能取得今天这样的成就，有媒体的一份功劳。

在阿里巴巴创业初期，无钱做广告之时，马云正是利用中外媒体的访谈报道来为阿里巴巴公司做免费广告的。在第一次“西湖论剑”之前，互联网行业里只有三大网站、三大掌门人的说法，尽管阿里巴巴的实力还远不如前三家网站，但是因为媒体评论的功劳，五大网站和五大掌门人的说法也很快被业界和社会接受了。而马云本人，也在《书生马云》、《福布斯》、《中国贸易报》以及《赢在中国》等媒体平台中越来越被大众熟知并认可。

然而，媒体的宣传中也不都是好事。2000 年 7 月，老牌财经杂志《福

布斯》把阿里巴巴评为世界最佳 10 个 B2B 网站之一，并把马云的照片登在了封面上。马云成了 50 年来第一个登上《福布斯》封面的中国企业家。马云接到这个消息之后，并没有欣喜若狂，反而他非常冷静地说道："人最怕的就是别人把你当英雄的时候，你真把自己当英雄了，因为往往是这种时候，失败就跟着来了。"

果然，没过多久，北京的一家很有影响的青年报，刊登了一篇文章，含沙射影地说阿里巴巴的封面是买来的。一时间，这个事件在传媒界和 IT 界闹得沸沸扬扬。这着实让马云难受了一段时间。

当然，马云心里清楚做企业必定要面对各种各样的评论，不论是表扬还是批评。冷静下来的时候，他只坚信一件事："我们要永远拒绝的一种诱惑就是，如果做网站、做公司是为了投资者去做，为了媒体去做，为了评论家去做，一定会很失望。你只有一个选择，就是为你的客户去做，这是唯一正确的。所以，只要客户不骂我们，谁骂都可以。"

这种坚持自己的道路，任由别人评说的态度，让马云在激烈的竞争中依然能够对市场做出冷静的分析和判断，不管自己经历了多少成败，他的内心还是那么坦然。这种对别人的评价"不在乎"的态度，是值得我们每个人学习的。

有一位朋友十分好胜，对于别人的态度非常看重。在考大学那年，为了不让自己因为考试失利而在别人面前丢脸，他就整天开夜车，总是学习到深夜。结果他在考试之前病倒了，考试也没能正常发挥，最后上了一个二流大学。

参加工作后，为了能够马上赢得领导的赏识，不管什么事他都积极参加，生怕拉下自己。结果不仅本职工作没有做好，还常常好心办坏事，多次受到领导的批评。

他本来是想获得别人的肯定的，结果却总是适得其反。究竟是哪里出了问题呢？让我们来看看另外一位朋友的经历。

这位朋友对任何事情都常常是一副无所谓的样子，有人说他不努力学习，也有人说他对自己要求不严格。他从不反驳，只是默默地做好自己的事情。高考前，大家都为备考忙得焦头烂额，他却该吃该睡，一点也不着急。别人问起，他却笑着回答说："高考是自己的事，只要我把该学会的都学会了，就不用着急了。再说，着急也没有用啊。"结果，因为他心态轻松没有压力，在考试时超常发挥，进入了一所名牌大学。

工作之后，单位的人都在想方设法巴结领导，他却在自己的工作中勤勤恳恳，认真钻研各项业务。没过多久，领导看他善于学习，办事踏实认真，提升他做了中层管理人员。

很多时候，我们不必去在乎别人的看法，不管别人怎么评价，我们只要做好自己的事情就可以了。无论是面对顺境还是逆境，只有忠于自己的信念，坚持自己的路才会最终取得成功。"心底无私天地宽"，心胸开阔，不仅是指能够勇敢面对成功和失败，同时也包括冷静思考自己的得失，不因为别人的看法而轻易改变自己的方向。这不仅需要有气度恢弘的心态，更需要有较高的情商来处理这些问题。

在阿里巴巴的发展道路上，可以说马云听到的表扬比批评多。但是经过十几年的创业修炼，他已经成长为一个成熟的无惧人言的领导者，已经不会听到一点表扬就忘乎所以，倒是批评可以让他反思。所以，他说："永远把别人对你的批评记在心里；别人的表扬，忘了吧。"批评使人进步，骄傲使人落后。诚心地接收批评，真心实意地承认错误，才能纠正偏差，改进工作，取得进步，而过多的表扬，容易让人骄傲，从而导致落后。

面对舆论，创业者最要紧的是知道自己在做什么，不要在乎别人说什么。但这并不是说要让你一意孤行，不听别人善意的劝解。那些恭维称赞的好听话，还有那些不明白情况就胡乱批评的冤枉之辞，对其大可以一笑了之。那些逆耳忠言，才应该认真思考。如果某天能把责难与冤枉当成是家常便饭了，那你就天下无敌了。因此，身处于社会这个关系网中，就要具备高超的脸皮功夫，才能充满自信和斗志，妥善应对各种复杂局面。即便被人揭了伤疤，说到痛处，也不能羞恨交加。而应做到自我平衡，凭借自身实力扭转乾坤。

7. 可怕的不是距离，而是不知道有距离

众所周知，我们每个人的人格是平等的，我们的尊严也是平等的。但我们每个人生活在社会里，人与人之间的确存在着太大的差距。无论是从生活上还是从物质上，这对我们每个人来说也是现实的，都是实际存在的。

然而在现实生活中，人与人的差距就突显出来了。有的注定富贵，整日花钱可以随心所欲。有的注定三餐愁苦，无米下锅。有的有房有车，而有的风餐露宿。有的不费多大的劲就能有钱，而有的终日劳碌奔波也只能糊口。这又说明了什么呢?

有的人勤勤恳恳一生，有的人懒惰一生。前者去奋斗人生，后者去消磨人生。前者努力地去创造、去追求高质量生活，而后者做一天和尚撞一天钟。这也注定生活贫富差距显现了出来。其实我们并不是没有能力，而是在于自己愿不愿去闯一番事业。所以，我们每个人在生活中，不能去攀比什么，人与人差距是很大的。实际上，对于每一个人来说，可怕的不是距离，而是不知道有距离，使一个人没有紧迫感、失去了向上的动力!

作为现实中的人们，我们不能去羡慕什么，嫉妒什么，埋怨什么。只能凭自己不断去拼搏、去努力，去追求自己想要得到的东西。发现距离，就要去努力缩短距离，而不要一味地自怨自艾。阿里巴巴在马云的带领下之所以能够成功，首先是因为马云知道与别人的差距，他们有目标，并在不断地为实现目标努力。

1999 年，参加完亚洲电子商务大会之后，马云决定建立一个“让天下没有难做的生意”的电子商务网站。这一点，是他经过认真思考的。一旦做成，将具有双重的利益带动：“一头是海外买家，一头是中国供应商。”然而在当时的中国互联网行业中，大家并不对这个想法抱有希望：“互联网的核心技术和核心企业都在西方，能向互联网投资的主流资金也都在西方。在这种情况下，中国想要有优秀的互联网企业发展，简直是妄想。”为此，马云一开始就很大手笔地把阿里巴巴总部定在特别国际化的香港，然后在美国设了研究基地，在伦敦设了分公司，在杭州建立了中国的基地。

为了打开国际电子商务市场，培育中国国内电子商务市场，马云打出了“避开国内甲 A 联赛，直接进入世界杯”的口号。为了让外国人先了解阿里巴巴，马云出国四处演讲。那几年，阿里巴巴的足迹遍步欧洲和美国，还在国外投放宣传广告。当时，来自中国的广告，除了中国银行的就是阿里巴巴的。很快，阿里巴巴就打开了国外的市场。经过几年的努力，阿里巴巴终于不负众望，成为了全球最大的电子商务平台公司。而全世界的人都知道，阿里巴巴是中国人创办的公司，对中国人来说，阿里巴巴是一家让全世界华人骄傲的中国公司。

阿里巴巴之所以能够取得成功，是和马云的高情商分不开的。他经过认真考虑，了解了自身与世界的差距，然而他并不因为这巨大的差距感到畏惧。马云深知，有差距并不可怕，看不到差距才可怕。就这样，他在一步一步的努力下，终于把小小的中国公司，发展成了一个世界性平台，他让全世界都知道：阿里巴巴是一家中国公司。

最近几年，企业领导者重返校园学习的浪潮越来越热。特别是一些青年的创业者，在进入市场之后，他们首先感受到的就是自己和别人的差距。因此，很多老板的生活也从之前的“白天当老板，晚上睡地板”转到今天的“经常看黑板”。

在北京大学的校园中就发生过这样一件事。那天天气晴朗，学生们都结伴纷纷出游。然而却有一批“特殊学生”走入了北大 EMBA 的课堂。在他们中间，有西子联合控股集团的董事长王水福，还有现代集团董事长章鹏飞等。这些来自浙江各地的民营企业家，平日在商海中呼风唤雨，此刻却都安安静静地坐在教室里，认真聆听着台上教授的讲课。

与此同时，在人民大学继续教育学院的教室里，也有另一批民营企业的当家人正襟危坐，以往用来签下千万元合同的笔此刻正一丝不苟地记着笔记。

相比于早期的老板们，今天的年轻一代更爱学习。有人说这是作秀，其实并不是这样。要想成为一名优秀的企业领导人，就要时时刻刻保持警惕性，常常和同行业中的其他商家做对比。不对比不知道，一比较，差距就显示出来了。一名合格的领导人，应该而且必须善于发现差距，并敢于用实际行动去缩小差距，这样才能够让自己的企业得到进一步的发展。

在任何一个行业中发展，进取心和紧迫感是成功必不可少的要素。有些人在获得了一点成绩之后，就盲目自大，骄傲自满起来。这样的企业难有长久的发展。只有认清自己，看清形势的人，才不会被竞争所淘汰。

现在的很多公司里，老板的学历并不高，也许他们没有硕士博士的证书，但是在实际操作中，他们的企业经营和管理能力，一点也不比那些高材生差。这其中的原因，就是和他们善于学习，善于发现差距并取长补短分不开的。因此，一个人要想成功，就要懂得不断进步的重要性，只有在比较中找出自己的不足，并将这种差距变成自己的动力，才能让自己的企业得到长足的发展。

8. 永远不要怪别人

“见贤思齐焉，见不贤而内自省也。”这是出自于《论语·里仁》的一句话，重点强调了自省修身的重要性，意思是说，一个人看到好的人和事要主动学习，看到不好的人和事要自我反省，看看自己有没有同样的缺点错误，从而获得成长和进步。

事实上，自省修身是个人成长进步的关键环节，凡事多找自身原因，永远不要怪别人，只有这种正确的人生观才会促人走向成功。比如，富兰克林就曾经给自己制定了自省的内容，包括：食不过饱，避免无益的聊天，每件东西放在一定位置，要做的事情坚持不懈，不欺骗人，不做不利于人的事情，避免极端，效仿苏格拉底等。这对他后来的成功发挥了巨大作用。

多反省自己，少怪罪别人。每个人都有自己的梦想，在整个生命旅程中为此奋斗不息是一件幸福的事情。但是受到各种条件的制约，我们常常迷失方向，偏离了预期的轨道。所以，通过自我反省发现存在的问题，进而加以改正是非常必要的。

今日的马云，俨然以“创业教父”的姿态风光无限地出现在我们面前。但是，每一个成功人士的背后都交织着辛酸、泪水、委屈甚至痛苦，马云也不例外，但他从来没有抱怨过。马云第一次在互联网上创立中国黄页的时候，吃过很多苦。最困难的时候，全身上下只有200元钱。没有钱给员工发工资，只能向员工借钱，然后再当工资发给人家。

除了生活上的拮据，更让马云为难的是当时国人对互联网还完全没有概念，国家都还没有正式操作这个项目，在这样的情况下，哪里会有人相信“中国黄页”的存在呢？为此，人们给马云冠上了一个“骗子”的名号。受了委屈的马云从来不抱怨，依然没有放弃。终于，1995 年 7 月，马云等来了印证自己的机会，上海率先开通了互联网专线。一个月后的一天，马云把电视台的记者请到家里来，从杭州打长途电话到上海连通网络，然后花了三个多小时下载了一个现在只要两秒钟就能下载下来的网页，以证明互联网的存在。当那个网页终于出现在了电脑屏幕上的时候，在场的所有人都沸腾了。当然，最兴奋的莫过于马云，他终于证明了自己不是骗子。

这些并不是马云所遭受的全部挫折。在创业的道路上，马云除了遇到误解还有欺骗。那是在 1995 年，有几个来自深圳的人找到马云，说愿意出资做“中国黄页”的深圳代理商。这让马云喜出望外，连合同都没签，立马就将中国黄页的核心模式和机密技术和盘托出，还亲自带了团队奔赴深圳，帮他们建立网页。结果发现，那只是一个骗局。在马云最困难时期，这简直就是当头棒喝，但是马云忍了下来。他不但没有抱怨，还说：“上当不是别人太狡猾，而是自己太贪，给了别人可乘之机。”

最后中国黄页被杭州电信以合作的名义重组，使得马云在里面无施展才能的机会，最后他只能硬起心肠，转身离开，并将自己当时拥有的 21% 的中国黄页股份送给了一起创业的员工。

马云认为“世界上最没用的就是抱怨”，马云创业这十几年来，碰到过太多失败与挫折，但马云从未为此掉过眼泪，或者抱怨过。他甚至说：“这十年以来，任何的成功与失败，取得的这些经历，是我最大的财富，这是我最想要的东西。所以，有时候可能要失败，我愿意做个尝试。我如果把麻烦一个个解决掉往前走的话，这是我的一种经历，如果我失败了，也是一种经历，创业者要有经历。人这一辈子不会因为你做过什么而后悔，很多时候，年纪大的时候，是因为你没做过什么而后悔。你从第一天自己在创业的时候就应该知道自己在走的过程中，是一条曲折的路，而曲折的路所经历过的东西是你最大的财富。走到今天为止，我越来越觉得这才是正确的路，这才会让一个创业者心态永远平衡。”

李强在大学期间一直担任学生会主席的职务，是学校里的风云人物，毕业后，他进入了一家外资企业，仍像过去那样高傲。在工作中，只要是出现了失误，李强总会在第一时间把错误推到别人身上，坚持说自己所做的都是正确的。有时候上级分配给他一些杂务，李强觉得这是在看不起自己，工作也很不认真。为此，李强经常受到领导的批评。

一次，领导让李强去复印一份文件，李强又是百般不愿意，领导便一针见血地指出：“你一定感觉很委屈。你有才华，这点我信，但是年轻人必须从头做起，踏踏实实走好每一步。”

接着，经理招呼李强坐下来，可李强身旁没有椅子呀！李强总不能与他并排在双人沙发上坐下吧！不料，经理意有所指地说：“心怀不满的人，永远找不到一把舒适的椅子。”

这时，李强立刻听出了弦外之音，但还是觉得难以接受。领导继续说道：“你知道为什么没有提拔你吗？其实你很有才华，但是却有一个很大的缺点，就是不会管理自己的情绪。出了问题总是把错误推到别人身上，这种不负责任的做法，是成为管理人才的大忌。每个人都有情绪，我也有脾气不好的时候，但是越是这个时候，越应该静下心来找出自己的不足，学会反省。”经过这件事，李强改变了之前的错误做法，敢于承担自己的责任，踏下心来认真工作，没过多久就得到了提升。

俗话说：“人生不如意事常八九。”有人在不如意的时候，只会一味抱怨，怨天尤人，而抱怨其实是最消耗能量的无益举动。爱抱怨的人，内心常常充满凄风苦雨，他们只能在原地徘徊，自以为是地咒骂眼前的不幸，殊不知那些“不幸”就是自己造成的。

马云曾说：“面对每次打击，只要你扛过来了，就会变得更坚强。我又想，通常期望值越高，结果失望越大，所以我总是想明天肯定更倒霉，一定会有更倒霉的事情发生，那么明天真的有打击来了，我就不会害怕了。你除了重重地打击我，又能怎么样？来吧，我能够扛得住。抗打击能力强了，真正的信心也就有了。”其实，与其在不如意时一味地抱怨，还不如尝试着去改变自己、改变现状。当我们接纳各种状况，并从中发现其光明面时，就会体验到越来越多不需要抱怨的美好。

一个真正意义上的强者并不是一个一帆风顺的幸运儿，必然要经历各种痛苦和挑战，而战胜一切困难的人首先必须战胜自己，战胜自己的前提就是反省自身，检讨自己。检讨自己是一种解脱，是一种力量，更是一种境界。让我们一起记住这么一句话：“收起抱怨，当你为了一个目标而勇往直前的时候，全世界都会为你让路!”

第二章　马云的说话情商：演讲，就是讲自己

马云思维敏捷，能说会道，谈起事来口若悬河。他的谈话独特、简练、风趣，却又富含哲理。马云的成功离不开他的高超的谈话技巧。他善用语言不仅制造出了出人意料的效果，为自己的事业与生活平添了数不尽的助益，并通过语言充分展现自己的个人风采和内涵，成功地抓住机遇，最终摘取了胜利果实。

1. 你说得好，是因为你做得好

语言是心灵的窗口。一个能说会道、知天文、晓地理、人情世故样样在行的人，受大家欢迎这是非常正常的现象。人人都知道，善于说话的人，大家在心理上自然而然地会产生亲和感，也会在第一印象上加很多分。

然而，俗话说得好："路遥知马力，日久见人心。"能说不能干或者只会说却不干的人，时间长了就会被人识破。这种人只能取利于一时，不能取利于一世。人活在这个世界上，不能只靠"嘴皮子"，而是要踏实肯干，能说更要会做！要知道，说得好远不如做得好。当然了，你说得好，是要有前提和条件的，就是要做得好。这才是说得好的基础和本钱。

有人说，"一个企业可以靠策划赢得优势。"的确，企业可以通过策划来提高市场占有率，如果是一份创意突出，而且具有良好的可执行性和可操作性的企业策划案，无论对于企业的知名度，还是对于品牌的美誉度，都将起到积极的提高作用。但它却不是企业成功的理由。那马云以及他的阿里巴巴是如何成功的呢？

马云认为："做一件事情要想成功，至少要有四个因素：第一是坚信，就是'我相信'，'我们相信'；第二是坚持；第三是学习；第四是做正确的事和正确地做事。"也正是这四个关键词，使阿里巴巴走到现在。

马云从创业之初就坚信电子商务一定会走出自己的一片天地，为了能让别人信服他，马云从来没有懈怠过。正是在这一点一滴的努力当中，他曾经的豪言壮语赢得了大家的信任。马云说："我坚信互联网会影响中国、改变中国；坚信中国可以发展电子商务；也相信电子商务要发展，必须先让网商富起来。如果说当时我就知道自己的电子商务能够发展成今天的规模，那我肯定是在吹牛。但是我相信它会发展，而且我一直坚持着。”别人都不看好互联网的时候，他坚持；别人遇上互联网的冬天就立马倒戈，另找山头，而他即便是跪着活也要坚持。当自己对一件事情坚信不疑的时候，你就有走下去的动力，然后会觉得事情越做越有意思。

为了能够让阿里巴巴取得更大的发展，马云也一直在不断地学习当中。没有谁是天生的CEO，只有不断学习，不断给自己充电，才能保证企业的长期发展，不被淘汰。为了能对未来互联网的发展方向有准确的把握，马云曾经多次到外国去参观学习。他也说过：“要带领一个企业进行发展，领导人自己就要有宽广的胸怀。如果每天只是在小地方打转，旅游的地方除了萧山就是余杭，就很难跟得上世界发展的步伐。只有去外面多走走、多看看，才会有更高的战略眼光，才能把握住客户的潜在需求。”

最后，成功还需要选择好正确的方向，如果方向选错了，你做得越好，死得越快。马云庆幸阿里巴巴选择了一个正确的方向——电子商务，互联网这个方向。但是方向对了，做错了，也不行。

也正是因为马云的自信、坚持、不断学习以及选择了正确的方向，才让阿里巴巴这么多年，始终如一地站在客户的角度出发做事，为客户提供实实在在的服务，同时验证了成功的企业一定是靠产品、服务的完整体系走出来的。

企业可以通过策划，把想要表达的东西向客户说得明明白白。一个好的企业策划，能够激发品牌在群众中的美誉度，如果策划出来的活动本身具有一定的新闻价值，还能够在第一时间传播出去，引起公众的注意，反响好，还可以进行二次传播，这样企业策划的影响就被延续。但是，想仅仅通过一些策划方案，就为企业取得成功，那无疑是天方夜谈。

许多人问马云：“很多其他的企业家以及企业也具备了像你和阿里巴巴同样的素质，但为什么不如你成功呢？”马云回答说：“很多人都非常聪明，比我聪明，也非常努力，但为什么我成功了？我认为是坚持。很多聪明人想得太多，有太多的欲望，很难踏下心来做好一件事，常常是做到一半就跑去自己当老板了。很多人都说得很好，‘在三年之内会成为全国知名企业，五年内在美国上市。’虽然说得好，但是因为还没有足够的经验，对于市场也不是很了解，所以很难在事业上取得成功。我认为一个成功的公司，一定要有一个忠诚的团队一起往前走。公司一定要有贯彻上下的共同价值观，有明确的目标和方向，领导者还要有很强的使命感。我们的价值观很清楚，就是阿里巴巴是‘客户第一’的公司，员工必须有诚意、有热情，我们甚至规定了公司的价值观，定期考察，确认员工融入了企业文化。统一的价值观、使命感，还有共同的目标，才是让阿里巴巴走到今天的重要原因。”

我们说，“干得好比说得好更重要”，是因为干是实事求是地靠个人能力表现出来的，说只是纸上谈兵，在实际中运用就不一定是那么回事了。犹太商人常常教育自己的孩子：“人生活在这个世界上，不能没有梦想，成功就是从梦想开始的。”同样，对一个人、一个民族来说，如果没有梦想，世界将呈现怎样一种景象呢？创业也是一样。任何创业者在最初的时候，都会有一个梦想，也会为达成这个梦想付出努力，但是有很多创业者在取得一时的成功后，往往就会放慢前进的步伐，守着眼前的成功止步不前，而不肯再为最初的梦想而努力了。像这样的创业者不会有很大的成功，因为他们只会停留在长跑比赛的途中。只有时刻不忘创业梦想，并能一直坚持下去的创业者，才会有机会拨开云雾见到彩虹。

马云用活生生的事实证明了一个道理：这个世界没有童话，梦想的实现，是靠坚定不移的行动，靠拼搏，靠自己的双手创造出来的。所以，拿出行动吧。拖延与成功无缘，有了目标和计划，就应该立即行动。试想一下，如果没有把梦想与行动完美地结合起来，怎么会有爱迪生的电灯照亮全世界？没有亲自动手，像王安这些电脑制作人又怎么能把巨型电子计算机开发到今天的微型电子计算机？没有比尔·盖茨的梦想与行动，哪有今天你我离不开的网络生活？没有马云的梦想与行动，又何来今日的阿里巴巴帝国以及天下千千万万中小企业的商务平台？

实现伟大的梦想始于行动。每个怀揣着创业梦想的人，一手紧抓着“梦想”，另一手紧握着“行动”，坚实地往前走，梦想终会变成现实。每个人从小到大，多多小小总有那么些梦想，有些随着时间的流逝会消失，有些却一再被你坚持，时间越久目标越明确，且想以此创出一番事业。而且，一个人在能说会道的基础上，更要懂得低调。要知道做得好才能说得好，做一个脚踏实地为梦想不懈奋斗的人，唯有获得真真正正的胜利果实，才可与人分享自己的芳香！

2. 拿自己开涮，是一种成功的交流模式

“拿自己开涮”是一种幽默的说话方式，更是一种幽默的生活态度和心理调节方式。培养这种自嘲的心态，可以使原本很沉重的东西刹那间变得轻松无比。而善于自嘲的人把自己的弱处适当袒露，不仅十分坦然，更能赢得别人的尊重，是一种有度量的表现，更是一种成功的交流模式。

学会“拿自己开涮”不仅可以彰显度量，而且可以为自己的人际交往增分。在人与人的相互交往中，难免会发生彼此轻视、冷漠、妒忌等心理。这时候，如果我们轻易为此动怒显然不值得，如果忍气吞声又会感觉内心郁闷。所以，培养自嘲的心态就成为我们现实的选择。这样一来，我们不但能应对让人难堪的窘境，还能有效调整心情。

一个会自嘲的人往往富有智慧和情趣，是一个勇敢和坦诚的人，所以善于“嘲弄”自己是一种美德。在人生的旅途上，几乎每个人都会遇到一些让人尴尬的事情和场面。如果我们能够沉着应对，善于通过自嘲化解难堪的场合，那么就能变被动为主动，实现心理上的平衡。由此可见，在日常生活中掌握自嘲的方法，培养自嘲的心态，既能增加自己的社交技巧，还能实现心理上的安慰。

阿里巴巴创始人马云，就是一个善于“拿自己开涮”的人。提到他的长相，给人的感觉就是，“突出的颧骨，扭曲的头发，淘气的露齿笑，一个5英尺高，100磅重的顽童模样”。然而面对外界的评价，马云往往一笑而过。关于他的长相，他最经典的一句自我解嘲就是：“一个男人的才华与其容貌往往是成反比的。”

小时候的他，爱打架斗殴，身形又瘦小，长相还怪异。功课，除英语之外，其他课目都惨不忍睹，以数学最为糟糕。连续两年高考都以失败告终。20岁那年，死不认输的他第三次参加高考，终于“上线”，但也仅达到大专分数线而已，后来幸运，拣了本科未招满的便宜，被升级进了杭州师院英语系……

凭着这样的求学经历，我们是很难想象这样一个人，竟然能够登上《福布斯》的封面。连马云自己都自嘲说：“我是个很笨的人，算，算不过人家，说，说不过人家，但是我创业成功了。我想，如果连我都能够创业成功了，那我相信80%的年轻人创业都能成功……”

马云真的成功了！可那并不是一件容易的事。在中国黄页推出之初，人人都说他是骗子。在阿里巴巴创业之始，最多的时候，他们35个人挤在一个房间里。然而这些困难并没有将他击垮，反而更加激励起他的斗志。从1995年接触网络到1999年阿里巴巴问世，他用了5年的时间，经历了2次失败才获得了第一阶段的成功。一个人成功一次是偶然，但马云1999年自阿里巴巴创业成功至今的不断发展，我们不能说马云只有幸运、大胆和自信，这里面肯定还包含了大智慧和大理智。

敢于拿自己开玩笑，就是这当中的一项重要组成部分。这不是自我贬低、自我诋毁，而是一种有智慧、有自信的交流方式。一个人，只有在清楚地了解自己之后，才有这样的自信和勇气。在创业过程中，免不了要遇到各种各样的困难，学会自嘲，就能够帮助自己放平心态，轻松应对眼前的僵局。这样，既能够减轻自己的心理压力，也能够带给身边的人快乐。久而久之，就会养成豁达大度的心态，做到宠辱不惊，这样也就更容易取得成功。

在一次公司内部举办的舞会上，有一位个头不算高的男子邀请一位女士跳舞，这位女士身材高挑，面对这位男子的邀请，她开口说道：“对不起，我从来不和比我矮的男人跳舞。”听了这话，周围的人都停下了舞步，看着这位男子。舞会的气氛一下子尴尬了起来。没想到，这位男子却笑了笑，说道：“没关系，我也算是武大郎开店，找错了帮手。”说完就去找其他的女伴跳舞了。听了这话，那位女士不仅不再露出孤傲的神情，反而有些脸红，为自己不合适的言行感到了羞愧。就这样，一场尴尬的事情就这样轻松地化解了。

在社会交往中，难免会产生误解、嫉妒等心理，遇到这样的情况时，如果我们一下子就被激怒了，用更加恶劣的言行去回击对方，只会使事情变得越来越糟，不仅不能够解决问题，还会影响自己和别人的心情。相反，如果我们能够用一种自嘲的方式来巧妙地化解矛盾，不仅不会降低自己的身份，还会因为言行得体、风趣幽默而赢得大家的尊重。

心理学家指出，一个人的身体状态是受其心理和精神因素影响的，所以如果心理不顺畅就会导致各种疾病。生闷气，或者愤怒都是心里不顺畅的表现。而自嘲就像是一剂良药，在我们遭遇窘境、遇到尴尬的事情时，能够帮我们轻松缓解心理上的压力，只有真正做到“提得起，放得下，想得开”，才能够在困难面前轻松应对，举重若轻。

自嘲是一种幽默的说话方式，更是一种幽默的生活态度和心理调节方式。培养自嘲的心态，可以使原本很沉重的东西刹那间变得轻松无比，而善于自嘲的人把自己的弱处袒露无遗，不仅十分坦然，更能赢得别人的尊重，是一种有度量的表现。将这种自信放到事业发展上也是这个道理。有的人失败了一次，就总是担心别人看不起自己，或者是丢了面子，其实大可不必这样。要知道，只有长久的发展才是真正的成功，也只有对自己有信心，敢于拿自己的缺点开涮，才能够用更加健康的心态去面对得失。

自嘲是一种人生艺术，它带有一定的游戏精神，具有一定的喜剧色彩，能够化严肃为戏谑。有时候，它会为我们带来意想不到的收获。就像马云，即使他拿自己的长相开玩笑，也不会遭到别人的轻视。因为大家都明白，这正是他真正有自信的表现。企业的领导者，只有具备了这样豁达超脱的心态，才能够在激烈的竞争中扎稳脚跟，摆正位置，而阿里巴巴的成功也正是说明了这一点。

3. 讲述自己的观点，让全球人去复制粘贴

每个人都有自己的观点，也有思想自由、言论自由的权利，只要觉得自己是对的就大胆地去做，不要轻信别人，这世上只有自己才是可信的。要意识到自己是一个独立的个体，有一个属于自己的正确的价值观，通过不断地学习知识和技能，在实践中证明自己的强大。

“走自己的路，让别人说去吧”并不只是简单的一句豪言壮语，这其中蕴含着丰富的人生哲理。只管讲自己的观点，埋头苦干，让别人去模仿学习。

在歌坛上，歌手一般有两种结果，一是人红歌不红，二是歌红人不红。其实，在商界也是这样，很多国际知名的企业，他们的名号全球响当当，但是人们对其掌门人却知之甚少，因为他们更乐于躲在企业与品牌之后运筹帷幄。而像马云这样，在将企业经营得风声水起的同时，主动站到镁光灯前，凭着个人的出色口才成功为自己树立起鲜明的个人形象的企业家毕竟是少数。

应该说，马云从一开始就熟知媒体规则，他知道如何用一个互联网精英的身份调度媒体为己所用。在互联网媒体时代，由于信息泛滥，所以要想被更多的人看到，就要学会如何吸引别人的眼球。对于这一点，马云有着清楚的认识。也正是因为这样，他才常常会说出一些“狂妄之言”，势必达到“语不惊人死不休”的效果。例如在大家都感叹互联网寒冬漫长难挨时，马云却说：“互联网寒冬过得太快，如果可能我希望当时能再延长一年。”当“互联网 = 烧钱”成为社会舆论的主论调时，马云干脆说：“免

费是淘宝烧钱战术的一部分。我已准备了供未来5年烧的钱!”马云身为商人，在大把大把赚钞票时候，时常把“不在乎赚钱”挂在嘴边，说现在利润过亿的阿里巴巴与国外的企业比，赚的都是“零花钱”。当谈到阿里巴巴的未来发展时，他说道：“现在的阿里巴巴很是孤独，我拿着望远镜也找不到对手。”连未来退休以后的打算，马云也不忘自抬身价：“最好是到学校教书，如果失败了我就到北大教书，成功了就到哈佛教书。”

马云说这些话，并不仅仅是为了吸引人们的眼球。阿里巴巴的发展规模，早已将他的话变为现实。马云之所以会这样“狂妄”地公开表态，就是因为他的大胆，他的勇气，敢于讲述自己的观点，任他人评说，永远不做第二个谁，只做第一个自己!

现代社会是依靠变革、创新、沟通实现经济高速运转的，一个人想要在各个方面有所收获，没有出色的语言表达能力是不行的。

小王刚进入一家公司不久，上级为了锻炼他，就派他和一名主管领导一起去和合作方谈判。为了这次谈判，小王提前就做好了准备。不仅找到了充分的材料，还针对自己要如何进行谈判列了一个大纲。到了谈判席上，当对方说完合作的条件时，小王不慌不忙地站起来说道：“您的条件我们已经大致了解了，但是我们并不能完全满足您。”然后分别从合作内容、销售方案、利益分配等几大方面展开叙述，最终不仅为自己公司保全了利益，也签下了一份双方都满意的合作协议。经过这件事，公司上下都对小王另眼相看，没过多久，领导就把他提升为业务经理了。

可见，能够成功说服他人，不仅是一种独特的能力，更是取得成功不可缺少的优秀品质。在我国春秋战国时期，诸侯纷争，百家争鸣，其中以苏秦、张仪等人为代表的纵横家在当时影响颇大。重要的原因就在于，他们不仅能够对当时的社会形势形成独特的见地，还有着出色的口才，因此常常被诸侯王聘请为出谋划策的得力助手，关键时刻可以凭借三寸不烂之舌击退敌人的千军万马。

然而，在日常交往中，许多人经常遇到这样一种情形，与别人争论某个问题的时候，明明自己的观点是正确的，但是整个局面始终是对方占据着主动性，自己只能被动地接受，乃至最后被对方反驳得哑口无言，有理也成了没理。在这里，我们可以清楚地看到说服能力的重要价值。想要在社交场上成为一个左右逢源的高手，就要掌握成功说服他人的口才，这是我们需要迈出的第一步。

在互联网这个瞬息万变的行业中，要想给人们留下深刻的印象，就要利用观点鲜明的言论，和独特的个人形象来吸引大家关注。对于这一点，马云是再了解不过的。于是，他用自己高于常人的表达能力，更确切地说是演说能力，借助公共媒体平台，为自己树立起一个“永不放弃，睿智，狂妄”的媒介形象。这个气场十足，充满智慧，又骄傲到刚好让人喜欢的形象是那么地对天下千千万万网民的胃口，以至于随着阿里巴巴在互联网中的地位的提升，始作俑者马云的个人品牌形象也随着发生变动。不得不说，马云是一位利用媒体平台的高手，他不仅懂得如何做生意，更明白怎样做形象。

4. 谈话少点优越感，对方会开心一点

在社会上行走，要学会夹起尾巴做人，这里隐含着深刻的人生进退哲学，大丈夫要学会趋利避祸，这样才不至于被人算计，遗恨终生。所以很多时候，自己明明有才能、有见地、有抱负，但是一定不可表现出来，要表现得很低调，刚直自傲不可取。

而在与他人的沟通与交流中，更要低调委婉，恰当得体的委婉说话意味着进行积极的语言暗示，防止消极的语言暗示。委婉说话不仅是一种策略，也是一门待人处事的艺术。作为一个现代人，应当有这种文明意识，掌握这一有利于待人处事的语言表达方式。学会多去鼓励和表扬他人的闪光点，少一些自身的优越感，这样会让对方开心一点，谈话的结果也会令双方都满意，何乐而不为呢？

阿里巴巴的创始人马云，同样深谙这个道理。尽管自己的事业越做越大，可是在同事们眼中，他还是那个智慧的、可爱的怪才马云。他也常常会和公司员工一起交流说话的艺术。有一次，他举了这样一个例子：在一场战役中，山上是一个营，山下是一个连。同样的情况，被不同的人描述会出现不同的结果，一个连长说："同志们，这一仗至关重要。你们只管放心去战斗吧！我们做领导的会在后面支持你们的！"士兵一听，凭什么你们领导就应该安安稳稳地坐在后方，我们就应该去前线拼死拼活？而换了另外一个连长，同样的事情，他换了一种说法，他说："兄弟们，我们要把一个营灭了，我们整个军就可能把他整个二十万人灭了，这是很有意义的。我会和你们一起战斗，虽然我们人数不多，但是只要心往一处想，劲往一处使，团结起来还是有机会赢的。大家互相要配合好啊!”士兵一听，就觉得有希望了。所以，一个好的领导者要善于领导人、鼓励人。

从创业至今，马云给人的始终是一个能言善道者的形象，有人说这是“忽悠”。在公司内部员工看来，他可是一个善于描绘美好未来，以此来激励人的领导者。在这个信息高速发达的时代，人与人之间及人与社会之间的关系都非常密切，广泛的社交成为人们生活中不可缺少的一部分。随着人们互相合作机会的增多，口语表达能力就愈加显得重要。

事实上，语言的功用是表达思想。人们用语言沟通，表达自己的所思所想，从而达到沟通情意的目的。在企业中，特别是上下级之间，有的领导常常会摆出一种养尊处优的姿态来，和下级在交流时常常用一种发号施令的口气，不仅没有达到良好沟通的效果，反而更加容易激化企业内部的矛盾。而马云并不是这样。即便是在创业初期，经济如此窘迫，在物质上可谓是捉襟见肘的时期，他仍能吸引来一大批有理想有抱负的热血人士加入自己的队伍，并为之贡献自己全部的才智。这就是因为，马云让他们相信，大家可以为了一个共同的目标和理想而奋斗和努力，大家都是阿里巴巴的一份子，都有责任有义务去把工作做好。

其实，口头沟通在我们日常生活中被广泛运用，小到待人接物，大到商业上的推销与宣传，都需要伶俐的口才。在我们身边，总有一些人喜欢夸耀自己，认为自己的学识、技能高人一筹。通常，他们比较清高，内心有很强的优越感，却在无形中伤害到了与之面对面沟通的人。说话的时候不能照顾到对方的感受，只贪图自己一时的爽快，其实是心胸狭隘、情商低的表现。

马涛是一个视酒如命的人，并且在酒桌上也是要求对方畅饮一番，从而鉴定一个人的诚意。有时候，他跟同事出去吃饭，如果对方不会喝酒，他很可能会调侃一番：“你怎么不会喝酒呢？那太悲哀了，人生还有什么快乐可言？”听到这样的话，对方一定感觉不舒服，自然不会敞开心扉与之谈心。久而久之，马涛的人缘越来越差，他自己却浑然不觉。

这一天，马涛约了几个朋友来家里吃饭。这些人要么是以前的同事，要么是同学关系，彼此都很熟识。大家聚拢到一起，主要是想利用周末时间沟通感情，借着热闹的气氛释放一下紧张的压力。同行的张伟今天来跟大家聚会，纯粹是为了散心，因为他目前正陷低潮。原来，张伟不久前因经营不善，公司轰然倒闭，而妻子也因为不堪生活的压力正在闹离婚。内外交困之下，张伟硬着头皮参加今天的聚餐，想缓解一下内心的压力。

显然，前来吃饭的人都知道张伟目前的遭遇，大家都避免去谈与事业有关的事。然而，马涛因为上个月业务不错，拿了不少提成，因此心里美滋滋的。饭局开始后，三杯酒一下肚，马涛就忍不住开始谈他的赚钱本领和花钱功夫，那种得意的神情让在场的人心生厌烦。而失意的张伟始终低头不语，脸色越来越难看，他一会儿去上厕所，一会儿去洗脸，后来干脆悄悄提早离开了。

马涛是一个特别不会来事的人，并且总是破坏各种社交的氛围。这一切，都源于他不会说话，嘴上没有把门的，少不了得罪别人，结果他的人际关系越来越糟，最后成了不受人待见的人。自然，他在业务上也开始遭遇挫折，发展空间大不如前。

人人都会经历人生的低谷，人人都会遇上不如意的时候。这时，在失意的人面前炫耀自己的得意之事，无异于把针一支支地插在别人心上。既伤害了别人，对自己也没有什么好处。谈话少点优越感，照顾到对方的感受，才会人敬人高，为自己的成功之路拓展空间。

总之，在沟通中，对方的感受关系到交谈能否顺利地进行下去。高情商的人懂得时刻体现对他人的尊重，并注意说话的礼貌。一句激励人的话，总能轻易调动听者的情绪，让人听过之后便热血沸腾。从而为自己赢得了好人缘，也赚取了好口碑。

5. 手到擒来的幽默，无不让人欢喜

无论我们从事什么性质的工作，无论我们处于什么样的社会地位，我们都要与人交往。而幽默却始终能帮助我们与他人进行沟通和交往，还能帮助我们处理一些问题——特别是人际关系问题——并顺利地度过困难的处境。幽默能够帮助我们在社会交往中与人建立一种和谐关系。当我们希望成为能克服障碍、具有乐观态度、赢得别人喜爱和信任的人时，它就能帮助我们达到目标。

在现代社会中，想要获取个人成功必须不断完善自己的人格魅力和交际技巧。其中，幽默是实现良好沟通、打开话题的法宝，更被视为一个人必备的成功素养。培养幽默的心态、增强幽默意识，能够帮助我们改变原来刻板的印象，使我们赢得成功的机会大大增加。

要知道，幽默的话语可以化解尴尬的局面，缓解当事人内心的紧张和焦虑，更会拉近彼此的距离，是一种高超的人际沟通手段。也就是说，如果我们想要在社交生活中给人一个良好的印象，就得学会运用幽默的力量。不论作客或是待客，我们都要尽力以此待人。当我们进入角色，就要把幽默力量反映出来。一个面带怒容或神情抑郁的人，是不会比一个面露微笑、看起来健康快乐的人更受欢迎。

公司庆功仪式通常是怎样的？要么是老总召集员工开大会激昂讲演、群发邮件鼓励下属，要么全体员工聚餐放情纵饮……然而，马云旗下的支付宝公司却交出了一个让人吃惊的答案——裸奔！

马云说：“我见过很多公司，包括跨国公司在内，越大的企业越是这

样，大家尔虞我诈，勾心斗角。每天想的不是如何让工作变得更有趣更好玩，而是怎么把别人整下去，让自己的位置提升得更快。在这样的公司里工作，哪里有什么乐趣可言呢？不仅失去了轻松的工作氛围，时间久了，工作效率也会大受影响，公司的发展也会遇到阻力。如果不幸进入这样的公司，哪怕工资很高，也不会舒服。而在阿里巴巴，阿里人觉得自己喜欢什么样的工作环境，就建立什么样的文化来提醒自己做人的道理以及做事的原则。”于是，阿里巴巴就用手到擒来的幽默建立起了“纯净透明的工作氛围”，“坚决杜绝办公室政治”。而起源于支付宝的“裸奔文化”则是这种企业文化最独特的产物，也是马云及阿里巴巴最具幽默的具体体现。

“裸奔”并不只是为了追求新奇才确定的庆祝方式。马云对于它的解释是：“裸，象征了坦诚、开放的公司文化；奔，寓意着狂欢庆祝。”在2009年，为了庆祝用户数突破两亿就举办了一次裸奔仪式，“裸奔”地点则选在了该年办年会的会场——一个全员参加的大会上。据身在现场的人事后描述：“庆功午餐后，轮到‘裸奔’者上场了，只见他们穿着裤衩，脸上化着非常夸张怪异的彩妆，身上还贴有一些怪异的彩条。随着背景音乐的响起，四名‘裸奔’者从后台一路小跑上了舞台，台下立即一片欢呼，闪光灯大作，现场一片沸腾。眼看气氛热烈，张晔等人还跑下台去绕着整个会场奔跑一圈，最后还回到台上作了个Show，裸奔了十几分钟之久。途中，台下的不少员工还跟着跑，和他们合影、拥抱，尖叫声一片，氛围很是疯狂。”这种幽默的庆祝方式，可以说在中国的企业当中还是很少见的。而马云之所以敢于做出大胆的尝试，正是因为他懂得幽默的力量，同时也说明了他对企业内部“办公室文化”的重视。

马云经常说：“员工就是企业的内部客户，必须先服务好员工，让他们有良好的情绪，让他们一想到工作就觉得幸福，才会心甘情愿在企业的平台上不断成长。只有员工在工作中获得超越工作本身的价值与意义，他们才能把这种使命感与情感传递给客户。客户在接触到这种情绪与情感时，他们才会相信企业的广告、宣言或承诺中所言非虚。”正如马云所说的这样，阿里巴巴集团的这种独特的幽默办公室相处模式，让每个员工无不欢喜，既增进了大家的友谊，又提高了大家的工作热情。

孙亮在深圳一家大的合资企业工作。按照公司的规定，职工不能在上班的时候外出理发。而他却经常在上班时间跑到理发店去。为此，公司领导很不满。一天，当孙亮正在理发店理发的时候，公司经理恰好路过看到了他。“喂，孙亮，”经理说，“你怎么在上班时间理发？”孙亮说：“因为我的头发是在上班时间长的，所以我只好在上班的时候来理发。”“不完全是，”经理马上说，“有些是在你下班时间长的。”“您说的很对。”孙亮礼貌地回答，“所以我现在只剪上班时长的那部分。”说完，经理和孙亮都笑了。这种用幽默的态度来解决问题的办法，不仅能够巧妙地化解矛盾，还能够增进人与人之间的感情。

当然，今天的阿里巴巴并不是靠讲幽默来管理。但马云所要表达的是一个公司想要稳健地发展，公司内部的团结、互相信任的重要性。随着阿里巴巴的不断壮大，人越来越多，统一的企业文化建设就显得尤其重要。因为只有把企业文化建设好了，大家才能坚定不移地去相信它、发展它。

针对此，阿里巴巴做出了一系列文化建设举措，最终，阿里巴巴建立了牢不可破的文化“壁垒”。马云说：“天下没有人能挖走我的团队。因为我的公司氛围是轻松的，人与人之间的关系是真诚的。在这样环境中工作的人，很难因为更高的工资就被挖走。因为他们在别的地方体会不到这种工作的乐趣。这就像在一个空气很新鲜的土地上生存的人，你突然把他放在一个污浊的空气里面，工资再高，他过两天还跑回来。”

作为一种智慧的表现，幽默有许多神奇的力量，它可以使你成为一个受欢迎的人，可以化解你与爱人的小冲突或尴尬，更会给对方带来快乐。幽默是生活中必不可少的佐料，一个幽默的人必然是一个快乐制造专家。想要让自己的生活更有味道、更有想象力，我们就要培养自己的幽默素养，拥有一颗幽默的心。

由此可见，无论在生活中还是在工作上，以幽默的心态面对人生可以使我们渡过难关，巧妙化解各种困难。成功的法则是不固定的，但是巧妙利用幽默建立与他人的良好合作关系，为自己的业务洽谈开路、化解难题，历来是许多人屡试不爽的不二法门。在交友、恋爱、谈判中巧妙运用幽默，可以帮助我们顺利达成目标，使自己早日步入成功的殿堂。

6. 忠言也可以不逆耳

古语有云“良药苦口利于病，忠言逆耳利于行”，这是人人都知道的大道理。然而，我们今天要谈的却是忠言也可以不逆耳。要知道，人的心灵是柔弱的，交谈的语言魅力不仅在于丰富的思想内容，还在于双方谈话中默契的表达，包括委婉的说话技巧。在沟通的过程中，交谈很容易，但要说服别人则很难。而委婉的谈话艺术则是达成目标的关键，所以掌握委婉的口才表达技巧必不可少。

在社交的过程中，我们也要学会含蓄委婉的谈话技巧，这样一来可以使自己容易与对方建立对话机制，开展深入的沟通，这样和谐的谈话也可以达到最终的目的，那为何不选择忠言不逆耳呢？

要使忠言不逆耳，掌握言语委婉的口才艺术很有必要，关键在于谈话的方式和内容要符合人的心理习惯，符合一般的谈话技巧。语言表达是一门艺术，要注意谈话的对象、目的和情境，注意采取委婉的方式收到预期的效果。委婉的表达，不仅是沟通的需要，还是个人修养的体现，从而增加自己的个人魅力。

曾有无数网友问过马云“为什么公关能力这么强？”马云笑着说：“因为阿里巴巴有一个很能干的公关队伍；其次，阿里巴巴永远讲真话，而不是为了迎合什么人而讲他们爱听的话。所有人都喜欢诚实的人，但是不是所有的人任何时候都说真话，如果你这么做了，你就显得与众不同。最后，阿里巴巴有一支很好的团队，他们做出来的产品非常适合做公关。”

正是有着这样优秀的公关团队，才使得阿里巴巴战胜了各种困难。比

如“招财进宝”的事情发生时，正是这些公关团队及时地解决了问题，展现出了阿里巴巴优秀的公关能力。

当年，“招财进宝”是淘宝网历时半年时间研发出来的，它是淘宝网为愿意通过付费推广，而获得更多成交的卖家提供的一种增值服务，于2006年5月10日推出。然而，淘宝的这个服务并没有获得人们的认可，还酿成了一次大的风波。在推出短短的20天内就有6000多名卖家在网上签名，声称要在6月1日集体罢市。

这可急坏了马云，他立即发表署名文章，对此事进行了解释。马云说:“随着淘宝网的发展，越来越多的卖家加入到我们的队伍中来。如果按照商品上线的时间来决定商品的位置，那么后来加入的新的商品就很难被用户看到，它们的交易率也会大大地降低。为了能够公平交易，我们才推出了‘招财进宝’。这并不是变相向卖家收取费用。请大家相信，三年不收费的承诺我们不会改变。淘宝只是希望通过这一服务维持正常的市场秩序，通过‘看不见的手’调节优化市场环境。”

但卖家们并没有买马云的账，事件并没有因此而消停。无可奈何的时候，马云决定使出最后的公关术：“投票”。既然“淘宝是大家的淘宝”，那就发起投票，由大家来决定“招财进宝”的生死。2006年6月12日，经过10天的网民投票，38%的用户支持，61%的用户反对，于是“招财进宝”被取消。事件终于平息下来。

事后，有媒体称:“这种通过网民投票的方式来决定一项C2C网站新功能去留的做法在互联网发展史上尚属首例。”正是这种大胆的做法，才成功地挽救了一次营销危机。相比起干巴巴的解释，这种投票的方式让大家觉得更合理，更容易接受。虽然“招财进宝”这项产品没有得到大家的认可，但是淘宝的形象却因为这件事而变得更好，更能够取得别人的信任，这就是一次成功的危机公关。

除了妥善的公关处理，委婉的言谈在处理问题时同样重要。不逆耳的忠言，往往更容易被别人接受，也更容易产生效果。

甲和乙都是刚毕业的大学生，两个人同时进了同一家公司。然而两个人的处事方式和说话方式却有着很大的差异。甲嗓门大，见到人要么直呼其名，要么喊“小张”“小王”。有一次，公司的一位客户在谈业务，销售经理因为一些事情晚来了几分钟，甲就在门口喊起来：“老李，赶紧点，顾客都到了你还迟到。”年轻的销售经理竟被下属喊“老李”，而且当着客人的面被批评，换了谁都难以忍受。这位经理阴沉着脸，心中忿忿不平。

乙就不同了，见人毕恭毕敬，小心翼翼地喊“×经理”、“×主任”，对没有职务的则以“哥哥”、“姐姐”相称。一次，销售经理走得匆忙，把一份重要文件忘在了办公桌上，乙看到了，赶忙送过去。经理收到文件，对乙非常感激。乙说道：“经理您的工作繁忙，智者千虑，也难免有一次疏忽。这是我作为下属应该做的。”听了这话，经理非常高兴。

后来，销售经理的助理调到别的部门了，公司决定采用公开竞聘的方式选拔新人。甲乙两人都是业务骨干，自然参加了竞聘。结果，乙以绝对优势击败了甲，成为公司最年轻的中层干部。

由此可见，在社交活动中，语言沟通占据着重要地位，忠言也可以不逆耳。为了达到自己的预期目标，我们需要具备出色的口才表达能力，并成功说服他人。说服他人是个人领导力的一种表现，比如美国总统里根被誉为“伟大的沟通者”，而克林顿则被视为“一对一说服的高手”。成功说服他人是一种独特的能力，可以帮助我们获得良好的预期。

每个人都喜欢听一些容易接受的话，即使是批评，大家也希望对方能把话说得委婉一些。《红楼梦》里，王熙凤就是一个很会说话的人，因而博取了贾母的欢心。俗话说，嘴巴甜一甜，胜过三斗田。不过，说好话并非一味恭维，关键是要掌握好具体的情境、拿捏好对方的心理，采取有针对性的策略，懂得根据不同场景恰当表达，做到让人喜欢、令人满意、与人为善，从而取得预期的效果。

现代社会是依靠变革、创新、沟通实现经济高速运转的，一个人想要在各个方面有所收获，必须具备出色的语言表达能力。比如洽谈业务时，必须站在我方的立场上成功说服对方，从而订立合作协议。在参加社交活动时，通过出色的说服能力影响他人，可以自由掌控现场的局面，游刃有余地处理各种关系，解决各种问题，完成我们设定的各种目标。

此外，许多人在社交活动中经常遇到这样一种情形，在与别人争论某个问题的时候，明明自己的观点是正确的，但是整个局面始终被对方把握，自己根本不能掌握主动，乃至最后被对方反驳得哑口无言。这里，我们可以清楚地看到说服能力的重要价值，想要在社交场上成为一个左右逢源的高手，就要掌握成功说服他人的口才，这是我们通往成功需要迈出的第一步。

7. 该说“不”时要说得坚决果断

现实生活中，如果别人请求你的帮助而你又无能为力时，会选择如何去面对？明明不爱一个人，但总是无力回绝；明明厌恶某件不该做的事，但总是含糊其辞；明明知道他人的一些要求是不合理的，甚至是不合法的，但还是硬着头皮，去迁就、妥协和满足，甚至不惜铤而走险。这意味着软弱、窝囊、麻木不仁。

答案很简单，只要鼓起勇气，不顾面子地说“不”，你就能轻松过关了。有些爱面子的人总认为受人之托，如果不能忠人之事，实在是对不起人，所以总不好意思拒绝，但又实在帮不到。这时，千万不能勉强答应，否则不仅不能助人，还可能好心办坏事。

事实上，那些顾面子不敢说“不”的人，其实是自己意志不坚强。这些人，通常认为断然拒绝对方的请求未免显得太过无情，而若是在答应后方觉不妥，且又力不从心难以履行诺言时，再改变心意拒绝对方，显然已经太迟。因为，等无法做到允诺的事情再提出拒绝，给人的印象更糟，甚至需要付出相当的代价去弥补缺失或兑现承诺。

敢于说“不”，不是冷酷无情，而是一种对人对己的尊重，是一种为人真实的展现。马云从开始涉足互联网，到构建出一个世界上最大的电子商务网站，期间面临非常多的选择，有时候，“一个 CEO 要学会对机会说不”，如果不是如此，马云也不会坚决走出一条属于自己的道路。

多年的经验让马云明白：“在前进的路上，会不断碰上新的机会。这时候，你要问自己，该怎么做选择？”每一个选择都会影响到未来的走向。

2003年，互联网经济中出现一种叫“短信平台”的项目，很多人依靠这个项目大赚了一笔，因此“短信平台”很快便发展起来。但马云及阿里巴巴始终坚持自己的发展方向，并没有在这里投入人力和财力。2005年，网络游戏又开始火热，各大网站都开始研发自己的网络游戏，而一些中小规模的企业开始代理其他公司的游戏，“网游”二字，好像瞬间就席卷了中国的互联网行业。但是，阿里巴巴再一次抵挡住了诱惑，继续坚守在自己的电子商务领域。马云说：“不要因为竞争而来制定自己的发展战略。”任何行业跟风都是件可怕的事情，只有坚持自己的东西，才能在竞争中立于不败之地。

纵观马云的成长历程可以发现，不管潮流怎么变化，出过多少新概念、有过多少机会，他始终朝着自己设定的路途坚定前行。他说：“一个优秀的CEO最大的使命就是对机会说NO，而不是寻找机会。”这其中的选择，需要对市场的未来发展有着十分准确的把握才行。只有能够正确预测行业的发展前景，才能拒绝一些短时期内赚钱的项目，从而集中精力为了长期的发展做好准备。

作为最高决策者，CEO的主要职责是判断机遇，为企业的发展做正确决策。而做选择，就必定有放弃。马云对“放弃”有着另类的思维。他曾说：“放弃，从表象上看是有些损失，但放弃后得到的价值却是远远大于损失的。”实际上在2001年的时候，电子商务还没有完全发展起来，如果加入短信的领域，可以在短时期内就获得利益。然而，马云却没有这样做。因为在中国的互联网发展中，电子商务和娱乐项目是两大阵营。马云认为，人们不会永远只顾娱乐，而网络游戏也不可能真正地改变世界，最具有发展前途的，最后还是电子商务。阿里巴巴今天的成功，可以说印证了这一点。

2005年，马云在“2005中国经济年度人物评选创新论坛”上演讲。马云说：“2005年以后阿里巴巴什么样子我不知道，但是在未来的三年到五年，我们仍然会围绕电子商务发展我们的公司，我觉得我们绝对不能离开这个中心。10 年的创业告诉我，我们永远不能追求时尚，不能因为什么东西起来了就跟着干起来。”

一直以来，马云始终根据市场需求结合自身实际，领导着阿里巴巴进退有序。不管别人怎么看、怎么说，就是坚持埋头专注于自己的 B2B 模式，“任你兔子再多，我只抓一只”。于是，他成功了，在电子商务领域，阿里巴巴一骑绝尘，无人能及。

吃一堑长一智，如果已经吃过亏，那么当那是一种经历，日后别犯同样的错误；如果未经历过，那就擦亮双眼，明辨是非。在提防别人的同时，也坚守自己的人生信条，学会拒绝，学会说不。

（1）敢于说“不”，是一种人生理念态度。

有人说人际关系是人生中最难处理的事，但难中之难的是在任何情况下，都能坚守气节，保持尊严和本色不变，并采取明智的办法去回绝，随大流省力气，坚持原则需要力量。敢于说“不”，不是不给谁“面子”，也不是“不识抬举”，当然这其中要冒自己被驱逐出某个人际圈子的危险。其实，接受就一定是更美好的吗？

（2）敢于说“不”，是一个拒绝的过程。

一位哲人说得好：“拒绝，就是放弃、抵制，批判错误的东西，与此同时，也就是主张，坚持和弘扬正确的东西。”因为拒绝的过程，可以使人发现并肯定生活的真理和乐趣，更加信守自己的人生准则，并且从中升华人格，获得坦荡心胸。

（3）敢于说“不”，是做人的必备素质；善用拒绝，是对人性的一种挑战。

拒绝虚假浮躁的爱情，是为了追求踏实的真爱；拒绝随波逐流，是为了追求独立的人格；拒绝同流合污，是为了追求高风亮节的意志；拒绝平庸生活，是为了追求非凡的境界；拒绝邪念诱惑，是为了追求道德完善的人性。

生活中有些人太爱面子，所以不管在什么人面前，什么事面前，都一

直扮演着“好好先生”的角色，往往认为拒绝他人是一种不友好的行为，会拉开自己与他人的距离，甚至是与整个群体都显得格格不入。殊不知，一味地答应，永远保持“好好先生”形象，反而会给人一种虚假感，而且极容易被别有用心之人利用，最后成为“冤大头”。所以，别再千篇一律地回答“好”或者“行”，该说“不”的时候要懂得拒绝他人，这是高情商者应有的处世能力。能屈能伸、能取能舍，不因爱面子让自己无路可退，才是成大事的表现。

第三章　马云的社交情商：没有员工、客户和对手，就没有阿里巴巴

一个人事业的成功，80%归因于与别人相处，20%才是来自于自己的心灵。人脉资源是一种潜在的无形资产，是一种潜在的财富。人脉资源越丰富、档次越高，事业发展的门路也就越多、越宽。作为商业精英的马云自然也非常看重人脉的积累。然而积累人脉并不容易，需要高明的技巧。

1. 永远要相信边上的人比你聪明

人人都知道，大海是有深度的，然而许多人只看到了海边的波浪，而没有注意到它暗流汹涌的一面。同样的，我们所生活的社会也是藏龙卧虎，不要低估身边的每一个人的能力，要时刻想着边上的人比你自己聪明，要有危机感。

事实上，一个人在社会生活中应该像大海那样厚重，学会低调处世，永远不要居功自傲，否则就不能承载更多的成功。阿里巴巴一直把招揽人才作为公司最重要的工作之一，甚至还打出了“天天招聘”的口号。但是，阿里巴巴并不承诺任何人加入阿里巴巴会升官发财。马云是这么解释的：“因为升官发财、股票这些东西都是你自己努力的结果。但是我会承诺你在我们公司一定会很倒霉、很冤枉，干得很好领导还是不喜欢你，这些东西我都能承诺。但是你经历这些后你出去一定满怀信心，可以自己创业，可以在任何一家公司做好，你会想，我在阿里巴巴都待过，还怕你这样的公司？”

想当初，马云第一次踏足互联网，创立中国黄页的时候，中国的互联网还不被大众所熟知，那个时候招聘员工非常难，用马云的玩笑话说：“街上只要是会走路的人，不是太残疾的，我们都招回来了。”而就是这样一帮“路人”却在当时做出了让全国侧目的成绩。

在2001年，整个中国互联网行业的发展处于低迷状态，很多公司都忙着大幅度裁员。而当时的阿里巴巴正处于高速发展期，急需人才。于是，很多人进了阿里巴巴，也有很多人出了阿里巴巴，人才很难留得住。马云记得有一位年轻人，刚刚进入公司时，马云跟他说：“我希望最艰难的时候你能坚持下来不放弃。”这个年轻人说：“我记住了，5 年之内绝对不会走。”在接下来的 5 年，跟他一起来的人都陆续走掉了，这个年轻人却坚持了下来。后来，他无论是在做事风格上还是个人财富上，都取得了非常大的成功，而他曾经就是典型的普通人。

为什么这些资质平平的普通人却做出了让所有人都为之惊讶感叹的不凡业绩呢？也许在马云的话中我们能够找到答案。

阿里巴巴上市一个月以后，马云把阿里巴巴公司超过五年以上的员工汇聚在一起，说了这样一段话：“我们现在上市了，有钱了，可以说是相当有钱了。但是凭什么我们今天有钱了呢？是因为我们比别人聪明吗？我看未必，至少我不认为自己聪明。从小学到大学，我很少考进前五名，很多人考数学或者考什么都比我行。当你觉得你已经够聪明、够勤奋的时候，不知道这世界上，甚至在你身边有多少比你更勤奋的人在努力，在奋斗。但是，这并不可怕，相反，正因为我们大家都是普通人，才更有前进的动力。最初的阿里巴巴没有名气，连员工都招不到。但是，经过这几年的坚持，反而使我们取得了成功。原因就在于‘坚持’二字上。就是因为我们相信自己是平凡人，我们相信我们一起在做一些事情。事实也证明‘傻坚持比不坚持要好很多’。所以我觉得创业者给自己一个梦想，给自己一个承诺，给自己一份坚持，是极其关键的。”

聪明是一笔财富，关键在于怎么使用。真正聪明的人会使用自己的聪明，并在这个基础上坚持不懈地奋斗，不断地努力，让自己的聪明真正绽放出光彩。那些爱耍小聪明的人，有了一丁点的成绩就把尾巴翘到天上去，生怕别人不知道。这恰恰是招灾引祸的根源。

《庄子·杂篇》讲了这样一个故事：吴王率领着大队人马乘船渡过长江，登上一座猴山。猴子们看见了，都惊叫着逃进丛林，躲藏在树丛茂密的地方。有一只猴子却从容自得，抓耳摸脑，在吴王面前蹿上跳下，故意卖弄技巧，想要以此来博得吴王的欢心。没想到，吴王很讨厌这只猴子的

轻浮，便张弓搭箭，向它射去。这只猴子存心要显露本事，炫耀自己的技能，当吴王的箭射来时它就敏捷地跃起身，一把抓住飞箭。吴王转过身去，示意随从们一齐放箭，箭如雨下，不可躲闪，那猴子终于被乱箭射死。

看来，过分发挥自己的聪明，必将招致祸患。中国人的聪明是举世公认的，但总有一些人把这份聪明不恰当地用在不该用的地方，求得眼前的、一时的利益，结果往往却是收小利而获大患，所谓得不偿失。

那么应该如何正确地使用自己的聪明，而不会让自己陷入陷阱当中呢？不妨从以下三方面注意：

（1）不要特别强调自我的存在，萧规曹随，跟着别人的步履前进。

（2）不要让人感觉你比他人更聪明。如果别人有过错，一定要委婉含蓄地指出，如果用轻蔑的态度、高傲的语气来指责别人，就很可能带来难堪的后果。

（3）多一点具体措施，少一些高谈阔论。实际行动永远比口号更有用。

无论是在生活还是工作中，人人都要低调处事，也要有危机意识，不要自以为是，而是要相信身边有很多比自己聪明的人，多学习“谦虚”的情商。

自古有云：骄兵必败。再优秀的人才，能放平心态，沉下心来，脚踏实地地做事，才是关键。“聪明反被聪明误”的说法人人都懂得，其实正好可以解释为什么呆在阿里巴巴这些普通人最后反倒成功了，而那些聪明人因为聪明而过度自信，无法安心做一件事，总认为自己能承担更大的责任做更大的事情，最终却遭遇失败。其实，真正的聪明不需要卖弄，时间会证明一切的，“是金子总是要发光的”。学会收敛锋芒，韬光养晦，才能在与人共事时留下较大的回旋余地。这是一种必要的自我保护，也是让旁人敬佩的一种内在气质。

2. 每个人成功的背后都有一帮很棒的人

一个人再能干，不可能单独完成一次团队的任务，只有整个团队的团结协作，把每个人的智慧和创新都融入到团队中去，善于沟通，充满关怀，才能克服任何困难。

一个人善于借力可以达到四两拨千斤的效果，对于一个组织来说，一个人的力量是如此的渺小和微不足道，只有集体的力量，团队的精神才是克服困难的法宝，一个人无论怎样锐意创新，都是有限度的，只有团队的创新和发展才是无穷的。

很难想象，马云对电脑、软件、硬件等一窍不通。但马云认为："一个成长型企业成功的原则之一是打造一个具备各种功能的明星团队，而不只是拥有明星领导人。"在阿里巴巴的企业文化里，所有员工都认定自己是普通人，没有人是人杰。马云最不喜欢坊间的人说"阿里巴巴公司全是精英"，他很认同"平凡的人在一起做不平凡的事情"这个说法，称这才是团队。我们每个人都是平凡的，来自五湖四海，我们每个人都觉得有你生活才快乐，因为有我才会让这个团队不一样。

当然，在公司内部，也时常有不成熟的人说："我不喜欢这个人，我就不愿意跟他干，就不跟他配合。"其实这是不专业的。马云常劝这样的人说："任何一个公司里都有各种各样的员工，大家的脾气性格都有着很大的差异。员工之间可以不在一起吃饭，不成为很好的朋友，这都很正常。但是，并不能因为这些就影响同事之间的工作。什么叫团队？就是大家一起在做一件事情，只有取长补短，互相配合，工作才能取得好的结

果。看看你身边的人，特别是和你同一个办公室的人，这是种缘分，请大家好好珍惜吧！我只是要求大家能够配合工作，又没有要求你嫁给他或者你娶她。”

在一个团队里面，只要懂得尊重别人，懂得用欣赏的眼光看别人，别人才会用相同的方式对待你。这样互相配合起来做事，才事半功倍。所以，不要用负面的眼光看人。你用欣赏的眼光看别人的时候比说两百句漂亮话更为重要。也许你会觉得这个人跟你不一样，但是这个世界就是因为每个人都跟你不一样才这么丰富多彩。因此，团队成员之间需要信任来平衡各种关系。

阿里巴巴的独特价值观是：“共同实现创业的梦想，一起实现改变历史的梦想，一起实现创造财富的梦想，一起实现分享财富的梦想。”很多事情都是“一起”做，这也反映了阿里巴巴对团队的重视。

马云说：“中国的很多企业在发展过程中，都是领导人成长最快，能力最强，而那些员工的进步却没有显著的变化。其实这样并不对。毕竟，企业仅凭一人之力，永远做不大，团队才是成长型企业必须突破的瓶颈。”俗话说：“一只蚂蚁来搬米，搬来搬去搬不起，两只蚂蚁来搬米，身体晃来又晃去，三只蚂蚁来搬米，轻松抬着进洞里。”三只蚂蚁来搬米之所以能“轻松抬着进洞里”，正是团结协作的结果。

在一个企业里，团队合作有着无可比拟的力量，团队成员集体能够实现个人能力简单叠加所无法达到的成就。大家为了达到既定目标所显现出来的自愿合作和协同努力的精神，可以有效地调动团队成员的所有资源和才智，结果必将产生一股强大而且持久的力量。

商界很多人喜欢研究狼，因为狼虽然喜欢独自活动，但它们却是最团结的动物，当它们面临强大对手的时候，会绝对地合作，会充分发扬它们的团队精神，并肩作战奋勇抗敌。企业就应该好好地向狼学习，建立一支“狼性”团队，学习狼坚韧不拔的精神，学习它们的团队协作精神。如果每个人都能将自己的才智和力量发挥出来，主动地做事，为着同一个目标而努力，劲往一处使，那么团队的力量一定无可限量。

当然，要想激发团队的合作精神，前提条件就是要先组织一个好的团队。一个优秀的团队，所有成员之间必须互相信任，彼此之间要开诚布公，互相交心，做到心心相印，毫无保留。只有团队的每一个成员彼此之间紧密合作了，才能真正做到整个团体的紧密合作。合作的成败取决于各成员的态度。

如今，随着知识经济时代的到来，各种知识、技术不断推陈出新，在很多情况下，单靠个人能力已很难完全处理各种错综复杂的问题。所谓“人多力量大”，所有这些都需要人们组成团体，依靠团队合作来创造奇迹。学会团队合作，扮演好自己在团队中的角色，这种“合作”的情商对于每一个人来说都是必不可少的！

（1）能够听进别人的意见。

干大事业的人，一方面一定要有自己的主意，另一方面还需要能够听进别人的意见。李嘉诚为人虚心坦诚，不但善用身边的人，而且极会利用外脑的智慧，确实高人一筹。

（2）建立友好的工作环境和气氛。

信息的传递过程必须借助人与人之间的沟通来实现，在一个团队里，要想从他人那里获得有价值的信息，必须首先建立起双方的良好互动关系。很显然，如果彼此关系僵化、缺乏合作精神，那么我们就不能保证信息的真实有效，这对我们的成长会带来不利影响。

（3）发挥团队的力量。

每个人的智慧是有限的，在许多时候不能发现身边事物的真相。因此，这就要求我们明确自己的使命，做一个出色的决策者，而不能跟随自己的情绪拒绝他人的意见。只有这样，才能发挥团队的力量，借助团队的智慧做出正确的决策。

3. 永远把别人对你的批评记在心里

诗人但丁说过一句话："走自己的路，让别人去说吧！"身在复杂的社会中，我们虽然不能够阻止别人对自己做出不公正的批评，但是却可以做一件更为重要的事，那就是我们可以决定不让自己受到那些不公正批评的干扰。

学会把别人对自己的批评记在心里，做到有则改之，无则加勉，不要过分斤斤计较。一味地沉沦在批评当中，不仅不会让自己有所进步，反而会消磨了自己发展的动力。当时，阿里巴巴创始人马云并不知道自己的中国黄页会朝着哪个方向走，他只是知道自己做的这个东西一定有用。然后他在朋友的一片反对声中，成功地在这个行业越行越远，越攀越高。

但很多的创业者每天都想这个条件不够，那个条件没有，这个条件也不成熟，该怎么办？当然是自己创造条件。如果各种机会都成熟了的话，还轮得到你吗？

阿里巴巴做电子商务的头几年，一直经受着各种各样的批评。在中国的互联网行业中，大家都在讨论着各种不适合发展电子商务的条件，不是说中国没有诚信体系不适合做电子商务，就是说没有银行支付体系，基础建设也非常差。面对这些批评，马云冷静地回答说："那你说我怎么办？等待机会？等待别人来？等待国家建好？等待竞争者进来？"当然不是。如果自己不行动起来，那么这些不足就会永远摆在那，只有自己在这些不足的基础上努力奋斗，才能将这些不足转化为行业发展的优势。

马云坚信自己所做的，并为此积极行动起来。"如果没有诚信体系，我们就创造一个诚信体系；如果没有支付体系，我们建设支付体系。只有这个样子，我们才有机会。阿里巴巴的经历告诉我，没有条件的时候，只要你有梦想，只要你有良好的团队坚定地执行，你就能够走到大洋的那一岸。”马云是这么说的，也是这么做的。阿里巴巴之所以能够取得今天的成功，就是和这种少说多做的工作态度分不开的。如果在遭遇到一点批评之后就放弃自己的计划，那么只能够在别人成功之后发出“其实我也这么想过”的感叹。只有将别人的批评记在心上，然后默默地去改进自己的工作，在一步一步的前进中获得别人的认可，才能够取得最终的胜利。别人最初的批评，也会随之转化为掌声和称赞。

如马云般坚信自己在做什么是自信的一种表现，而自信是对自我能力和自我价值的一种肯定。永远把别人的意见记在心里是一门与人交往的学问，有内涵才会有成功。学习“隐忍”的情商，也是成功的必修课之一。

王亮在镇上开了一家超市，准备大干一场。平时，父亲总是告诫他：“一定要多听取他人的意见，哪怕是批评的声音。懂得反省自己，才会有更多进步的机会。”

经过几年的出色经营，王亮的商店日益红火，顾客越来越多。眼看着事业发展壮大，王亮筹划着扩大门面，为此需要投入一笔巨资。一位在商场做事的好朋友告诫他，镇上一家矿业公司控制的商店开张了，可能会对他的商店构成威胁。原来，这家商店处于垄断地位，而且它的大多数业务都是以赊销或抵扣券的方式成交，因此吸引了大批顾客。显然，王亮在这方面丝毫没有竞争能力。

但是，王亮没有把朋友的话放在心上。直到他真的投资扩展门店时，朋友担忧他吃亏，毫不客气地批评他太不知道天高地厚了。结果，这让王亮很不高兴。多年生意上的成功让他对自己的商店始终充满信心。在他看来，提供质量上乘的商品就能赢得客人，而且顾客愿意掏出现金把东西买回家去，这就是一条经商真理。于是，在接下来的经营过程中，王亮的商店没有采取任何革新措施。

然而，危机还是降临了。连续一个月，王亮遭到了大批退货，一些顾客对他的商品和服务表示了不满。这时候，王亮终于意识到了商店存在的问题——没有新奇的装修吸引顾客，所有的商品都摆放在柜台上，商品的单价始终保持不变。市场变了，如果不做出改变，自然要遭受相应的惩罚。

这时候，王亮才想起朋友的忠告与批评。他不得不重视朋友此前的提醒，并开始注意研究那个竞争对手的经商技巧，注意学习别人的成功经验。还好，王亮懂得自省，并注意在行动上积极改进。在接下来的日子里，他开始大力改进商店的经营策略，结果生意又日渐兴隆起来了。此后，王亮始终把朋友的忠告记在心里，生意做得有声有色。

面对他人的批评，把它当作一面镜子，以开放的心态接受别人的忠告，才能有大的发展和进步，进而获得巨大成功。对每个人来说，听到他人中肯的批评是非常难得的，这种真实的声音是我们成功的推动器。

反对的声音里面往往隐藏着真相，多听听他人的批评，你才能时刻提醒自己，明白还有哪些地方做得不够好。高情商的人总是照顾到大局，瞄准未来，他们不是在赞美声中沉醉，也不会在反对声中沉沦。面对他人的批评，他们勇敢检讨自己，发现自己的缺点，进而加以改正，最终达到完善自我的目的。不管是互联网还是其他行业，都会在发展中受到别人的非议和指责，如何面对这些，如何把这些巧妙地利用起来，使之成为自己前进的动力，需要领导者们的认真思考。

4. 从每个人身上找到各种机会

在人的一生中，人际关系固然重要，但并不是越多越好。重要的是，你要善于把它运用好，要在关系中寻找出对自己有较大帮助的人，有了这些人的支持，才会成就你成功的梦想。

古往今来，有很多人善用人际关系，获得了巨大的成功。他们脚踏实地，从自己的艰辛路上一步步迈向成功的殿堂。仅仅是他们鸿运高照吗？如果是，这样的鸿运也是他们善于运用人际关系的结果。

一个人事业的成功首先要具备一定的客观条件，如环境、机遇和个人能力等。但是，还必须处理好人际关系，这是不容忽视的重要环节。既要结交朋友，又要利用朋友，谁能把这两个相辅相成的问题处理得好，谁就能借助八方朋友的力量，成就一番自己的伟业。

阿里巴巴之所以发展成国际知名企业，也正是因为他们懂得从每个人身上找机会，懂得如何抓住机会，如何利用机会。简单来说，阿里巴巴要提供的是这样一个平台："将全球的中小企业的进出口信息汇集起来"。因此，"倾听客户的声音，满足客户的需求"是阿里巴巴生存与发展的根基。为此，马云非常注重市场调查。就拿为公司取"阿里巴巴"这个名字的过程来说，最初，马云和他的同事们准备了100多个网站的域名，但都不是很满意。直到有一次，马云出差到美国，在餐馆用餐的时候，他忽然有了灵感："互联网就是一个宝藏，等待着人们去挖掘。"想到"宝藏"，马云立刻想到了阿拉伯神话中开启宝藏之门的那句妇孺皆知的"阿里巴巴，芝麻开门"。这句话随着《一千零一夜》的神话故事，在全世界广泛传播。

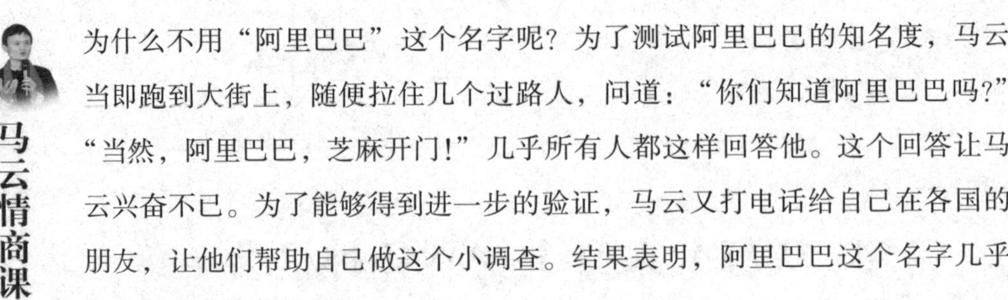

为什么不用“阿里巴巴”这个名字呢？为了测试阿里巴巴的知名度，马云当即跑到大街上，随便拉住几个过路人，问道：“你们知道阿里巴巴吗?”“当然，阿里巴巴，芝麻开门!”几乎所有人都这样回答他。这个回答让马云兴奋不已。为了能够得到进一步的验证，马云又打电话给自己在各国的朋友，让他们帮助自己做这个小调查。结果表明，阿里巴巴这个名字几乎可以说是家喻户晓。

为了解决网上交易的安全支付问题，阿里巴巴与各大银行合作，共同打造了“支付宝”在线支付工具。支付宝用户生活中的各种消费和结算，几乎都能够通过“支付宝”这个平台来实现，例如网上购物、手机充值、订购机票、生活缴费、购买彩票、收取 AA 费用、快速还款等等。这种便捷安全的特性，一下子激爆了网上交易。正是由于支付宝对于网上交易的贡献，它被誉为“电子商务发展的一个里程碑”。

支付宝之所以能够成功，正是因为马云注意到了每个人的上网需求，在每位用户身上找到了电子商务发展的机会。这种长远的发展眼光决定了阿里巴巴不可能被淘汰。不仅如此，在进入国际市场时，马云也是经过了细致的考虑的。例如，日本是中国的第二大贸易伙伴，在阿里巴巴业务中也占有相当重要的地位。30% 以上的客户都在从事日本贸易，日本的中小企业并不习惯英文的贸易平台网站，阿里巴巴为此打造一个全新日文为主的中日之间的贸易平台。

可以说，今天阿里巴巴的成功，很大一部分要归功于阿里人贴近市场、努力考察市场、适应市场需要，懂得从每个人身上找机会的结果。对于身处于市场的创业者来说，是否能准确定位目标市场，将直接影响到未来是否能够完成创业目标，并且事关企业市场营销战略的制定与实现。因此，创业者必须进行严密的市场调研，根据目标客户对产品、服务的不同需求，不同的购买方式与习惯，进而把整个市场划分为若干个子市场，然后再从中寻觅真正属于自己的空白点。

能够正确选择市场，直接决定着公司日后发展所需的一系列战略的确定，也决定了公司未来发展后劲的“先天条件”。所以创业者必须在深入进行市场细分化的基础上，寻找一个理想的目标市场。

朝晖塑胶厂是一家小型的塑胶产品工厂。在厂子选址时，厂长阿兵考虑到自己的产品知名度还不够大，很难在市中心激烈的竞争中立足，于是便考虑将工厂开设在距离中心不远的郊区。由于住在郊区的人们经济收入不像市里的人那么高，所以朝晖塑胶厂便生产了很多适合普通家庭使用的物美价廉的塑胶产品。由于产品质量好，很快便在当地打开了局面，变得小有名气。

可见，正确选择市场，有利于更准确地发现客户需求的差异性以及需求被满足的程度，从而更好地抓住市场机会，回避市场风险；还可以清楚地掌握竞争对手在各细分市场上的竞争实力和市场占有率，以便更好地发挥自己的竞争优势，选择最有效的目标市场。

对于初创业的人来说，由于自己的公司资源以及市场经营能力有限，在整个市场上根本不是那些成熟的大、中企业的对手，因此只能在选准市场的基础上，填补它们的空缺。换句话说也就是拾遗补漏，然后见缝插针，将整体劣势变为局部优势，从而找到立足之地，使自己在竞争中不断发展和壮大。学会从各种人身上寻找机会，从而让他人促进自身的发展，是一门促进自我发展的优秀品质，当然，这种“善于发现”的情商更值得我们去学习。

（1）善于发现，寻找机会。

你要善于发现、利用无所不在的资源，寻找适合于自身发展的机会，只有准确选择发展目标，才能促进成功。

（2）抓住机遇，迎接挑战。

机会，对一个人的事业发展是非常重要的，成就事业离不开各种机会，不管任何行业，不懂得抓住机会，只是靠个人能力，埋头苦干，靠自然成长，不可能成就大的事业。只有善于抓住机会，才有可能成就梦想，实现辉煌事业，改变命运！

5. 会讲故事才能让人为你驻足

无论在工作中还是在商业谈判中，会讲故事，能够把一个概念说得头头是道，让他人认同你，自然容易赢得成功。从某种意义上说，一个人是否具备讲故事的能力，决定了他的号召力大小，也能最大程度上彰显其领导魅力。

高情商的人，善于表达，能够将内心的真实想法传递给身边的人。并且，根据工作需要，他们还能发挥摆事实、讲道理的本领，在社交中制造话题、驾驭人心，从而实现自己的预期目标。

众所周知，免费策略在阿里巴巴的创业史上被多次运用。当年，马云以 50 万元起家的时候，中国互联网先锋瀛海威已经创办了 3 年。瀛海威采用美国 AOL 的收费入网模式。而马云正好相反，采用的是免费策略，即对买家和卖家都是免费的，以此来建立阿里巴巴的用户基础。

阿里巴巴建立淘宝之后，淘宝就面临着当时世界上最强大的 C2C 老大 eBay 的挑战。eBay 在北美市场靠向卖家收费而受到投资商青睐，它从一开始就盈利，而且获利颇丰。在中国，eBay 刚一并购易趣，很快就推行收费政策，直奔盈利主题。

而马云熟悉中国市场，他表达了这样的观点："2005 年前后的中国 C2C 市场还不是一个该不该收费的问题。因为中国的 C2C 消费市场非常不成熟，还需要培育，重点在于完善信息流、资金流、物流的产业链。"所以，马云宣布："针对其他电子商务网站收费的问题，我们向外界郑重说明，在淘宝这里，将会完全免费。这种免费的承诺将持续三年。阿里巴巴已经准备了5年的资金来支持淘宝的免费政策，并且投资商嫌我们花钱太慢……”

eBay中国曾指出：“‘免费’不是一种商业模式。”而马云则认为：“长时间的免费，主要的目的是希望借此降低门槛，吸引更多用户，收费将扼杀用户的积极性。”

面对淘宝的疯狂发展，eBay不得不采取一定的措施。而它想到的办法，就是当时被自己称作不能算是一种商业模式的免费经营。然而，当2005年12月20日，eBay在中国推出“免费开店”的时候，它和淘宝的客户数差距已超过20倍，可以说这次的反击已经毫无力量。对此，马云还打趣地说道：“幸亏eBay晚了一年半，大家已经看到，淘宝在这一年半中取得了怎样的发展。如果eBay的免费政策早一点推出，也许就没有今天的淘宝了。eBay这次失败的教训，是值得我们淘宝学习的。”

在淘宝打败eBay易趣，成为国内最受欢迎的第一大C2C网站之后，马云表示未来几年里，淘宝将一直坚持免费策略，鉴于中国C2C处于起步期的特殊国情，淘宝将继续保持着长远的竞争优势。至此，马云成功将当初的论断演化为现实，再次证明了其高超的趋势把握能力。

阿里巴巴是想通过免费来了解客户的需求，边走边体验，它是达到了拖垮对手的目的，但是这免费的背后却是庞大的资金做后盾。首先，在淘宝成立之初，马云就宣布以1亿元资金打造淘宝。之后5年，阿里巴巴一共为淘宝投入了13.5亿元。在淘宝五周年的庆典仪式上，马云宣布：“阿里巴巴将在5年内向淘宝追加20亿元人民币的投资。”那次增资之后，便意味着马云在淘宝上的押宝已达到惊人的33.5亿元人民币，这一投资额把国内的竞争对手远远地甩在了身后。所以，马云说：“免费是世界上最昂贵的东西。”

这时候，没人再怀疑马云讲故事的能力，这个当初被大家当做是“疯子”、“狂人”的马云，再也不用向大家解释什么，就能够赢得大家的信任。人们纷纷接受他的思想、理念，成为他的信徒。因为大家知道，马云

所说的每一句话，所讲的每一个故事，都不是凭空虚构，而是有他认真的思考的。甚至，传统行业的一些商业大佬也开始关注马云，惊异于这个后来者的与众不同。

尽管，免费策略多次成为马云与他人商战获胜的法宝，但是马云还是理智的。他认为："免费是世界上最昂贵的东西，所以尽量不要免费。每一笔生意必须挣钱，免费不是一个好策略，它付出的代价会非常大。"的确，一个收费的市场才是一个正常的市场。对企业来说，必须赢利，不管什么企业，无论如何都要保证最低利润的获得，这是企业的命脉。

事实上，马云讲故事的能力不是空穴来风，而是源自他对产业的深入思考，对行业发展的准确拿捏。没有这一点，那么他的观点、论断就无法站住脚，也不会令人信服。也许，开始还会有人倾听，但是在智者面前终究会有露怯的那一天。

以马云的"免费说"为例，其背后的逻辑是极其缜密的。每一个企业，每一个领导者，都希望企业能愈做愈大，钱赚得越多越好。无论这个企业从事的是什么行为，适当的收入都是必要的，而且收入是企业用服务和产品换来的，企业也正是靠着这个来获利，来维持企业、发展企业，从而提供更好更深层次的服务。从这个角度来说，赢利实际上是一个尺度，它衡量企业为客户创造的价值，高出使用这种资源的成本多少。如果客户愿意付钱给企业，低于企业使用这种资源的成本，企业就亏损了。反过来，同样的资源在企业的使用下，创造的价值比付出的成本大，这意味着企业赢利了。只有企业始终存在、不断发展，客户才能有保障地享受服务和产品。

企业存在与发展的基础，就是确保赢利，至少也要有最低利润的获得。企业的一切活动，都必须依靠利润来完成，即使在最不景气的时候，领导者也要有一个利润的底线。对于一般企业来说，如果投资某个项目，利润连最低底线都没有达到，那不如放弃，节省资源，把它投资到更有价值的地方去。如果坚持下去，即使苦尽甘来，企业也已经元气大伤，得不偿失了。要知道，明智的撤退，也是伟大的成功。这个道理非常简单，但却有很多领导者都不明白。

在工作中，无论与同事交流，还是向领导汇报工作，都要在事实的基础上去沟通。如此一来，才能建立自己的信誉。而在商业世界中，每次发出自己的声音，尤其不能信口开河。在关键时刻，你必须将自己长期的观察、思考用缜密的语言，以及恰当的方式传达出来，才能让众人为你驻足。一旦你的论断得到众人认同，经得起推敲，那么你就会成为一个有影响力的人，别人就不会再忽视你的存在。

换句话说，当一个人具备了出色的讲故事的能力，那么他就成了有价值的人，他的观点、判断都会价值不菲。这才是你我彰显个人价值的有效方式。生活中，每个行业都会有一些精英代表，他们在自己的岗位上做出了卓越贡献，取得了辉煌成绩，因此其一言一行都令人瞩目。从某种意义上说，他们是业内的权威。

高情商的人，懂得用自己的经验去说服他人，懂得用创意体现自身价值，这都是会讲故事的证明。并且，一个人只有具备这种能力，才能在工作中大有作为，在事业上有所建树。换句话说，在社交中，如果你无法打动别人，就不能开拓局面，也就不能有一番作为。

6. 高情商创造强大气场

生活中，精神的力量是无穷的，高情商的人拥有良好的心理素质，心态积极，所以他们更能在困难面前逆势突围，化腐朽为神奇，创造惊人的奇迹。这就是“高情商”胜于“高智商”的道理。

要知道，高情商的人，总是能灵活应对生活中的各种困局。它主要反映一个人感受、理解、运用、表达、控制和调节自己情感的能力，以及处理自己与他人之间的情感关系的能力。很多人未必高学历、高智商，甚至不乏中途退学者，却凭个人的毅力和能力开创出一番事业。这提醒我们，控制好自己的情绪，做好心灵对话，有时候比发挥智力要素更重要。

马云曾说过这样的话：“有些人虽然取得了很高的学历，但是这些硕士博士们不一定能够踏踏实实地做好一件事。在我看来，博士生拿到了，只不过是真正的生活考试开始，博士生比研究生就多做三年模拟题，研究生比本科生多做两年模拟题。”简言之，高学历不代表高情商，在信息时代，唯有高情商才能创造强大气场。

创业初期，马云也曾经一度迷信“高学历”，以为只要取得了高学历，那么就能具备相应的工作能力，要求“凡是要做主管以上的位置，必须在海外，如美国、英国受过 3 至 5 年的教育，或工作过 5 到 10 年”。2001 年，他建立的团队几乎清一色是由“海龟”组成的，于是阿里巴巴内部充斥着各种不同的文化，来自于不同国家的人，如印度人、美国人、德国人，各有各的一套想法，每个人听起来都很有道理，谁也不服谁。

就拿德国人来说，有次在德国，那天晚上特别冷，马云在柏林有个演讲。那天风大雨大的，原定晚上五点半发车，五点二十分的时候人已经到齐了，但是司机说还有10分钟，他们就这么等着。事后，马云说：“德国人的古板我可算是领教了，但这也是他们的一个优点，他们永远会遵守时间。”

自1995年，马云涉足互联网行业起，一路走来创造了互联网的许多奇迹，建立了一个世界上最大的电子商务网站。但是马云最得意的是他的团队，是他的用人之道。马云把用人看得比融资找钱还重要。他经常说：“天下没有人能抢走我的团队，不管你是‘土鳖’还是‘海龟’，也不管你是‘旧臣’还是‘新人’，只要有真才实干，那么阿里巴巴就欢迎。工作能力不合格，就算是有了顶级大学的证书，我们也不会留下。合适的就是最好的。”

马云用人坚持的原则就是“唯才是举”，要符合阿里巴巴的用人原则。马云的“精英”论破灭以后，还有一个海归被留了下来，这个人就是蔡崇信。

蔡崇信原是瑞典AB公司的副总裁、耶鲁大学经济与法学博士，拿极高的工资。他听说阿里巴巴和马云之后立即飞赴杭州要求洽谈投资。一番推心置腹之后，他竟然出人意料地说：“马云，我要加入阿里巴巴。”马云听了，吓一跳，回答说：“不可能吧，我这儿只有500元人民币的月薪啊！”其实，有人才自愿加入，马云自然开心，只是他也担心这样的人才能否适应阿里巴巴这样的小公司？

于是马云决定先试用他两个星期，大家彼此观察一下。在这段时间里，马云不断提醒蔡崇信：“你要看清楚了，我们就这样的条件。”然后两人一起到美国出差，在那朝夕相处的一个星期里，两人天天对话，蔡崇信还是决定要加入。马云也看到了蔡崇信加入公司的决心和信心，所以正式聘请他。于是，蔡崇信便成了阿里巴巴第19号员工。进入公司不久，蔡崇信就送了阿里巴巴一个大礼——一笔投资。当时阿里巴巴正为资金短缺发愁，这笔投资可以说是解了马云的燃眉之急。蔡崇信用事实向马云证明他的价值所在，并不是所有的高学历者都不适合在小公司里发挥，最主要的还是自己要调整好心态。

提到蔡崇信，马云总是这样讲："这样的人，跟你一样同甘共苦，点点滴滴从细节做。他不是告诉你'要做什么'，而是告诉你'你要做什么，我可以帮你做得更完善'。"

现实生活中，有些人智商的确很高，以至业务娴熟、工作出色，但他们并非都受人欢迎。显然，他们在另一个方面——情商上，出了问题。比如，他们不善于与人交往，不易控制自己的情绪，所谓"易怒易失人缘"。很显然，在信息高度发达，人际交往越来越密切的时代，拥有高情商是每一位商人必不可少的。高情商不仅体现在创业的选择上，更体现在生活的点点滴滴之中，只有这样才能创造出强大的气场。那么，怎样开发、提高自己的情商，处理好人际关系呢？

（1）重视身边每一个与你相遇的人。

这个世界上的任何一个人你都可以认识。人脉就像雨，平时或许你还没有切实感触到它的好处，可是一旦碰到旱灾大荒，你的人生遭遇到特别困难的时候，一阵及时雨就足以救你的命。所以，如果你有志于成为一个不同凡响的人，如果你渴望人生辉煌，那么你就不能轻视任何一阵"雨"，哪怕是一阵微乎其微的"雨"。

（2）打破无形的墙。

每个人都有自己的朋友圈子，圈子内的朋友，很多话可以说，很多事可以做。而对于外界，就有一道无形的墙，他人很难进入这个圈子。现在你要做的是，打破这道无形的墙，勇敢地设法与其建立联系，或主动找上门去。

（3）广积人脉，是我们一生都要持之以恒做好的事情。

对上班族来说，你在公司工作最大的收获不只是你赚了多少钱，积累了多少经验，而更重要的是你认识了多少人，结识了多少朋友，积累了多少人脉资源。这种人脉资源不仅对你在公司工作时有用，即使你以后离开了这个公司，还会发生作用，成为你发展个人事业的重大资产。

（4）不论关系亲疏好歹，都保持正常合作。

与他人发生个人嫌怨是不可避免的，这些嫌怨能化则化，千万不要带到生活、工作中来。许多时候，你太斤斤计较，会给人一种心胸狭隘的感觉。即便以前有过摩擦，也不带到当下的相处中来，这样才能有合作的机会，你们的关系才能延续下去。

7. 挖空心思帮助客户成功

很多时候，我们会认为把善意和情感用在陌生人身上是一种浪费，这些人和我们有什么关系？甚至可能是永远不会重逢的，我们对他们好，又能得到什么好处呢？

阿里巴巴旨在“为中小企业服务”，马云对中小企业进行了详细的调查。他发现：中小企业商人头脑精明、生命力强，相当务实，他们才不管你什么战略不战略，能让他赚更多钱的东西他就会用。所以，为中小企业服务，不能去想办法帮他省钱，因为他的钱已经省到了骨头上面了，而要帮助他们赚钱，让他们通过网络发财……

关于阿里巴巴为什么会受到欢迎，马云说过这样一段话：“因为阿里巴巴是他们（商人们）用来赚钱的工具。”我们不难看出，“帮助客户赚钱”是马云心目中阿里巴巴的真实价值所在。

对于阿里巴巴来说，电子商务这个产品，创造的社会价值是巨大的。不可否认的是，大量的企业是出于对利润的渴求而被动地创造了社会价值，而不是先意识到其产品的社会价值，然后才开始制造产品。阿里巴巴的不同恰恰在于他几乎从一开始就意识到了产品是因为有社会价值而存在的。因此，马云反复强调：“阿里巴巴的存在，不光是为了我们自己赚钱。帮助客户实现利益最大化，打造出中国的电子商务领域，也是我们义不容辞的责任。”

同时，马云还告诉他的销售人员：“当一个销售人员脑子里想的都是钱的时候，你连写字楼都进不去。如果你觉得我这个产品是帮助客户成功，帮助别人成功，这个产品对别人有用，那你的自信心会很强。绝大多数做生意的人想人家口袋里面的5块钱，看到张三口袋里面的5块钱他想怎么把这个钱弄到自己口袋里面。这是很多目关短浅的人的想法。而你希望成就一个伟大企业，希望企业做成像海尔、海信，像GE、IBM、微软这样的企业，你要想的是如何用我的产品帮助客户将口袋里面的5块钱变成四五十块钱，然后从多出来的钱里面拿到我要的四五块钱。”

从终极目标上来说，为社会创造价值是企业的目的，也是支撑企业做大的根本原因。阿里巴巴或者说电子商务的社会价值体现为：消灭了很多贸易中的中间费用，为更多的贸易机会创造了条件。马云把这种价值表达为“为客户赚钱”，并且对这一理念有着自己独到的分析和见解，他曾说：“客户是衣食父母。无论何种状况，始终微笑面对客户，体现尊重和诚意。在坚持原则的基础上，用客户喜欢的方式对待客户。为客户提供高附加值的服务，使客户资源的利用最优化。平衡好客户需求和公司利益，寻求并取得双赢。关注客户的关注点，为客户提供建议和资讯，帮助客户成长。”

可以说，阿里巴巴所有产品或服务的推出，都建立在这一价值观的基础上，“从客户的角度出发，为客户创造价值”，这也正是阿里巴巴为何受到客户欢迎的根本原因。

从阿里巴巴到淘宝再到支付宝，我们可以看出，马云想要实现的收费方式用一句话来概括，那就是在“用户赚钱”的前提下，让他们心甘情愿地给钱；同时，市场的基础要足够大，使用户给出的钱能够满足公司的运营需要并创造真正的利润。就是这样的想法，促使马云一直在寻找一种多赢的企业生存局面。而这种从大局出发，互利互惠的发展模式也实现了他最初的设想。

作为企业，如果“挖空心思帮助客户成功”，不仅会使客户盈利，实际上最大的赢家是企业本身。作为企业的领导者，要懂得把眼光放长远，不要只顾眼前利益。学习先顾好每一个“小家”，再促进“大家”发展的理念是非常重要的。

利乐公司曾经有一名广告语——“找到利乐，找到新鲜”，家喻户晓，风靡全球。但是在客户中间，却流行着另外一句话——“找到利乐，找到信息”，从这里就可以看出客户们对利乐公司的赞誉和信任。利乐公司在全球各分支机构设有各种信息查询系统，并且通过系统网络可以共享。每月编辑发行“利乐之友”，免费发给客户。通过这种做法，既能更好地为中国乳品行业服务，同时也提升了利乐公司的企业形象，更有利于搞好自身企业的生产与营销。可见，从大处着眼，帮助客户实现赚钱的梦想，是保证企业持续发展的重要基石。

多年来，淘宝始终没有收费。但为了更好地帮助店家，淘宝积极地收集会员的心声。在论坛里有专门会员意见版块，有专门的人员负责回复；积极地参与会员的交易当中，虽然淘宝里有一些会员有欺骗行为，但是事后，淘宝积极地参与到他们的交易里，积极地和会员一起解决问题；从功能和会员管理制度上，淘宝都在尽力贴近会员的实际需求；除此之外，淘宝还积极地组织会员进行网下交流活动和培训等。

当然，如果有一天，淘宝培育好了马云和他的高层们所认为的“足够的市场基础”以后，也是要进入收费时期的，但前提是“淘宝为客户创造了足够的价值”。没有这个前提，相信马云是不会轻易改变自己的发展战略的。因为一旦改变，伤害的不仅仅是客户的利益，更是自身的实力。具体说来，可以从以下两个方面着手：

(1) 看清市场竞争的实质，抓住根本。

市场的竞争实际上是赢得顾客的竞争。只有企业真正重视，把客户关系管理提高到企业战略的层面上考虑，企业才可能成为“以客户为中心”的现实受益者。

(2) 眼光放长远，不要只顾眼前利益。

企业的盈利过程是一个循序渐进的过程，了解企业盈利的实质，从细节做起，首先帮助客户成功，唯有这样才能促进企业的长远发展和更大的成功。

在任何一个行业中，都会存在不可胜数的大中小企业。在竞争如此激烈的情况下，如何能够使自己的企业长久发展是每一位领导者应该考虑的问题。有很多企业都把自己和客户对立起来，就像易趣网站，常常被客户批评为“就好像收费的地主一样，一心想着收取会员的费用，从功能完善上说的确有很多好功能，但是全部是要收费的，没有付费就使用不了。对待会员的问题和反馈等，承诺了而没有确实履行！在诚信方面没有落到实处”。最后使会员失去对网站的忠诚度，导致会员人量流失，网站的品牌下降，从侧面成全了淘宝的发展。可见，只有把客户的成功和自己的发展团结到一起，使之成为一个整体，才是企业越走越远的发展道路。

中国企业是这样，外企在中国的发展更是这样。要想在中国本土扎根立足，没有固定的客户群体是行不通的。而市场上的客户又具有一个很大的特点——流动性。基本上谁的企业能帮助自己实现盈利，就会和哪个企业合作。在这种情况下，企业领导者所要考虑的就不单单是自身扩大规模，吸引资金的问题了，更重要的是要懂得留住客户。淘宝的成功已经证明，只有挖空心思帮助客户成功，自己才能在客户的发展推动下走上新的台阶。

8. 尽可能多地结交同行业中的大老板

一个人要想成就一番大事业，光靠自己一方面的力量是不够的，在力量不够大时，还要善于借助贵人的力量。从成功需借助外力的角度看，人生至少要找一位贵人相助。个人的努力像爬楼梯一样，脚踏实地，而所谓这种贵人的出现，就相当于乘上电梯。

经商之人大概都知道，解决资金流的问题有两个方法，一个是自己去借钱融资，还有一个就是做好销售。如果有广泛的人脉，无疑是为这两个方法提供了便利的途径。人脉之于融资的重要性，由马云的成长经历中可以看出来。

很多年以前，当马云的身份还是杭州电子工业学院的讲师的时候，经常到外面的夜校做兼职老师。来听课的有很多都是做外贸生意的老板，跟马云的关系都非常好，这为马云日后的创业积累了广泛的人脉。

马云的第一次创业，可是说是通过他的人脉把中国黄页的生意慢慢做起来的。然而在阿里巴巴创业几个月之后，资金上濒临弹尽粮绝的境地。在最绝望的时候，蔡崇信出现了，作为一名专业的财务人才，蔡崇信不仅带来了他自己的技术，更为阿里巴巴带了了一张无形的巨大的人脉网络。由于在业内的人脉交际非常广泛，所以当蔡崇信加入阿里巴巴的队伍时，马上引起了香港投资界对阿里巴巴的注意。通过对公司的了解，香港的投资界决定对阿里巴巴进行投资，这一下子就好像为干涸的土地送来了清凉的泉水，缓解了马云多日来的焦虑。而阿里巴巴的第一笔风险投资资金来自高盛，这也是蔡崇信的关系所带来的。

在互联网行业中，关于阿里巴巴公司还有一个传奇的故事，那就是马云用6分钟的时间搞定了2000万美元的投资。这件事情同样离不开业内朋友的帮助。那是在马云拿到高盛的500万美元之后两个月。在某个场合，马云与一个印度人成为了朋友。两人聊到了阿里巴巴，聪明的印度人一下子就明白了马云要做的伟业，提出了想要参与进来。可是马云顾虑到高盛的投资关系，觉得不好答应，便开玩笑地对他说："我已经定婚了，不能再另外找个对象，但是我们可以保持一定的朋友关系。"印度人听完哈哈大笑，一下子就喜欢上了马云这个朋友，他自然明白马云的顾虑。他对马云说："我给你介绍一个朋友吧，这个人你一定要认识。"当时马云还不知道这位"神秘人物"是谁，等到了北京，才发现原来这位神秘人物就是大名鼎鼎的软银孙正义。于是便有了后来最经典的6分钟搞定2000万美元的传奇。

社会学有一个很流行的概念叫社会资本。所谓社会资本，就是把社会关系资源加以运用，以提高生存和发展能力。社会关系资源犹如货币，社会资本就像货币被用来投资获利的一种关系资源。

美国石油大王洛克菲勒说："我愿意付出比天底下得到其他本领更大的代价去获得与人相处的本领。"可见，学会与人相处，为自己建立更广泛的人脉圈子，是决定成功的关键。

富豪们之所以要打高尔夫，并不是单纯地为了娱乐。难道一局几百元的钱花了，人就可以更放松，更休闲吗？当然不是。他们之所以会经常到高尔夫球俱乐部去，是因为那里是富人的俱乐部，有很多同行业中的大老板。处在那个圈子里，可以结识更多的领导者，获得更多的信息，久而久之，就为自己增添了更多的人脉关系。实在是醉翁之意不在酒啊！

俗话说："多个朋友多条路"。一个人要想成功，光靠自己的力量是远远不够的，必须依靠或者是借助别人的力量。读成功人士的传记，你会发现那些成功的人除了忙于正常的工作和生意，大部分业余时间用在了社交上。因为朋友就是信息，朋友就是商机，朋友就是财富。为什么那些亿万富翁赚钱那么快？正是因为他们注重人脉，长袖善舞，所以他们才获得了成功，且物以类聚，富豪之间互相提携，彼此交换信息，做起事来事半功倍，成功的人自然就越来越成功。

马云深谙此道，他在网上建立B2B平台，本质上其实就是帮助天下的中小企业在互联网上建立一个人脉平台，商人可以直接沟通进行交流与谈价，所有的部署为的就是一个目的——“人脉”。

拓展强而有力的人脉关系是人生长久经营的首要核心任务。广阔的人脉关系可以令人的生活、工作、人生走更多的捷径，取得更多更有效的方法与帮助。但人脉不是上天所赐，只有靠自己去感悟去构建，无论借助网络还是现实生活，都需要用心经营。

在攀爬事业高峰的过程中，贵人相助往往是不可缺少的一环，它不仅能替你加分，加快你的发展速度，还能增加你成功的筹码。一位商界精英曾感慨地说：“我认为这一生最让我感到踏实的就是我交到了一些真正的朋友。我相信就是明天我的企业什么都没有了，从头做起，我用三天时间就还能够再赚几百万。为什么？因为我那些朋友中至少有相当一部分还会认同我，有了他们，我就有可能再干起来，所以我是很轻松、很放心的。”

要知道，很多时候，成功不仅在于机遇还在于人际，广泛的人际圈对于促成事业的成功有很大的推动作用，掌握“尽可能地多结交同行业中的大老板”的人际交往情商，对于企业的发展有百利而无一害！

那么作为一名企业家如何才能更好地拓展人际关系？这是大家都关心的问题。

（1）要注意与人交往的方式、方法，做到不卑不亢，知恩图报。

现实生活中，贵人往往在知识、技能、经验、人脉等方面有超过你的地方，对于这些，我们应该谦虚谨慎地学习，但注意不要过度地恭维，以至于到了溜须拍马让人感到肉麻的地步。

（2）一定要对对方的底细了如指掌。

《孙子兵法》中说，知己知彼，方能百战百胜。你想跟一个可能日后对你的事业产生重大影响的关键人物交往，之前一定要将他的“底细”了解透彻，当然了，人家的隐私你要视为避讳。你要了解的是他的身份、地位、特长、爱好等，还有他的亲人、朋友等亲近人物最好也了解一些，这样才能方便你找到与之接近的切入点。

第四章　马云的创业情商：

没有优秀的理念，只有脚踏实地的结果

成功之路没有捷径，倘若想有所作为，就应该脚踏实地地努力。许多人都羡慕马云的成功，认为马云幸运地找到了好的创业项目，运用了好的经营理念。其实，马云的成功更多地归功于日复一日的不懈努力。时刻坚信天道酬勤，才是最优秀的创业情商。

1. 情商是你困境中的救命稻草

困境是人生的一部分，没有人会一直一帆风顺，面对困境，最重要的是学会适应，勇敢面对。其实，困境并不算什么，你需要的只是转变你的心态，一点点勇气和一点点激励，用你的意念很确定地告诉自己，你能走出困境！而这则取决于你情商的高低。高情商的人即使在困境中也能够打起精神，继续前行，一步步走向成功。

1999 年初，马云在位于杭州湖畔花园的家里创办了阿里巴巴。“alibaba. com”这个域名是马云 1998 年底在美国餐厅吃饭时突然想到的，商业模式是在外经贸部就探索出来了。尽管已经具备了两项基本条件，要开始创业还是有许多未知的和已知的困难，但马云却是越挫越勇，对自己的第四次创业充满了信心。马云说：“从现在起，我们要做一件伟大的事情。我们的电子商务将为互联网服务模式带来一次革命！”当时，马云终于清清楚楚地讲明白了 4 年来一直在讲的互联网，他明确地知道自己想要什么。

虽然创业需要大量资金，但是马云为了企业将来能够更好地发展，在公司内部制定了一条原则，那就是不要向自己的亲戚朋友借钱，以此来保证公司的独立性。于是，18 个创业者凑了 50 万元本金之后，为了省钱，就在马云家里开工了。马云还给大家定了一条规矩，所有员工必须在这附近找房住，必须保证能在 5 分钟内来到公司，以免耽误太多时间。于是，这是几个人就像离了弦的箭一样，开始了夜以继日的工作。每天工作十几个小时都是经常发生的，困了就在马云家席地而卧。马云回忆说，那间小房子里，最多的时候挤过 35 个人。每当大伙连续几天工作到精疲力尽的时候，马云就会做几道菜，表示对大家的犒劳。

21 世纪初，互联网泡沫破灭。当时，马云这样给自己打气：“2002 年，我的口号是成为最后一个倒下的人，即使跪着，我也得最后倒下。而且，我那时候坚信一点，我困难有人比我更困难，我难过对手比我更难过，谁能熬得住谁就赢。”

马云认为，一个公司在发展的道路上，总会有不顺心的事情发生。一帆风顺的时候并不能检验出领导人是否合格，只有遇到了困难，才能真正知道一个人是不是可以承担一个企业的命运。那些不善于在困境中生存的老板，在环境好的时候还能坚持，一旦公司的情况出现困难，就一筹莫展，一点办法也没有。

当你向别人提出某种要求时，得到这样的回答，你是不是会觉得很失望？作为大老板，当你这样回答时，你是否能够同样体验别人（下属、合伙人，或顾客）对你的失望？一句“没办法”，不仅浇灭了很多创造之花，也阻碍了我们前进的步伐。

是真的没办法吗？还是我们根本没有好好动脑筋想办法？事实上，只要我们用一种大的视野，一种综观全局的胸怀，来看待商场的挫折和挑战；用一种灵动多变的思考方式，一种随机应变的智慧，去分析判断，就没有解决不了的问题。

如今，阿里巴巴已经是全球首屈一指的电子商务平台了，但是马云从没有放松警惕，因为他知道，在互联网行业中，任何一次的小失误、小疏忽，都有可能让企业陷入僵局。马云说：“一个企业跟人一样，都有生命周期，从一出生就开始走向死亡。”他所做的不过是延缓这个死亡的过程而已。从这个意义上说，一个企业不论取得了什么样的成就，直至死亡，它永远处于一个创业的过程。

马云说：“10 年以后社会将进入新的时代，商业社会将进入新的文明阶段，将更加统一、更加和谐、更加开明、更加开放，市场将会更加繁荣。21 世纪的第一步的阵痛告诉我们，只有更加开放、具有眼光，才能走

得久。”在马云看来，这次的危机是人类社会进入商业社会全球化的阵痛，是商业社会全球化必须面临的挑战。由于旧的商业体系被破坏，而新的商业体系还没有建成，所以爆发出了很多问题。企业家们应该站出来，发挥自己的精神、梦想、价值观，勇于担当，共同应对。

一个人最后在社会上占据什么位置，绝大部分取决于其控制情绪的能力和情商的高低。高情商的领导人，更容易稳定情绪、处变不惊、游刃有余。因此，他们的成功才能来得更早，成就也会更大。如何做一个高情商的领导人呢？

（1）敢于承担风险。

办企业、做生意必然要与风险相伴，风险的背后其实是市场机会和做大做强的荣耀。敢于承担风险，是经营者要过的关口。马云坚信：“优秀的企业在顺境中可以发展，在逆境中一样可以照常发展。”在逆势的时期也有伟大的企业，像日本的索尼公司就是在市场环境非常低迷的时期诞生的。所以，“优秀的企业家必须学会比别人提前适应这个环境，谁先适应谁就有机会。做企业至少是5年和10年的考虑，2~3年的灾难不算什么灾难。”

（2）不乱发脾气。

做高情商的领导人要具有高度的忍耐力，不会随意在员工面前发脾气，也不会因为市场不好而悲观失望。虽然创业初期异常艰难，但马云从不发脾气，在大家特别辛苦的时候，他还会亲自下厨给大家改善一下伙食。

（3）善于解决问题。

经营者清醒地知道他们正在追求的目标，会及时发现和解决那些挡在前进道路上的障碍。他们知道该如何评价和选择解决这些问题的方案，推进企业发展。

（4）潭深千尺不扬波。

经营者要时刻让自己保持冷静，即使公司有多辉煌或现在处于怎样的困境。只有冷静，才能保证自己的决策和管理行为是理性的、可行的。马云认为，当公司发生意外、经营遇到挫折的时候，领导人最重要的是保持一份冷静，这是战胜困难的法宝。

不经历风雨，怎么见彩虹？情商高的人往往能够在困境中继续不懈地奋斗，并一步步地走向更大的成功。马云说：“即使是泰森把我打倒，只要我不死，就会跳起来继续战斗！”这种韧性当归功于他高于常人的情商。如果说困境是阻碍你前进的一片汪洋，那么情商就是汪洋中的一棵救命稻草。只要牢牢抓住这颗稻草，你就不会报怨生活给你太多的磨难，不会报怨经营企业面对的太多曲折，更不会报怨商业世界中的种种不公。

2. 永远不要忘记最初的梦想

回顾人类发展的每一个历史阶段，我们可以发现：人类每一个进步，最初都源于人类自身的梦想。同样，许多成功人士的经历也表明，他们一直都有他们为之奋斗的梦想。梦想激励着人们去努力、去奋斗，推动人们不畏艰难、坚忍不拔地追求成功。由于梦想是我们成功的原始动力，所以永远不要忘记自己最初的梦想。而能将梦想坚持到底的人，往往属于那些高情商的人。

在成功创办阿里巴巴之前，马云曾经创业过四次。第一次是 1992 年，做海博翻译社。当马云摩拳擦掌准备大干一场的时候，现实却给了他一盆冷水——第一个月的营业额不到六百元，不光发不出员工的工资，就连每个月一千五百元的房租款都要付不起了。所以到了第三个月的时候，因为实在是难以维持，只能谋求二次创业。

到了第四个月，他们就不得不另想办法填补亏损。经过一番调查，他们发现卖鲜花卖礼品可以赚一点钱。于是，马云自己坐着火车，从杭州到义乌小商品市场去进货，凡是有赢利价值的小东西，都给背回来。此后，海博翻译社被一分为二，一半留做翻译社，一半用来卖礼品。后来，他们发现卖礼品一个月可以赚三四千元，而翻译社一个月的营业额加起来只有四五百元。这时候，抉择就出现了。内部开始讨论，既然卖礼品能赚钱，那要不就干脆开礼品店？

这时候，马云认真思考了几天，不断地在问自己，难道创业的目的就是为了开个礼品店吗？当然不是，从最开始做海博翻译社，自己就是想做一家能够长久发展的，有着良好前景的公司。所以他最终决定，还是以翻译社为主。回忆起这一段经历，马云曾说："在创业过程中，相信任何一家创业公司都会面临很多的抉择和机会。在每个抉择的过程中，你是不是还像第一天初恋那样记住自己第一次的梦想，至关重要。要想清楚自己究竟要干什么、该干什么以后，再问自己：我能干多久？我想干多久？这件事情该干多久就做多久。如果没有明确的目标，再多的打算也只能是一团乱麻。"他在创业的过程中，也时常要做痛苦的抉择。

比如，阿里巴巴集团收购雅虎中国后，马云对雅虎中国进行了一系列的整合，将其业务重点重新转向了搜索领域。结果问题出现了，他们自己也在思考："为什么要收购雅虎搜索引擎呢？是希望成为跟现在的Google、百度一样的搜索门户吗？答案是否定的，阿里巴巴从第一天起要做的就是电子商务服务，为什么不返回到电子商务的轨道上？"

这样沉静下来一想，马云就知道自己新产品的定位了："不需要做得很快，但必须做得很好，必须做得对中国的网民和电子商务真正有用。"这样一想，马云开始着手准备阿里巴巴的事情了。经过最初的计划，和几年的努力，终于打造出了中国最大的电子商务网站，马云也实现了自己最初的梦想。马云在《赢在中国》现场曾经这样点评一个参赛选手："人不能沉浸在自己所谓的成功里面。所以我给你一个建议，人永远不要忘记自己第一天的梦想，你的梦想是世界上最伟大的事情。"

其实，很多人都一样，在创业之初，都有美好的梦想，但走着走着就发现自己都忘了第一天想要干什么了。阿里巴巴从创业的第一天起就梦想着要成为全球十大网站之一，让全世界每个商人都用阿里巴巴。即便在2001年，互联网的冬天，在其他同行纷纷收手转行另寻他梦的时候，马云依然说："一年以前，我是这个目标，现在我还是这个目标。这是不会改变也不可能改变的。唯一区别的是我往前稍微挪动了一步，但方向我们一直没有变过。"

正是凭借着他那股在任何情况都不忘记自己最初梦想的执着劲，才支

撑着他走过了互联网的冬天，最终迎来了事业的春天。

记得有一位哲人说过："梦想是一个人心中的太阳，它可以照亮生活中的每一步路。"人只有具有了这些梦想，才可能有远大的希望，才会激发内在的智能，增强人们的努力，以求得光明的前途。

今天，商业社会缺失的不是钱，而是企业家的精神、梦想和价值观。创业者只有在内心深处播种梦想，才能不畏艰难、努力拼搏。而其对梦想的专注、对目标和意图的处理，又将吸引更多的合作者。因此，不论做什么项目，创业者都不要害怕失败，你甚至可以把情况想得更糟糕一些。只要你在跌倒时能够再爬起来，怀着对未来前景的美好想象和执着追求，继续前行，就一定会在事业中获得成功。

世界上，平庸的人太多；也有同样多的人，认为世间的种种幸福、成功的喜悦、种种高级的物质享受，不是为他们所有的。

你在骑自行车上班吗？不梦想有一天开自己的汽车上班吗？你在为走过饭店时，因囊中羞涩而望而却步吗？不梦想有一天你坐在星级酒店里潇洒地买单吗？如果你固执地认为，这世间，这样那样的享受不是你能企及的；如果你连梦想那种成功的喜悦的念头都不曾有，或已失去，那么你这辈子就与成功无缘了。

因此，你必须否定现在的状况，记住世界上有许多东西是应该属于你的。只要你还梦想着拥有你羡慕的一切，就会有这样的希望；有一天，你回首往事时，会为当初的梦想而欣喜，为自己的成功而骄傲。爱因斯坦曾经说过："人类因梦想而伟大。"每一位梦想成功的人，他的心理是积极的、向上的、乐观的，这些心灵的财富可以换做成功的筹码，可以换来成功的无限力量。然而，有些人因其精神态度与其实际的努力不相应和，虽梦想着一事，却又从事另一事，这种努力就是徒劳的。其实，这也是高情商的人与低情商的人的最大差别。

那些高情商的人一旦决定了干什么，就不再改变主意。只有有了这种决心，然后采取行动，奋斗十年、二十年，甚至一辈子，最后才能取得成功。马云说："永远不要忘记自己第一天的梦想！只要不忘记自己第一天的梦想，始终沿着最初的目标走下去，就会距离梦想越来越近。

总之，创业如人生，既然选定了奋斗目标，途中就不能因思谋金钱而驻足，因贪恋美色而沉沦，因渴求名誉而浮躁，因攫取地位而难眠。只有不为诱惑所动，向着既定目标奋力前行，才能成功地攀登上梦想的巅峰。

3. 看准行业，义无反顾

有缘人来了你要接缘，有时生意也要讲点缘分的。面对竞争激烈行业的这点缘分，大多数人会想，机会都让别人占领了，不会有机会了，努力也没有用。而那些情商高的人却认为，只有积极并善于寻找和发现市场空隙，然后见缝插针，才能先于别人开拓新市场，引领市场潮流。一旦看准一个行业就要义无反顾，踏踏实实，切勿浅尝辄止。

马云毕业后，顺利地分配到杭州电子工学院教英语。由于他的英语水平很高，而且本人又非常讨人喜欢，所以很快便成了杭州城里有名的英语教师。很多个人和公司都慕名而来，希望能聘请他做翻译。但他白天要上课，没时间去做翻译，而他的很多老师退休以后在家里没事干，工资又少，所以马云决定成立海博翻译社作为中介。

事实上，那时候的马云并没有把赚钱放在第一位，总觉得做这件事情挺好的。然后也是一个梦想，他觉得这个翻译社是有前景的，可以成为杭州市最大也是浙江省最大的一个翻译机构。当时，尽管马云遭遇过很多困难，情况最不好的时候连工人的工资都发不出来，自己的房租也经常拖欠，但是好在马云非常坚持自己的梦想，所以稀里糊涂地折腾了两年，总算没有倒闭。那时，刚刚步入而立之年的马云已经是杭州十大杰出青年教师，是学校驻外办事处的主任。

创业是很多具有雄心壮志的人的一种人生情结。有人说，“人存在的目的就在于控制，对人的控制叫权，对物的控制叫利。而创业，如果成功的话，既可以控制人，也可以控制物。这是创业的魅力所在。”但是，随着年纪渐长，拥有的越来越多，马云还有不顾一切地跳到创业大潮中的勇气吗？答案是肯定的。

使人们难以想象的是，1995 年 3 月，马云出国归来，身上却多了一台电脑，随即他向校长提出了辞呈。但是和别人不同的是，马云并没有返回去走老路，或者进入别人早已经开发完的项目。他给自己定下的目标是：要做一家公司。不论是做什么公司，自己坚决不能再像之前那样守着铁饭碗过日子了。尽管这有些冒险，但他还是毅然决然地下海了。

多年之后，当阿里巴巴早已扬名海内外的时候，回想起这一段的事情，马云是这样解释的：“当时我自己已经 30 岁了，我要去做一家公司，不管做什么公司，只要有一个行业我一定跳下去。当然这样会放弃很多东西，那些在别人眼中是十分难得，但是在我心中，要想做成一件大事，首先必须学会舍弃已经得到的。”

其实，如果不是 1995 年那次在美国遭遇 Internet，也许此后伴随马云一身的荣耀或是折磨都和那个海博翻译社有关了。因为大多数中国人在 1995 年都没有听说过互联网是什么东西。国家还没有正式开通互联网，更别提那时的杭州了。

而马云却认准了这个行业，并且义无反顾地放弃了优越的大学教师身份，下海做起了互联网。正是因为这种坚决的“跳下去”，尽管经历过诈骗以及与国家经贸部合作的失败，马云依然没有改变他的决定。1999 年 3 月，他折回杭州，创办了阿里巴巴。

俗话说：“男怕入错行，女怕嫁错郎。”做任何事情都要在开始的时候做出正确的选择，这样才能使后期的努力开花结果，而不至于竹篮打水一场空。情商高的人总是善于洞察市场的变化，研究市场发展的规律，准确地把握目标和发展方向，从而义无反顾地投身其中，最终引领市场潮流，使自己在市场上立于不败之地。

这就要求创业者们要有敏锐的商业嗅觉，在商业竞争中，要善于捕捉和敏锐判断，从而抓住瞬息即逝的商业机会。一旦认准，就要踏实做事，

把好的想法变成现实。而那些只停留在梦想中或者是迟迟不肯着手去做的人是不会取得成功的。具体来说，我们在创业之初，要善于从下面六个方面选好、选准行业：

(1) 做资金周转期短的行业。

一般来说，创办公司开始选择的行业资金周转幅度应尽量小些，并且要有一定的周转资金。如果缺乏周转资金又想开业，那必须选择一种可以借助大宗企业的行业。马云在最开始创业的时候，选择了海博翻译社，其实这就是一个资金周转期短的行业。

(2) 通常应做一般人都能做的行业。

如果是小资本创立公司，应尽力避免技术性过高的行业，最好做马上可以做的行业。在向制造商或批发商采购物品的时候，一定要能够获得相当的指导与说明，这样就不必为许多的事而烦恼。如果资本较大，就可以选择技术性较强的行业。

(3) 慎选冷门行业。

创业者最怕从事太冷门的行业，而应具有普遍性。最有眼光、最理想的是做各阶层的人都需要的日常生活用品的行业，资金才能迅速地收回。虽然马云选择的互联网在当时是一个新兴行业，但并不是每个创业者都有那样敏锐的商业嗅觉和义无反顾的决心，所以为了避免风险，还是应该慎重。

(4) 选择成长性的行业。

人往高处走，所创事业也要有成长性的发展。一个公司今年经营之业绩必须比去年更好，而对明年，甚至后年有计划予以扩充发展，才是有前途的投资行业。

(5) 选择库存商品少的行业。

一般来说，进行投资创业千万不要选择需要库存商品多的行业。有些购销公司需要大量的库存商品，这样资金周转缓慢，一旦市场有波动，公司必然会运转不灵，陷入倒闭困境。所以应该开一个库存商品少的企业，这样就可以将材料尽可能快地卖出，资金回收率就高。

（6）选择需要人手少的行业。

如今，常看到有一个人在工作的店面或者夫妻店。小资本开店的最初经营原则是人手越少越好，大家甘苦与共、目标一致，等到经营良好必须扩大营业时，才酌情增加人员。当然，如果选中的是规模大的劳动密集性行业，也可以尽可能地充分利用好人力。

无论商业环境如何复杂多变，商机永远存在。高情商的人总是能够发现、抓住机会，并义无反顾地跳下去。不入虎穴，焉得虎子？如果马云当初没有“跳下海”的勇气与坚持，也就不会有今天的辉煌成就。因此，看一个商人能否有所作为，就要看他有没有做生意的素养、胆量和魄力，也就是其情商的高低与否。

4. 兔子的速度，乌龟的耐力

壳牌石油公司的德格曾说："唯一持久的竞争优势，就是比你的竞争对手学习得更快的能力。"即兔子的速度，也就是快鱼吃慢鱼，领先者最强。此外，稍遇挫折便轻言放弃的人，是缺乏乌龟的耐力，只有忍受生命中的那份悲伤，也就是有耐力、能坚持、不要轻易放弃，才有可能到达成功的彼岸。这也从侧面告诉我们，逆境情商是创业者必须具备的素质。因为创业从来就与困难相连，那些创业成功的人士背后，都有一个个充满辛酸与泪水的故事。

阿里巴巴这个为全球中小企业服务的电子商务平台，并不是生来就有这么伟大的梦想，用马云的话说就是："理想跟男人的胸怀一样，是一步步被撑大的。"

马云的第一份互联网事业是中国黄页。上线之后，为浙江省外宣办做了一个官方的网站，这在现在看来也许太习以为常了，可是在那个时候，中国的互联网还没有多少人了解，所以这称得上是一个大新闻了。当地媒体以中国最早的政府上网工程为题大篇幅报道，马云通过各种途径为进一步在全国成名做努力。后来，马云又自己拿出3万元请了媒体，自己办了一场互联网的宣讲会。在会上，马云认识了《人民日报》某领导。该领导对他所讲的内容十分感兴趣，便请他给《人民日报》处以上干部讲一次Internet。结果，他不仅给《人民日报》讲了两次Internet，还参与了《人民日报》上网的框架构思。所以马云越来越有名，中国黄页也越做越大。

此后，马云接到了外经贸部进京成立中国国际电子商务中心（EDI）

的邀请。他兴奋地从杭州带了一帮兄弟北上，几个人租了一个小房间，连续苦干了15个月，终于交出了一份令所有人都满意的答卷。而互联网也开始进入中国大众的视野，马云也不再是人们口中的“骗子”，越来越多的人开始知道马云这个名字。

马云说：“外经贸部官方站点、网上中国商品交易市场、网上中国技术出口交易会、中国招商、网上广交会和中国外经贸等一系列网站全干了出来。此时，互联网越来越为人所知。在全国的互联网都在烧钱的时候，我们的网络净利润做到了287万元。”

然而，他们这次的辛苦付出并没有得到相应的回报。不过，通这些年的历练，马云的互联网之梦已经有了更明确的定位，可这与体制内的头儿们的想法有差别。“当你不能改变别人时，只有改变自己。”于是，马云再次选择离开，准备重新开始。

虽然又是一次痛苦的决定，但马云并没有放弃互联网之路，他先前借助外经贸部平台认识了杨志远，结交了广泛的外贸关系。可以说是，名有了，关系有了，方向有了，资源也有了。在这种情况下，马云终于可以着手准备做自己的事业了。没过多久，阿里巴巴这个名字就出现在中国互联网行业发展的历史上。

创业如人生，不可能永远一帆风顺，最要紧的是当遇到困难时，不要轻言放弃，要知道坚持到底就是胜利。“永不放弃”，是马云的人生信条之一。马云说：“创业的时候，我的同事可能流过泪，但我没有，因为流泪是没有用的。创业者没有退路，最大的失败就是放弃。我永远相信只要永不放弃，我们还是有机会的。”在马云的人生中，经历过数次的创业失败，但他都没有放弃，是那种只要打不死，就一定会站起来继续战斗的倔强与坚强，才成就出了今天的马云和他的阿里巴巴。

事实上，许多公司汇聚了大批精英，但是雄厚的人才优势并没有发挥出应有的效力；许多高新技术公司强手如云，但是在市场竞争中却没有做出成绩。这是为什么呢？马云认为，归根到底是这些公司或者说领导人缺乏逆境情商，即兔子的速度和乌龟的耐力。只有比竞争对手学习得更快，并具备足够的耐力，才有可能在竞争中夺取胜利。也就是主动根据市场变化调整自己的战略方向，改进自己各个方面的不足，永不放弃。

现代公司发展不是大鱼吃小鱼，而是快鱼吃慢鱼。在强手如云、人才济济的商战中，一旦机会来临，许多公司都会蜂拥而上，展开残酷的较量。几个竞争对手向一个目标进击，这既是耐力的比拼，更是速度的较量。

在这里，公司规模的大小并无关紧要，最强的是领先者。因此，创业者要明白，在方向、条件不变的前提下，速度最重要。同样，耐力也不容忽视。耐力是一种修养，它能够磨炼人的意志，使人处世沉稳，以坚强的意志和从容的心态面对人生。

对创业者来说，耐力是其情商中必须具备的一种品格。因此，如果你想赚钱、想做老板，一定要先掂量自己，面对从肉体到精神上的折磨，有没有宠辱不惊的“定力”与“忍耐力”。

（1）忍受经商的寂寞与痛苦。

通常，创业者要比普通人承受更多的困难、挫折，甚至是痛苦和孤独。无论遇到什么事情，哪怕是违背自己本意的事情，都要控制自己的情绪，不得有过激的言行。否则，就有可能前功尽弃。

马云的第一份互联网事业——中国黄页，在与杭州电信合作过程中，由于双方经营理念的不同，导致合作不愉快，所以他最终选择退出；后来，他接到了外经贸部进京成立中国国际电子商务中心（EDI）的邀请。又由于他与体制内的头儿们的想法有差别，所以他再次忍痛离开，准备重新开始。因此，做大事者必须要学会忍受住生命中的那份悲伤，在挫败后重新鼓起勇气，等待合适的时机再次崛起。

（2）努力进取，永不放弃。

努力是在别人不知晓的情况下，把难熬的寂寞、忧忿、艰辛强压在心底，不让它倾斜自身的理智，始终保持积极向上的心态，努力进取，奋发图强。马云说，不论多少互联网同行倒戈了，他们仍然坚持原先的理想，只是不断地在调整自己而已。

情商高的创业者，善于抓住时机，一旦时机成熟，就像猛兽下山、饿虎扑食一样迅速采取行动。一旦决定了做什么事情，就不会允许外界的种种因素来干扰自己，而是表现出足够的耐力。因为在成功的道路上，必须用兔子的速度和乌龟的耐力去迎接它的到来。否则，迎接你的将会是种种困难和失败。

5. 创业不能停留在理念与幻想上

在创业初期，创业者个人的努力非常重要。不管你选择做什么项目，都不是一件很轻松的事情。高情商的创业者，绝不会只停留在理念与幻想上，而是勤动手、勤思考，脚踏实地对待自己的创业。

1999 年，阿里巴巴刚创业的时候，就立誓要做一家国际性电子商务企业，马云要用 B2B 这个平台帮助中国的中小企业打进海外市场。这种理念在当时的中国还未有人想过，更不用说做过，他算得上是第一个吃螃蟹的人。

但马云深知，做一件大事，光有理念是远远不够的，最重要的还是脚踏实地地去做。他将阿里巴巴的发展分成了几个步骤一一来实现，而第一步就是帮助自己的公司找到海外的投资人。为了让外国的朋友对阿里巴巴有更深刻的了解，马云决定暂时将国内市场的开发放一放，首先向国外市场做起来。就这样，在国内互联网轰轰烈烈的时候，阿里巴巴却悄悄地在国外为他们的全球化战略进行宣传造势。那时候，阿里巴巴的基本活动是在欧洲和美国，马云带领着他的团队从一个地点赶往下一个地点，马不停蹄地为公司的发展做宣传、开讲座。他们还在许多地方投放了阿里巴巴的广告，想通过各种方式来扩大供公司的知名度。

事实，阿里巴巴创立的前三年，企业的推广工作是很难的。后来，对于那段海外推广生涯，马云做了一个形象的比喻："办一个市场就像办一个舞会，舞会里面有男孩子、女孩子，如果要把他们都请进来很难。所以策略是先把女孩子请进来，再把优秀的男孩子请进来，这样做市场就会变得越来越大。办舞会很累，关键是你要能请到优秀的女孩子。如果舞会请到的是一大帮男孩子就没有女孩子敢进来，相反有很多女孩子在就会有胆子大的男孩子进来，所以这个舞会就起来了。”

在做淘宝的时候，马云也曾面临巨大的难题。因为在当时，美国公司的 eBay 可以说已经家喻户晓，在互联网电子商务领域一家独大，要和这样的对手竞争，无疑是用鸡蛋去碰石头。所以，当马云提出要做的时候，投资者反对声一片。他们认为，C2C 理念固然好，但阿里巴巴还没有上市，就不要再做别的事情。而且，对手在中国拥有百分之九十几的市场份额，跟它对着干，不是自寻死路吗？

难能可贵的是，孙正义很支持马云的想法，他认为阿里巴巴跟淘宝是有互补性的一个企业，这是一个机会。于是，在阿里巴巴的第二轮融资里，软银的 6000 万美元的投资中的 5000 万美元都给了淘宝。

为什么马云有这样的信心和勇气呢？马云自己曾经谈到过，“境外的企业，因为太远，反应不会那么快，而且它有很多在国外的成功模式，这样就很容易变得高傲自以为是，进入中国也没有做好市场分析，还是照搬那些模式。他们不会把小小的中国对手公司放在眼里。”那个时候的马云，顶着巨大的压力，带着团队日以夜继地埋头苦干，一边与对手打免费战，一边不断地与客户沟通，出台新政策，想办法解决网络支付安全问题等等。

功夫不负有心人，马云和他的团队最后不但成功了，还创造了一个史无前例的以弱胜强的商业案例，至今都为人津津乐道。可以说，阿里巴巴走的这条路并不平坦，路上也遭遇过很多意想不到的困难，但是马云凭借他的坚持和智慧，带领着他的团队一步又一步地走到了几天，让阿里巴巴成为了中国互联网行业中最大的电子商务网站，这一点是非常不容易的。

对此，马云说：“很多做企业的人，心态很好，激情很高，对自己的信念也非常坚持，具备创业者的基本素质。但是光有理念是不值钱的，真正值钱的东西是企业所创造的价值，是脚踏实地的结果。很多人说他有非

常优秀的理念，但其实这世界上没有优秀的理念，只有脚踏实地的结果。”因此，创业者千万不要用理念去整合别人，而是要靠你创造的价值给别人带来好处。

其实，马云当年创办阿里巴巴的时候，拥有“帮助中小企业冲出国门”这样想法与理念的人，并不是只有马云一个，但为什么只有他获得了巨大的成功，而别人却默默无名呢？因为在实践梦想的过程中，马云经历和克服了不计其数的困难，且从不言弃，以至于现在的他在面对困难与痛苦时，都已经无所畏惧了。

孙彤是一家广告公司的老板，他一向只想着早日将公司的规模扩大，却不知道如何下手。在人员的招聘上，也往往是不经过考试就让很多有关系的人进入到公司来，结果造成人员数量臃肿，业务量却没有增加多少。公司的业务划分也是一团糟，客户来公司咨询的时候，孙彤一会推荐这项业务，一会又说那项业务更适合，客户总是不知道应该如何选择。时间久了，客户都不再来找这家公司为自己的产品做广告了。公司经营不下去，只好裁员解散。

可见，许多成功人士在做企业之初，都清楚地知道自己想要什么，并有一套执行的计划。他们相信自己做得到，并且会倾注大量的时间和心血，专注于想要追求的目标。而失败的人往往是因为没有明确的人生目标，认为成功只是靠运气，因而做事被动，不肯用心。

高情商的人绝对不会将创业停留在理念与幻想上，而是做好大量的准备工作，选对产业，而后建立一个全局观念，遵循既定方针去行动。

（1）前期研究。比如，调查市场行情走势，了解最新信息，掌握他人心理。要做好创业记录分析，守株待兔绝不是一个真正成功的创业者的态度。

（2）制定策略。制定一套适合自己实际情况的策略，千万不能闭着眼睛瞎创业，要尽量提高创业成功的概率。

（3）创业分析。尽可能做到客观公正，尽量考虑各种影响因素，时时保持冷静头脑，切不可意气用事，更不能把赌博的心态带入创业活动中去。

（4）定期检查。定期检查并调整创业项目，要随机应变，顺风使舵，做到灵活经营。

总之，开公司、办企业是一场身心的考验。一旦踏上创业之路，就靠脚踏实地，顾大局、抓细节，通过慢慢积累把生意做大。高情商的创业者不仅不会将事业只停留在理念与幻想上，更不会被困难阻止住成功的脚步。他们会像一路做梦的马云一样，为了理想不顾一切地向前冲。

6. 我们应该为结果付报酬，为过程鼓掌

一个企业成败之间的差距可以归结为这个组织是否完全调动了员工的聪明才智和工作激情。因此，公司不仅要给员工提供广阔的空间使其尽显其才，更要增强员工的成就感、自信心和表现力。而高情商的领导者则能够充分发挥自己的鼓励才能，最大限度地调动员工工作的激情，使大家能够为了一个目标共同去努力奋斗。

如果一个员工没完成工作或者完成得很不好，但他很努力、很尽心，那么在这个过程中高情商的管理者虽然会为他鼓掌以示激励，但不会给他付报酬。因为努力只是一种工作态度，没有结果就是没有结果，而报酬一定要付给结果。

从阿里巴巴创业开始，一直到今天发展成为国内外知名的电子商务企业，他的领导人马云一直被媒体称作是“最会说话的互联网领袖”。不论是在互联网大会上，还是阿里巴巴在自己的宣传会上，马云总是口若悬河，并且常常是“语不惊人死不休”。有人说，这不过是马云在用吸引人的语句“忽悠人”。可是，阿里巴巴内部的员工却不这么认为，在他们眼中，马云确实是一位会说话的领导者，不仅善于为大家描绘公司未来的发展美景，更会在员工丧失信心和想要放弃时，给予他们鼓励，督促他们坚持下去。

早在1999年，阿里巴巴的创业动员大会上，马云就抛出了豪言壮语：“要做持续发展80年的公司；要成为全球十大网站之一；只要是商人，一定要用阿里巴巴。”马云用这样三个远景目标来激励“创业十八罗汉”的

斗志。在阿里巴巴5周年庆的时候，马云又提出：“阿里巴巴要做102年的公司，它将横跨三个世纪，成为中国最伟大的公司之一。”阿里巴巴就是在马云的激励下，一步步从开始创业时的18人，发展到拥有上万多名员工的规模。阿里巴巴的战略目标是成为世界上最好的电子商务平台，为了实现这一目标，马云一直“舍得”让新成立的业务处于战略亏损状态。

另外，虽然马云一直不愿用精英，但阿里巴巴却不乏精英，而且还是“精英中的精英”。比如，前InvestAB公司的副总裁现阿里巴巴CFO蔡崇信，雅虎搜索引擎的底层专利发明人吴炯，前GE公司高管关明生，世界贸易组织前任总干事，阿里巴巴顾问委员会委员彼得·萨瑟兰等等。这些人在加入阿里巴巴之前都已经身价不菲，甚至还拥有上市公司的期权收入，但他们却舍弃了自己的美好前程，加入阿里巴巴和马云一起打拼。说到这些，吴炯深有感触地说：“我是在2005年5月第一次回国时顺道去看马云的。当时我发现，马云的团队都挤在他自己的房子里，所有参与创业的人都把自己的钱拿出来投到公司中，每个月只拿基本的生活费，还昼夜不停地干，这种使命感比雅虎当年有过之而无不及，所以我就决定加入了。”

当时的阿里巴巴可以说是一穷二白，唯一拥有的就是一起打天下的“十八罗汉”和马云“芝麻开门”的理念。但就是这个理念吸引了众多精英加盟。很多人看到了马云身上所具有的领导品质，和他那种让人愿意相信，愿意和他一起奋斗的人格魅力。其中最重要的就是，马云懂得如何为过程鼓掌，如何让员工对每一天的工作都充满希望。在他看来，这比高工资更吸引人。事实上，也正是因为这样，那些精英才愿意放弃更优厚的待遇，留在阿里巴巴，和所有人一起奋斗。

马云自己曾经这样说过：“一个好的领导者是擅长描绘美好未来的，一个坏的领导者是把未来看得一塌糊涂。”的确如此，激励人的好话总能轻易调动听者的情绪，让人听过之后，热血沸腾，干劲十足。

大多数创业者在创业初期，由于还不具备相当的经济实力来吸引人才，就需要靠这种鼓励来吸引他们。因为一个人除了物质需求之外，还要有精神上的追求，如果能够满足他们的这种精神需求，他们就会“士为知己者死”，为公司的发展竭诚贡献自己的力量。这也是马云即便在创业初期经济窘迫的情况下，仍能吸引来一大批有理想有抱负的热血人士加入其中，为之鞠躬尽瘁，与之荣辱与共的原因。

然而，公司要想真正留住人才，不仅要有精神上的鼓励，还需要收益分享。因此，高情商的领导者不仅会为员工的努力过程而鼓掌，更会为其结果而付报酬，以此来达到激励员工的目的。

（1）让薪酬与业绩挂钩，提高效率。

一个员工来公司做事，他想追求什么？其中最主要的一点是能不能得到他满意的经济回报，从而能改善他的生活。因此，把薪酬与业绩挂钩，就能极大地提高效率。

（2）严格遵守薪酬激励制度

谈到工作业绩，公司应该制定一套内部薪酬制度。有些工作，只要员工做到了，并且制度上有相应的薪酬激励规定，公司就应该按时给予物质上的报酬。领导者要让员工感到自己的付出与所得是对等的，在组织内是公正的。

（3）让员工在艰苦奋斗中创造价值。

任何时候，任何一个公司，都离不开艰苦奋斗。但是，仅有艰苦奋斗还不行，还要让员工奋斗得有价值，在奋斗中真正推动公司发展。既看到苦劳，更重视功劳，员工才能在这种文化理念推动下前进。

（4）重奖有成就的人。

对有成就的人，要论功行赏。老板应该清楚认识到物质的需要是一个人的最基本的需要，并善于充分利用人的这种需要“收买”人心。立大功的人要给予充分的物质刺激，千万不要只停留于精神鼓励，不要只给开白条，更不可过河拆桥。公司一旦失去人心，覆灭就是必然的。

（5）建立良性的竞争机制。

在公司里，员工的个人价值能否实现，也是他们重视的一个问题。为此，管理制度一定要充分体现多劳多得，少劳少得，不劳不得，打造良性的竞争局面。

马云曾说过，对于一个很努力却没有完成工作的员工，我只会为你的努力鼓掌，请你吃饭喝酒，但是没有结果就是没有结果，报酬一定付给结果，鼓掌是要给过程。只要环境条件适宜，属下的才能自然就会生根发芽、开花结果。要使管理工作进入“自动化”快车道，我们就要做到为结果付报酬，为过程鼓掌，而这则是一位高情商的管理者所必须具备的素质。

7. 创业要有一种“疯”劲，只有偏执狂才能生存

英特尔创始人、董事会主席安迪·格鲁夫在其著作《只有偏执狂才能生存》一书中说：“这是偏执狂才能成功的时代，只有偏执狂才能生存！”他认为，企业的繁荣中孕育着毁灭的种子，企业越成功，注视着的人就越多，他们会把生意一刀刀地割下，直到一无所剩。身为一名管理者，要想击败对手的阴谋，最重要的是要以偏执狂的姿态去思考任何事情。

现在，安迪·格鲁夫的这个观点几乎已经成为商业领域的定律。作为中国最早一批 IT 创业者，马云一开始就展示了他超乎寻常的“偏执基因”，这种偏执基因的外在表现就是他的“疯”劲。其实这种“疯”劲不是盲目的偏执，而是一种大胆的想象、坚定的忘我和专注的执着，是高情商管理者的一种特殊表现。

1995 年，马云满 30 岁，在杭州电子科技大学任教已经六年了。这一年他被评为“杭州十大杰出青年教师”之一，而且，他所在大学的校长对他许诺，将来让他当学校驻外办事处主任。可就在这个时候，马云却做了一个疯狂的决定——丢掉高校老师的铁饭碗，投身自己完全不懂的互联网。这一决定把身边的人都给惊呆了。甚至连父母也认为他“疯”了，但是马云并没有停下他前进的脚步，毅然决然地丢弃了铁饭碗，投入了互联网的商海。

从最开始的艰难创业到后来的阿里巴巴，马云的种种做法都在被质疑，几乎是所有人都在反对，都说这个东西不可能。然而，马云却坚持自己的想法，从没有发生过动摇。对此，他自己分析道："别人怎么说，没办法的事儿，你自己要明白，我要去哪里，我能对社会创造什么样的价值。我们希望创造一个真正由中国人创办的全世界感到骄傲的伟大的公司，那是我的梦想和我们这一代人的梦想。"

当年互联网最寒冷的冬天。很多人都放弃了互联网行业，转向其他领域。面对萧条的大环境，马云没有放弃，仍然在坚持着。也有很多人说他"疯了"。对此，马云说："从1995年开始创业，我已经吃了六年的苦，六年来碌碌无为犯了许多的错误。没办法，后面六年只能继续干下去。即便是再吃六年甚至是十六年的苦，也一定要把它做出来为止。"结果，不被看好的B2B模式使阿里巴巴成为中国互联网上第一个盈利的企业。

其实，马云的"疯"还不只是在创业历程中做的事情，还有他那"语不惊人死不休"的疯狂口才。时常向公众展示笑脸的马云，虽然从没刻意去设计自己的公众形象，可总能在不经意间艳惊四座。

所有的媒体报道似乎都如出一辙地为马云画了一幅如此肖像：马云＝"狂妄、执着、疯癫"的互联网精英。他在为自己画出这一形象之后，旋即开始了"互联网疯子"的自我成就之路。

任何一个人，当他深信自己的时候，就会昂首阔步、奋力前进，在他的心里会有很多的潜台词在不断地鼓励自己："我是最棒的"、"我一定能达成目标"、"我会出色完满地完成任务"。

一位曾就职英特尔的职员讲过这样一件事：

在会议的间隙，某个员工对格鲁夫（时任英特尔CEO）说："我部门的领导在处理某个工作时，常常会犯同一个错误，我曾向他反映过，但是他没有理会我的建议。"

格鲁夫问："你后来又向他建议过吗？"

员工说："是啊，可是他仍然没有接纳我的建议。"

格鲁夫又问："然后呢？你再一次向他提出你的建议了吗？"

员工说："我第三次又提出过，可是结果还是一样。"

格鲁夫接着问："你后来又向他建议过吗?"

员工说："没有，我都说了三次了，领导都没有理会，结果我放弃了。"

格鲁夫说："你为什么不一而再、再而三地向领导反映，直到他采纳你的意见为止呢?"

其实，很多人没有成功就是因为他受不起失败或者挫折的打击。在商海中竞争更是这样，每位生意人都有可能在不经意间遭遇到打击。如果从此一蹶不振，就很难取得成功。对一个渴望成功的人，要有一种"疯"劲，只有偏执狂才能生存，只有永不放弃才能坚持到最后。

当人的思维制定出种种理论的时候，就会用相应的行动去证实潜意识里的这个想法。于是，事情就按照这样积极的方向行进，成功指日可待。但很多创业者都会想这个条件不够，那个条件没有，这个条件也不具备，怎么办？答案是自己创造条件。如果各种机会都成熟了，还轮得到你吗?

很多人没有成功就是因为他们缺乏那种自信的"疯"劲，受不起失败或挫折的打击。面对变幻万千的商场环境，创业者要想成功，就要着重培养自己的创业情商，并把握好以下三点：

（1）找准目标，并以此为中心全面提升竞争力。

（2）十分热爱自己的事业，执着对待自己的选择。

（3）不要败给打击和挫折，坚信自己是对的。

总之，创业者要想取得成功，是需要一点"疯狂"的。成功者都是高情商、偏执狂，这也是为什么成功的人只有3%的缘故，而"偏执"中就有疯狂的因子。值得注意的是，这种疯狂代表的是一种坚定和专注。

只有把自己的主要精力和时间放在热爱的事业上，最终利用聚焦原则就能把能量发挥到最大。马云的疯狂无疑就是这一种，他始终认为创业情商很重要，只要有一种"疯"劲和偏执，就能生存。

第五章　马云的决策情商：最优秀的模式往往是最简单的东西

生活简单让人轻松快乐，想法简单让人平和宁静。因为简单，才能深悟生命之轻，洒脱来去，不憎不悔；因为简单，才洞悉心灵之静，坦然地接纳，淡然地送别。心若简单故而能看透；生活简单自然能行远。经营其实也是这样，正如马云说的那样，“最优秀的模式往往是最简单的东西”。因为单一，所以能讲清楚；因为单一，所以能高效运转。

1. 赚钱模式越多越说明你没有模式

在很多人的眼里，赚钱的方法很多，模式很多，每种方法和模式都很复杂，唯恐一着失算，全盘皆输。而情商高的领导者则认为，复杂的事情简单做，简单的事情认真做，认真做的事情反复做，反复做的事情创新做，才有持续的成功。虽说条条大路通罗马，但万法归一，简单的才是最好的。复杂的模式只能赚小钱，简单的模式才能赚大钱，而且模式越简单越赚大钱。

在马云的新型 B2C 模式未诞生之前，当当和卓越可谓是当时国内最具影响力的由纯网络起家的 B2C 网上商城，算是在 B2C 电子商务领域先走了一步。但因为两家公司都不约而同地将 B2C 复杂化，结果搞得他们亏损的谣言满天飞。

那时候的马云即表示："我不会完全依靠传统的 B2C 模式。事实已经证明，这种模式有着很大的问题。就用卓越来举例，它拥有美国优秀的配送链条和物流基础，基础利润也只是达到 5% 而已。既然这样，为什么还要继续采用这种模式呢？为什么不采用一种全新的模式来经营中国的电子商务市场呢?"

对此，马云决定尝试着将阿里巴巴的买家和卖家引到淘宝，鼓励淘宝网的卖家去阿里巴巴进货，再把产品销售给下游的消费者，希望通过这种形式打通 B2B 和 C2C 的界限。这种全新的经营模式在最初推出时，遭到了很多人的质疑和反对。然而没经过一段时间的发展，事实证明，这种新型的经营模式是可以在中国存在的，也是能够为企业带来利润增长点的。

2006年5月10日，淘宝网正式推出“淘宝商城”，它成为了品牌商家的乐园，不仅解决了淘宝网的赢利模式问题，更是一个打通B2B、B2C和C2C的绝妙战略布局。它帮助厂商直接充当卖方角色，把产品直接送到消费者面前。这让厂商获得了更多的利润，进而将更多的资金投入到技术和产品的创新上，最终让广大消费者获益。

可以说，淘宝网全新的B2C模式目的就是帮助厂商赚钱，帮助消费者省钱，最大限度地压缩中间环节成本，最终达到厂商和消费者双双受益的结果。马云坚信，这种简单的模式才是整个电子商务未来的走向。

简单，并不意味着低级。实际上越简单的事情，往往会有越多的人去关注。在商海中，同样是这个道理。将链条简单化，减少了中间环节的干扰，往往能够取得更好的成果。这种例子有很多：比尔·盖茨只做软件，就做到了世界首富；股神沃伦·巴菲特专做股票，很快做到了亿万富翁；乔治·索罗斯一心搞对冲基金，结果成了金融大鳄；英国女作家J·K罗琳，40多岁才开始写作，而且专写、只写哈里·波特，竟然几乎是在一夜间成了亿万富婆。

正如美国福特汽车公司的创始人亨利·福特所说：“当你有了一个好主意，最好是集中精力把它完美地做出来，而不是把时间花在四处闲逛、寻找出更好的主意上。费心思在无关的事情上，只会消耗你的时间和精力，不会为你带来多大的好处。一次只坚持一个主意，这是一个人能做好事情的最重要的基础。”

同样的，阿里巴巴能够得到越来越多的客户的关注，并最终发展成为今日的阿里巴巴帝国，不仅得益于其使命感的驱动，更得益于高情商的马云所选择的赚钱模式——做简单的产品。

自从人们讲究细节之后，一切似乎不复杂就显得不专业。结果，就在人们忙忙碌碌地寻找所谓最高级的商业模式的时候，却没有发现最有核心价值的东西悄悄地从身边溜走了。其实，最优秀的模式往往是最简单的东西，赚钱模式越多越说明你没有模式。

马云曾说：“我们最怕一个人说我有鸡会生一个蛋，这鸡说不定变成奥斯卡的金牌鸡，越说越悬，越跑越远……”那些高情商的创业者往往会在创业之初就寻求单一、简单的模式。他们不怕单一会被别人拷贝，因为别人不一定像你一样特别想把这件事情做出来。相反，他们却怕复杂的模式往往会有问题，因为优秀的公司模式大多都是单一的。

2. 永远不要让资本说话，要让资本赚钱

金钱在有些人手里是资本，而在有些人手里仅仅是资源，用完就再也找不到了。因为你或你的企业空抱着一些资源而没有让它们持续增值。无论你拥有多么好的经济基础、技术能力、创意策划或人脉关系，只要没能让它们发挥增值的作用，就永远是在不断浪费资源。而那些高情商的人则能够让资源发挥增值的作用，因为他们不会让资本说话，而只让资本赚钱。

马云说："在互联网行业中发展，没有资本是不行的，因为你很多的项目需要有人来投资了才能进行下去。但是，让投资者过分进入到自己的公司中也是不行的，那样就会干扰到自己本来的预想。最好的处理方法就是把投资者当舅舅看，自己才是阿里巴巴的父母，投资者只不过是在边上给一些建议。创业者千万不要为投资者而建网站，这是最大的忌讳。其实投资者跟银行是差不多的，他觉得你有前途的时候会投资给你，一旦他觉得你没前途的时候，跑得比谁都快，这是他们的特性。如果真的将指挥权交到投资者手中，那么最后伤亡最惨重的还是自己。"

马云之所以会这么坚定地说"任何人都不能够控股阿里巴巴"，是因为马云曾经做过"资本游戏"的牺牲品，所以他对于这件事深有体会。

第一次是在经营中国黄页的时候，由于马云在资金上不占优势，最后被杭州电信排挤出局。第二次是在进京创业的时候，由于经营理念的问题，没有控制权的他，再一次黯然出局退回杭州。这两次经历，给了马云深刻的教训。他发誓："我日后再也不会在阿里巴巴身上重蹈旧辙。"自

此，对于投资，他有一个自己的底线，那就是："资本得听我的，否则，免谈。"

虽然阿里巴巴在创业初期也非常缺钱，但并不是谁来投资马云都会接受的，直到高盛的到来。因为高盛是一家成熟的投资公司，在国际上享有盛誉，有着不同于一般投资公司的长远眼光。马云认为，这对于阿里巴巴的将来，无论是要开拓海外市场，还是做长远的战略规划都有更大的优势。最要紧的是，高盛一贯秉承一个最重要的投资方式——绝不干涉经理层对于公司的运作——这才是马云真正想要的。

1999 年，由高盛牵头，包括富达投资、InvestAB 和新加坡的政府科技发展基金在内的投资机构，联合向阿里巴巴注入了首期 500 万美元。这是阿里巴巴发展史上第一笔"天使基金"，帮助阿里巴巴走过了最初的困难境地。

后来，跟软银的合作也是这样，孙正义从来都是放手让他去干。即使是在 2001 年全球互联网业最萧条的时候，也没有"骚扰"过马云。

在 2005 年 8 月，"阿雅联姻"之后，雅虎的杨致远和软银的孙正义成了阿里巴巴的最大股东。但是，马云还和他们约法三章，杨孙二人只能关注经济回报，不能够干涉公司的决策和经营管理。所以，他才能够底气十足地对外宣称："杨致远和孙正义在阿里巴巴只能够关注经济回报，美国以杨致远为主，日本以孙正义为主，中国则是以我为主。"

由此可见，创业者的前途，企业家的命运，要永远掌握在自己的手里，而不是"资本家"的手里。你最重要的任务是让资本赚钱，让股东赚钱。如果有一天你拿到很多钱，你坚持今天的原则，做你认为可以赚钱的事，相信"资本"一定会听你的。由此我们可以从以下两点进行思考：

第一，"己所不欲，勿施于人"。

作为投资者，不要把自己的意愿强行加在公司领导人的身上。同样，当别人需要帮助的时候，请伸出你的双手，即"己之所欲，先施于人"。

第二，让资本说话的经理人是不会有出息的。

一味地服从投资人，只会让公司的经营和自己的设想的差距越来越远。重要的是让资本赚钱，给股东回报，只要能坚持做你认为对的事情，做你可以创造价值、让别人赚钱的事，资本一定会听你说话。

资本有一个特别重要的性质，就是它必须“可实现增值”。不能增值的只能是资源，不能成为资本。从这里可以看得出来，“资源”是现在进行时，立足于现有的状况进行挖掘与利用，而“资本”是将来时，更偏重可持续发展而不断提供的价值增长。“资源”是“鱼”，“资本”是“渔”。

“让资本赚钱”真正符合了资本本身的性质。不能让资本赚钱，只是单纯显示了你或你的企业拥有强大的实力或资源，未能进一步实现持续增值的效果，充其量你只是拿着一些资源而已。这其中的辩证关系，只有高情商的人才能彻底明白，并最终做到。马云当属其中最明白的人之一，所以他说：“永远不要让资本说话，要让资本赚钱，因为让资本说话的企业家不会有出息。”

3. 面对金钱诱惑不要动心，面对快速扩张不要动心

著名投资专家沃伦·巴菲特说：“在别人贪婪的时候恐惧，在别人恐惧的时候贪婪。”实际上是告诉我们要努力克制冒险的冲动，不盲目做大。这就要求公司创业者在面对金钱诱惑时不要动心，面对快速扩张时也不要动心。然而，要想做到这些并不容易，需要创业者具备高情商。

在为《赢在中国》做评委的时候，马云对其中一位选手说：“我非常欣赏你的心态，你的智慧，你的勇气。我的建议是在40岁以前你能够学会专注，如果你把所有的精力和资金都放到一个项目的话，我相信你会做得很好。李嘉诚讲过，他的多元化经营一定等有一到两个永远赚钱时，才进行第三个。长江实业是他的旗舰，有了长江实业他才有今天。你一定要有自己的旗舰项目，在40岁之前有自己的旗舰项目。这是我的建议。”

马云是这么说的，他也是这么做的。从阿里巴巴的发展之路我们就可以看出这一点。1999年2月21日，马云召集了“十八罗汉”在家中召开创业动员大会。年底做盘点时，发现阿里巴巴的会员达到8万。2000年，阿里巴巴继续大踏步前进，他们加紧了海外宣传，加快了在国内的市场培育。年底，会员增至46万。2001年，阿里巴巴推出了“诚信通”产品。2001年12月27日上午10点47分18秒，阿里巴巴的会员人数达到100万。从那一时刻起，阿里巴巴成为全球第一个达到100万名注册商人的B2B网站。

此外，阿里巴巴让自己的会员变成用户，既减少了免费时代的服务成

本开销，增加了收入，间接地为自己从在电子商务的信息流阶段赚钱过渡到资金流阶段、物流阶段赚钱打好了基础。紧接着，阿里巴巴又推出“中国供应商”。从此，阿里巴巴上的会员分为两种：一种是中国供应商，一种是诚信通会员。“中国供应商”服务主要面对出口型的企业，依托网上贸易社区，向国际上通过电子商务进行采购的客商，推荐中国的出口供应商，从而帮助出口供应商获得国际订单。其服务包括：独立的“中国供应商”账号和密码、建立英文网址、让当时全球超过 42 万家专业买家在线浏览企业，它的会员费是每年 6 万至 8 万元。“诚信通”更多针对的是国内贸易，通过向注册会员出示第三方对其的评估，以及在阿里巴巴的交易诚信记录，帮助“诚信通”会员获得采购方的信任，它的会员费是每年 2300 元。通过这种简单的会员划分，阿里巴巴将用户分成了大致的两类，然后就可以按照他们不同的需要为其提供不同的服务。

马云曾说：“永远要做好一个，再做第二个。不要妄想一开始就多元化经营。”在阿里巴巴的 B2B 赚钱了之后，他才开始用在 B2B 领域赚得的利润养更多的孩子。像淘宝、支付宝、阿里软件、阿里妈妈等都是拳头产品盈利之后，才陆续推出的。

确实是这样。如果一家企业从诞生之日起，就开始多管齐下，组合型向外推出产品，一方面会损耗公司的精力财力，无法找到发展的重点对象；另一方面，对于用户来说，也很难发现这家公司的特色。因而也就很难成为该公司的固定用户。久而久之，公司的发展就会因为机构庞杂、体系杂乱而受到阻碍。到那个时候，还谈什么扩大规模，长久发展呢？

马云对阿里巴巴的多元化思路特别清晰。首先，坚持 B2B 经营，在管理、品牌、服务等方面形成自己的核心竞争力。在行业占据领头羊位置之后，再逐步从相关行业开始进入新的领域，开始做 C2C、支付宝、企业办公管理软件，还有网络广告交易，几个产业之间形成相关的电子商务产业链。可见，阿里巴巴的多元化是以其核心竞争力为基础来进行多元化发展的。

众所周知，做公司的目标一定是做大做强，而做大做强的方式有两种：一种是走专业化路线，只做一种，像诺基亚、微软、甲骨文等；还有一种是走多元化路线，比如通用电气、三星电子、惠普、苹果、大宇、海尔等。

而多元化经营是企业同时在多个相关或不相关的领域进行经营的战略，这并不是每一家公司都能做到的。在我国，很多企业都在或多或少地进行着多元化的尝试，历史上大多数优秀公司的危机与衰亡都与公司的多元化扩张有关。很多小公司在发展顺利、取得一些成就后，进取心较强的创业者，就会急切地盼望进入大型公司的行列，而没有把原来的基础行业做精。结果，过于雄心勃勃的发展计划往往使公司在财务上陷入困难的境地，这是私营公司破产的最常见的原因之一。

其实，很多私营公司总经理在获得成功之前，都有过一段艰苦创业的历史，他们在困难面前能够保持乐观情绪和坚强信心。但是在公司进入发展阶段后，一些人就会头脑发热，忘乎所以，主观决策，盲目求快求大，最后使公司受到重大经济损失。

此外，还有一些私营公司取得成功的原因完全是靠机遇。比如，当时的市场条件有利，或者竞争对手不多。可有的总经理和他的管理班子却错误地将成就归功于自己的能力，还洋洋自得地认为，自己可以把任何规模的公司办好。在这种心态下，如果一心想把私营公司“做大”，就要冒极大的风险。

马云认为，私营公司在做强做大过程中要想防范这样的经营风险，就要努力做到下面几点：

（1）切忌急功近利，被眼前的利益牵着鼻子走，注意积蓄力量，做好扩张或高速发展的准备。

（2）对私营公司实力和经营者的能力以及外部市场环境做出正确的科学的估价，获取能否“做大”的主客观方面的结论，还要充分注意计划的实施和专有技术以及其他方面的细节。

（3）在投入一种扩张行动之前，或在并购其他私营公司时，必须仔细规划总的方针和策略，从定性和定量两个方面权衡利弊得失。

总之，不管企业实施何种形式的多元化，培养和壮大核心竞争力产品都至关重要。只有巩固了优势的主营业务的地位，以此为基础，再逐步展开多元化经营，才是成功的保障。因此，要想成功把企业做大做强，就要具备高情商，面对金钱诱惑时不要动心，面对快速扩张时也不要动心，首先要把眼前的事情做好。就像马云所说的："永远要做好一个，再做第二个。不要妄想一开始就多元化经营。"

4. 机会很诱人，但有时候要敢于拒绝

很多企业、很多人最常犯的一个错误就是，不断地在追寻热点——热门的行业、热门的项目、热门的生财之道等等。其实，企业面临的难题不是能否寻找到商机，而是在令人眼花缭乱的商机面前能否对机会、尤其是难得一遇的机会说“不”。

纵观马云的创业历程，从踏上创业的道路开始，不管潮流怎么变化，出过多少新概念、有过多少机会，马云始终朝着自己设定的路途坚定前行。马云认为：“在公司从小做大的过程中，一定会不断地发现新的机会，新的转折点。这个时候，要不要改变方向就变得很重要。如果轻易改变公司的定位，很有可能将辛辛苦苦建立起来的公司破坏掉。”因为每一个选择都会影响到未来的走向。

众所周知，阿里巴巴成名以后，它的商业发展模式与雅虎门户网站模式、亚马逊 B2C 和 eBayC2C 模式并列被称为“互联网的四大模式”，很多新产生的小公司都以它们为榜样，在经营模式上向它们学习，甚至是直接模仿。但是阿里巴巴做到这一步，其中是经过了很多艰辛的。

2001 年，对于中国的互联网行业来说，是不平凡的一年。因为在这一年，发展势头正猛的互联网突然遭遇了寒冬，整个行业突然变得萧条低迷，许多互联网公司纷纷另觅机会。只有马云对电子商务痴心不改，坚持自己的梦想，甚至还有一套自己的说辞：“看见 10 只兔子，你到底抓哪一只？有些人贪心，每只都想要，一会儿抓这只，一会儿抓那只，最后可能一只也抓不住。同理，机会太多，也只能抓一个，免得什么都丢掉。”他排除了艰难也抵挡住了诱惑，坚持自己最初的选择，一条道走到黑。

2002 年年底，互联网终于从严冬中走了出来，阿里巴巴不但撑过冬天，长得更加壮实，还一下子少掉了很多竞争对手，发展得特别迅速。然而，快速的发展，又带来了新的诱惑。但是马云并没有被一些看似吸引人的机会给绊住，经过对市场的冷静分析，他还是没有改变阿里巴巴的发展大方向。这也是他能够成功的重要一点。他能够根据市场需求结合自身实际，领导着阿里巴巴进退有序。不管别人怎么看、怎么说，就是坚持埋头专注于自己的 B2B 模式。所以，马云成功了，在电子商务领域，阿里巴巴一骑绝尘，无人能及。

马云在“2005 中国经济年度人物评选创新论坛”上演讲时说：“2005 年以后阿里巴巴什么样子我不知道，但是在未来的三年到五年，我们仍然会围绕电子商务发展公司，绝对不能离开这个中心。10 年的创业告诉我，我们永远不能追求时尚，曾经失败的教训也告诉我，如果盲目跟风，最后只能让自己输得很惨。所以我们一定会坚持走自己该走的道路。”

商业活动中，机会无处不在，虽然它给我们提供了许多选择的可能，但要从中做出正确选择并不是一件容易的事。原因有很多，客观的或是主观的，最根本的是我们无从知晓眼前的机会能够给我们带来什么。

其实，做生意很多事情是需要直觉来判断的。面对纷繁复杂的市场机会，仅仅凭借商人的直觉判断而导致失误的比例是相当高的。而那些直觉较准的，善于取舍的，往往都是高情商的商人。这就告诉我们，在生意场上，不论是用人还是投资，或是做其他选择，都应该懂得选择、学会放弃。因为没有放弃，就永远不会懂得如何有效利用资源。这是做生意的学问，也是经商的智慧。

1964 年，松下把十几亿日元的资金投资在了大型电脑的制造生产上，并且已经研制了样机，达到了实用化的程度。当时，日本有包括松下的 7 家公司在从事大型电脑的科研开发，而市场却呈现长期疲软状态，产品很难卖出去。如果继续竞争下去，势必形成恶性竞争的局面。松下认为，与其恶性竞争而损害了市场大环境，削弱自己的力量，还不如早些退出来为好。于是他毅然退出竞争。

后来的事实证明，松下撤退这步棋走得很正确。直到今天，家用、小型电脑已经发展得很普遍了，但是大型电脑仍然少人问津。

然而，“机不可失，时不再来”的复杂心理，让许多生意人面对商业利润的诱惑时不忍放弃，结果很容易让自己乱了阵脚。不过，对商人来说，乱了阵脚并不可怕，关键是要及时反应过来。可以说，一个没有犯过错误的人，不能算是个成熟的人；一个没有犯过错误的企业家，不能算是一个真正成熟的企业家。只要敢于对机会说“NO”，敢于做出适合自己的抉择，就能成就一番大事业。

马云说：“CEO的主要任务不是寻找机会，而是对机会说NO。机会太多，只能抓一个；抓多了，什么都会丢掉。”意在告诉我们，局势混沌不清时，即使面前有巨大的利益，也不可草率做出决策。而要以非凡的耐性稳定情绪，等待形势进一步变化。认清发展趋势，待一切明朗，非常有把握时果断出手，这样才能避免因贪图一时之利而满盘皆输。马云这种“放弃”的另类思维，得益于他的高情商。这种“放弃”，从表象上看是有些损失，但放弃后得到的价值却是远远大于损失的。

5. 领导者的决策就是“舍”和“得”

《诗经·大雅》中说：“投我以桃，报之以李。”这是对舍与得非常到位的辩证认识。所谓“投桃”，就是给别人以利益；“报李”，自己也得利益。办企业是要“得”的，要想得到利益、得到信誉、得到发展、得到强大，就要“必先予之”。“得”和“舍”是同一事物的两个方面，有“舍”才能有“得”。大舍大得，小舍小得，不舍不得，能够做到大舍大得的人往往是高情商的领导者。

如今，很多网站都投资网络游戏，特别是看到陈天桥、丁磊以及朱骏的成功，很多人都想在这个新兴行业捞上一把，那是一种可以让网站在短期内获得丰厚利润的投资。然而，面对这种赚钱方式，马云却表示：“除以休闲为目的的棋类和纸牌游戏之外，阿里巴巴不会投资任何网络游戏。到现在为止，阿里巴巴也没有在网络游戏上投资过一分钱，说起这其中的原因，是因为一件小事改变了我对游戏的看法。我的妹夫是一个很能干的企业家，为人非常精明，考虑问题也很成熟。但是就是这样一个人，有一天早上给我说，‘我昨天跟你妹妹玩游戏玩到早上3点半，你妹妹去上厕所的时候我又偷偷地玩了半个小时。’我当时被他吓了一跳，没有想到这样一位企业家竟然会玩网络游戏这么长时间，而且不懂得如何控制自己。想想我们的孩子会怎么样？我不希望我儿子玩游戏，如果中国孩子都玩游戏中国就没有前途可言了。”

阿里巴巴从来不做游戏，其实还有另外一个原因，那就时马云除了企业领导人这个身份外，他还是一位父亲，而且是一个很负责任的家长，

个有良知的对孩子、对家庭很重视的网络工作者。他的儿子要玩游戏，他给儿子 3 天时间，让儿子和班里的同学讨论出 3 个玩游戏的好处。结果，他儿子和同学得出的结论是“没好处”。

而且，马云通过分析发现，在全世界时间最不值钱的国家里游戏是最畅销的。虽然全世界最先进的游戏国家是美国、韩国、日本，但这些国家从不鼓励自己的老百姓玩游戏，他们研发出来做出口。因为游戏不能改变中国的现状，所以马云说出“不做游戏，饿死也不做游戏”的经典言论。这并不是为了在媒体面前吸引眼球，标榜自己多么高尚。而是马云真真正正的想法，是他在衡量物质利益和精神价值孰重孰轻之后的结果。

其实，面对赚钱的机会，马云也曾犹豫过，比如短信，这是最赚钱的模式之一。但是，当他进入游戏的门户网站点击查看之后，就觉得里面欺诈的东西太多，很不适合开发出来害人。所以他在赚钱与创造社会价值之间，毅然决然地选择了后者。

马云认为，社会责任一定要融入企业的核心价值体系和商业模式中，才能行得久远。换言之，一个企业的产品和服务必须对社会负责。如果卖的产品和提供的服务对社会有害，即使做得再成功也不行。马云坚信：“电子商务一定会改变社会，赚钱的游戏是任何社会玩不腻的健康游戏，阿里巴巴的产品和服务必须为中小型企业喜欢。”

在收购雅虎中国后，马云直接砍掉了虽然很赚钱，但鱼龙混杂、泥沙俱下的短信业务。这种舍得放弃小金子，旨在创造社会价值的理念，使得马云牢牢把握住了互联网的命脉。

其实，“得”与“失”是一种辩证关系，有所失才能有所得。成功往往在于选择，而选择往往意味着放弃。有时候领导者在做决策时，忍痛放弃短期利益，是为了谋求长远的、更大的利益。所谓“舍”、“得”，就是先舍而后得，舍小而得大，这是一种智慧的体现，是身为优秀领导者的高情商的一种具体体现。

在今天激烈的市场竞争环境下，许多商人为了赚取利润，不惜一切手段、一切代价，这虽然能够带来短暂的利润和好处，却损失了更为长远和丰厚的利益。而那些高情商的领导者往往不会过于计较眼前利润，他们认为，如果损失眼前利润可以换取未来更大的回报，做一次赔本买卖也是值得的。

那么，高情商的领导者在做决策时，是怎样衡量“舍”与“得”的标准呢？

（1）君子爱财，取之有道。

马云认为，君子爱财，取之有道。一个企业家的成功与否，物质财富只是表象，社会责任感才是衡量的标杆。网络游戏的发明，原本是为了给人们增加一种休闲放松的方式。但在现实生活中，却渐渐失去了本意，因为它成了大批自制力差的青年们发泄自我、寻找快感的地方。他们在虚拟的游戏里沉溺，甚至忘记了现实生活。在众多互联网大亨借着网络游戏发财的时候，马云是清醒理智的。他深知网络无底限，害得无数成长中的青少年玩物丧志。更有甚者，因为网络游戏，导致家庭倾家荡产，妻离子散，家破人亡。所以，马云“饿死也不做游戏，反对孩子玩游戏，我不希望我的儿子玩游戏，我也不想别人的儿子玩游戏。”如果企业家都能像马云那般有社会责任感，不以游戏产品作为赚钱工具，也算是功德一件。

（2）欲有所取，先有所予。

在商业经营上，有个术语叫做“培养市场”。就是先投资一部分资金进入市场，而这笔资金不能立刻带来回报，如果市场成熟就可以获得更多的利润。反之，投入的钱也很可能打水漂。这实际上也是在贯彻“先予后取”的经营理念。

（3）有所为，有所不为。

人生当中，如果有人想无所不为，那么最终的结果就会一无所为。领兵打仗是这样，做生意也是如此，有所取就要有所舍，有所攻就要有所守，贪心太大，必遭祸害。

“有为”与“无为”两个看似相反的作为，其实是相互贯通的。无为

而治，是在顺应客观的同时，主动地、策略地、乐观地、自觉地去制定合理的方针策略。它意味着放弃，而放弃往往是一件非常痛苦的事情。因为放弃意味着失去某些既得的利益，如地位、名誉等等，因此，“有所为，有所不为”要求我们权衡轻重、利害、得失，做出正确的选择。

在商业竞争激烈的今天，那些高情商的领导者在做决策时，借鉴了舍得付出小利而成功的思想，赚得钵满盆满。而另外一些商人则因为贪图他人的小利，而最终赔了夫人又折兵。可见，小利虽小，但是对于商人而言，是舍得还是贪恋，都直接关系到商业最终的成功与否。由于马云立志于将阿里巴巴做成世界十大网站之一，所以他在做决策时，选择了舍得放弃小金子，旨在创造社会价值的理念，成功地把握住了互联网的命脉。

第六章　马云的工作情商：做事情要讲究策略和原则

在俄罗斯有这样一句谚语："巧干能捕雄狮，蛮干难捉蟋蟀。"这句话道出了一个普遍的真理，即做事情要讲究策略和方法，巧干胜于蛮干。工作中有的员工会发现，自己付出的辛勤汗水并不比别人少，但成绩却总没有别人好，究其原因主要是做事情的方法和策略问题。而在马云看来，这同时也是一个人的情商问题。高情商有利于提高工作效率，同时还有利于促进同事之间的关系；如果情商不高，工作中不能够使用正确的方法和策略，往往就会出现事倍功半的结果。

1. 成就事业要有道德心

要想事业有成，就必须要得到大众的认同，这样才会有大众参与、大众成就、大众分享。儒家讲“礼义廉耻”，“礼”居首位，只有对人谦让有礼，才会获得较好的人际关系。

而如今，这个社会充斥着越来越多的浮躁和功利，许多人热心追求物质利益，享受着物质文明带来的方便与刺激。于是，人们不再关心自己的内心世界，不再关心自己的道德心，道德一词对许多人来说，往往是空洞、毫无意义的，甚至是可耻的。

俗话说得好：德能聚人，德能聚智，德能聚财。小财靠智，大财靠德，德不厚，无以载物。古今中外，但凡真正的大商人、大老板，无不在个人道德修养上达到了常人难以企及的高度。虽然人人都说“无商不奸”，可是又有几个奸商能把生意经营得红红火火，维持得天长地久呢？要想让自己的事业做得红红火火经久不衰，就要始终牢记一点：以德服人是大能，以德聚人是大智。

研究显示：情商对人生成功的贡献要大于智商和技术能力的贡献。情商能够帮助你更好地控制自己，为人处世表现得更好。但有时情商也并非万能的，当个人目标或者商业目标与核心价值观相互矛盾时，德商的作用就浮现出来了。

在商界，要说做生意极富道德感的人，当属马云。他实在是一个“精明”的电商，他懂得要先把自己的口碑做好，其次才是赚钱，这也正是他高情商的表现。马云在2007年年会上指出，淘宝、支付宝、阿里软件都不要着急，尤其对于淘宝和支付宝而言，目前最急切的任务就是“做规模”，而不是是否收费的问题。同时，以后假如淘宝网收费的话得需要一点创新的办法。马云认为所有模仿的东西对大众而言都不会有太高的期望，Google之所以能达到超乎人们期望的高度就是因为他们的创新，就像全球最大门户网站雅虎也是自己创新出来的。

赚钱对于一个企业家来说是最原始的追求，是一个企业家最容易做到的事情。一般企业分为三类，生意人、商人、企业家：生意人是所有赚钱的生意都做；商人是有所为有所不为；企业家是影响这个社会，创造价值。阿里巴巴已经过了生意人和商人的阶段，此时对他们来说赚钱的意义已经不再那么大，更重要的是去做些影响这个社会、创造价值的事情，这正是目前阿里巴巴应该做的。

正是这种舍得放弃小金子，旨在创造社会价值的理念，使得马云把握住了互联网的命脉；也正是基于这种对电子商务的坚定信念，马云立志于将阿里巴巴做成世界十大网站之一，从而实现“只要是商人，一定要用阿里巴巴”的目标。

做生意只有讲究策略和原则，才能够长久地走下去。高情商的老板必然知道这一点。浙江奥康集团总裁王振滔的成功更加印证了这一点，奥康集团之所以有现在的成功，就是牢牢把握住了诚信这个原则。奥康的诚信不仅表现在商业活动上，不管是面对竞争对手还是客户，他们都把诚信放在第一位，工作中做到恪守承诺，以诚相待。能够做到对竞争对手如此宽容，不破坏竞争对手签订的合同，对待对手有理有节，如此真不是一般企业能做到的。正是印证了王振滔的那句话：奥康的员工走出去，就是和别人不一样。

奥康集团另外一个坚定不移的原则就是严把质量关，一定要确保到达客户手中的是高质量的产品。有一次，因为员工的失误，将一双待返修的皮鞋装箱入库，被检验员发现后，立即报告给领导，并及时追回。王振滔说：“我决不允许有瑕疵的鞋混包出厂！”后来，检查后发现这双鞋已经发往了湖北某商场，闻讯后，王振滔马上指示，令有关人员将这双鞋立即追回，直到亲眼看到这双鞋后，王振滔才松了一口气。有人说，就因为一双鞋子，至于吗？但在王振滔眼中，这不单单是一双鞋那么简单的小事，这关乎到企业的声誉，如果仅仅因为一双鞋影响到企业的声誉，那岂不是得不偿失。因此，在遇到这样的事情时，绝对不能含糊。

德商是情商的一个分支，你的德商越高，不仅你的工作出现了积极的变化，你个人也在朝着好的方向转变。

从历史上看，真正存活下来的老字号商家，没有任何一家企业在经营方面是没有原则和策略的，而且它们还有一个共同的特点，那就是“做生意讲诚信”。诚信是最好的广告，别人会因为你真诚的言行、高尚的职业道德和良好的信誉愿意与你合作；客户会因为你的诚信更加信任你，更加关注你。

企业的领导者想要在全球化的时代成为一个“全球的有道德的领导者”，就必须要记住自己作为一个经营领导者，实际上是一个道德领导者，你和你的企业所教给员工的比教堂、学校和家庭更加有力和深入，同样错误的行为影响更深。要让你的员工群体在你的工作场所学到什么是对的什么是错的，学到只有“对”才是可持续的而“错”是不可持续的。

孟子说：“人之所不学而能者，其良能也；所不虑而知者，其良知也。”也就是说，良知良能是人天生带来的。人能够了解是非、善恶、美丑、真假的标准，这就是灵性；而鼓励并督促自己为人做事都必须遵守上述标准的意识，就是良心。

人性是具有两重性的。道德心是人的本性，是人与生俱来的。不可否认的是，西方人所说的七大罪恶：骄傲、贪婪、淫邪、愤怒、贪食、嫉妒、懒惰也同样根植于人的本性之中，这是人的劣性根。道德心与劣性根便是一对矛盾，有矛盾就必然会有斗争。

因此，要用自己的道德心管制住自己的劣性根，达到心灵的统一。而要做到此，必须要修炼自己的修养，也就是常说的培养自己的情商。在商场“小胜在智，大胜在德”，想赢两三个回合，想赢三五年，有点智商就行；而要想做成大生意，想一辈子都是赢家，没有“德商”是绝对不行的。

2. 深入市场，了解客户

俗话说得好："机会永远是留给那些有准备的人。"因此，要想把自己的工作做好，必须要深入市场，了解客户。而马云之所以能够获得今天的成功，也正是做到了这一点，这正是高情商的重要表现。

在谈及企业靠山问题时，马云曾经表达了自己的观点："做企业真没有捷径，容易得到的东西一定容易失去。眼睛盯住客户，脑子里想着市场的变动才是未来。"事实上，创业很不容易，失败者居多。马云说："企业就好像和自己的孩子一样。把他生下来容易，可是要把他养大，还要养好是不容易的。同样，我要办公司，领个牌照很容易，当时要想让这个公司做大，发展得长远却是很不容易的。"不久，马云创立的阿里巴巴向世人提供了这样一个平台：将全球中小企业的进出口信息汇集起来，做到倾听客户的声音，满足客户的要求，这才是阿里巴巴生存和发展的根基。

在一次会议中，马云被记者这样问道："有人说之所以阿里巴巴能取得现在如此大的成就，是因为后面有着强大的靠山作支撑，是这样吗?"马云严肃地对在场记者说："我也听到过此传闻，但这是绝对不可能有的，阿里巴巴以前没有依靠过谁，现在也没有，我想今后也不需要达官贵人或者他们的亲属子女的眷顾。阿里巴巴的独立性要永远保持住。"在马云眼中，既然达官显贵不是企业的靠山，那么什么才是企业真正的靠山呢?

对此，马云给出了自己的理解："如果一个企业要依靠那些达官显贵才能生存，那么这个企业的未来就不会有什么大发展。因为从一开始，它对自己的定位就不符合市场的规律。在市场上，公司能不能立足，全靠着客户的评价。所以我认为企业最大的靠山是市场，是客户。”只有牢牢地把市场、客户放在第一位，做生意时才能够时刻保持清醒的头脑。凡是依靠着达官显贵创立起来的企业，一定藏有不少隐患，虽然能够带来一时的机会，但长远发展下去，只能是越来越多的苦果。

当然，在马云看来，那些达官显贵中还是有一些比较优秀的人才，但一个关键的前提是，他进入到你的公司之前，你并不知道他有什么样的家庭背景，同时为人谦虚，完全是凭借着自己的真本事进入公司。工作中，这样的年轻人也不在少数，这些人才真正是祖国的未来。

其实，经营一家公司就像经营一生的幸福、成功一样，不能妄想着依靠这个、依靠那个。事实上，谁都是靠不住的，人们之间的关系永远是利益关系，只有让自己成为自己的靠山，才能够在人生的道路上越走越远。因此，马云说：“靠别人不如靠自己。费尽心思去巴结讨好别人，既不会让企业变得更强，也会让自己的潜能被埋没。只有相信自己的力量，不断努力前进，才能取得成功。让自己成为别人的靠山，比依靠别人要实在得多，也轻松得多。”

事实上，想要做成一个优秀的经营者和销售精英，需要让自己回到最初的基本点，回到客户，回到员工，回到整个股东。马云说：“在整个公司的治理过程中，我是坚信客户第一、员工第二、股东第三，因为是客户给我们钱，是员工创造了价值，是股东信任我们，没有了他们，我们这个公司就如同一个空壳，没有实质性的内容。然而很多企业上市后，常常会忘记了初衷，把股东放在第一位，这就会变得‘压力山大’，因为股东其实并不了解你的企业，90% 的股东不知道你在干什么，而只有客户关注你，并且购买你的产品。因此，无论公司发展处于什么阶段，都要把客户和市场放在第一位，坚定地服务好你的客户，这才是一个企业最正确的道路。”

那么，在做生意过程中，需要如何做到深入市场，了解自己的客户呢？

（1）做好充分的准备。

最重要的一点就是要做好充分的准备，考察好市场。而考察市场的范围包括：采购市场、销售市场、与生意有关的相关市场。首先要确定你想做哪方面的生意，只有有了明确的目标之后，才能做到有的放矢，才能够有目的地去考察市场，也就是目标一定要确定。当然这是一般创业者都会考虑的因素，但只有那些高情商的人才能够给自己准确定位，找到得心应手的目标市场。

（2）考察销售市场。

在考察市场这个方面，主要包括你想对顾客提供什么样的产品，并明确该产品的定位如何，是高端还是中端，有多少种类；从哪里进货比较容易能够拿到较高的回报率；同时市场上有多少出售该产品的竞争者，这些竞争者的销售量如何，你是否有竞争优势等等。高情商的创业者会把这些因素在创业初期全部都考虑进去，最好是越详细越好，只有这样才能够做到对市场深入了解。

（3）考察供应市场。

在这一方面创业者需要做的是看看有没有自己想经营的产品，质量如何，价格是否合适，这里批发的产品主要销售到哪里，每批次的数量，运输是否方便，供应该产品的供应商其信誉是否能够靠得住等等。

（4）与做生意相关的市场的考察。

在结束了相关市场的考察后，接下来就需要考虑如何搭建好中间这个平台了。

当你已经做好了这些市场调查后，就可以开始果断创业了。有这样一个比喻，把整个公司比喻成一个“倒金字塔”，客户在金字塔的顶上，客户下面是员工，最下面才是企业领导层。对于创业者来说，最初要找准你的市场定位，确定好所要发展的客户方向，其次在创业过程中，要把市场、客户始终放在心上，只有你对客户始终如一，才会收获到客户对你的“忠诚”。

3. 不快乐工作就是对自己不负责

英国作家约瑟夫说："我不喜欢工作——没有人喜欢工作。但是我喜欢在所从事的工作中找到发现自己的机会。"

俄国作家高尔基说："工作是一种乐趣时，生活是一种享受；工作是一种义务时，生活则是一种苦役。"可见能否快乐地工作，是生活幸福指数的一个重要指标。众所周知，曾经一度阿里巴巴和马云都面临着兼并雅虎中国之后如何进行整合的巨大挑战，而这个话题也一直让整个公司和他自己处于舆论的风口浪尖。马云认为，整合归根结底要落在如何对待人、使用人的问题上，也正因此，马云要求阿里巴巴集团必须始终如一地关怀员工。

马云认为，人有一样东西是平等的，那就是一天的 24 个小时。在这 24 小时当中，马云有很大一部分时间都是用来工作。也就是说，一天过得高不高兴，有没有意义，在很大程度上是由你的工作状态决定的。不快乐地工作就是对自己不负责任。他希望阿里巴巴能够成为青年人创业、成长、发展的最佳平台，培养出"四大天王、八大金刚、四十罗汉、一百零八太保"，每个人都可以独当一面。他说："我希望能给全国乃至全世界的企业培养总裁、副总裁，这样才能把阿里巴巴打造成一个全世界伟大的、由中国人创造的公司。"

谈到快乐工作的意义，马云这样解释："很多人做企业的目的都是为了赚钱，不停地赚钱。这也是企业的一个目的，但并不是全部。起码，在阿里巴巴这里，赚钱就不是首要目的。让员工快乐工作成长，让用户得到

满意服务，让社会感觉到我们存在的价值，这才是阿里巴巴的社会责任感所在，至于赚钱和社会回报，那是水到渠成的事。”

事实上，员工工作的目的不仅包括一份满意的薪水和一个好的工作环境，也包括能在企业中快乐地工作。马云不止一次在公众讲话中强调，阿里巴巴最大的财富就是阿里人，不快乐工作就是对自己不负责任。也因为这个理念，马云致力于打造最轻松快乐的工作氛围，让阿里巴巴的所有员工都能将快乐注入到工作中。所以马云才敢说：“即使别人用更高的工资待遇来吸引我的员工，我相信他们也不会走。因为在别的地方，他们得不到这样的工作心态。谁也挖不走我的员工。”

你的工作快乐吗？当准时下班成为一种奢侈，当黑眼圈和皱纹悄悄地爬上了我们的脸庞，就会猛然发现，悦耳的笑声在办公室日渐稀少，取而代之的是急促的键盘敲击声和忙碌的脚步声。面对越来越大的工作压力，你是选择一味地叹气抱怨或者干脆放弃？还是处之泰然，并努力在工作中寻找快乐，享受工作？

工作可以是谋生的手段，也可以是生活的乐趣与调味。高情商的人可以从工作中获得乐趣，并取得事业的成功；而低情商的人只把工作看成挣钱的渠道，无味地工作，却没有什么成就。对于高情商者来说，他们往往能够坦然面对工作中的成功与失败，也正是因为这个原因他们就会比别人获得更多的机会和成就。只有我们把每天的工作当作是一种乐趣，一种享受，快乐地工作，才能够收获更多。

人终其一生，半生都在工作。根据美国的研究显示，没有钱会使人不快乐，但是赚更多的钱也不会更快乐。薪水和职位不能让一个人对于自己所从事的工作有高度的承诺，唯有在工作本身实现自我、感到了快乐，那才能够持久。

（1）做要事而不是做急事。

什么是要事？如果一项工作的结果能对本部门目标的实现起了重要作用，或者对今后的工作产生长远的影响，那么它就是“要事”。它也许是你目前众多有待处理的工作中并不起眼的一件事，也许并不着急去解决，或者即使你解决了问题，效果也不能立刻显现出来。但是可以肯定的是，如果你现在不去做，将来的某个时间你就会意识到它的重要性和危急性。

现实中很多人的工作像是在“救火”，好像每件工作都很急，都应该放在日程表的第一项。但当你静下心来分析一下你的记事本时，答案真的是这样吗?

因此，只有那些高情商的人才能够分清要事和急事，他们用正确的方法对工作进行规划，能确切地反映出目标的重要性和急迫性，而当建立了目标事件的优先顺序后，就可以两者兼得。

（2）正确做事，更要做正确的事。

管理大师彼得·杜拉克曾说过：“企业真正需要的是效能，而非效率。”但在实际工作中，有很多员工都没有意识到这一点，更以单位时间内所做的工作多而引以自豪。因此工作中我们每天会看到很多人忙忙碌碌整日不得闲，却又乐此不疲，而实际他们又取得了多大的成果呢?

对于工作，我们当然需要高效，而高效指的是效能，而不是效率，也许你今天或这一周只做了一件事，却能有助于组织目标的实现，这就可以说是效能高；你也许每天都在忙碌，做了很多事情，但这些工作有多少是重要的？有多少是紧急的？有多少是正确的？有多少是你必须去做的呢?

只有那些具有高情商特质的人，才能够在日常复杂的工作中做到抓住关键事件或者把握住事件的关键问题，并能够很好地解决，那将比投入到无序的每件工作中要好得多。每个人都应该努力培养自己的高情商特质，从而在工作中做到游刃有余。

（3）别妄想把整个海洋煮沸。

每个员工或主管都应该明白，什么事是你必须做的，什么事是必须你去做的，如果能将上述两类事情分开，你就会发现，其实我们每天的工作，有一些事情，特别是例行的事情，完全可以交给别人去做。要把有限的时间和精力投入到更重要的事情中去，就像人们不能把整个海洋煮沸

样，个人的知识、能力都是有限的，依靠团队的力量来共同完成项目才是高情商人的明智之举。

（4）控制现在，才能把握未来。

别去预测未来，因为即便是天气预报这样严谨的科学工作，也无法做到100%的正确。高情商的人是很懂得这个道理的。如果总以未来的标准来衡量现在，总是沉浸在自以为是的高瞻远瞩情绪中，那你将会一事无成，不但日常工作时不快乐，也会在将来的某个时刻感到后悔。具有高情商特质的人懂得：虽然我们无法预知未来，但可以牢牢地把握住现在，从眼前工作入手，从而为不确定的将来做准备。也可以这样说，你现在做的工作越多，问题解决得越妥善，那么应对未来的准备就会越充分。

工作会随着诸多因素的变化而增加，如果每件事都亲力亲为，那你只能让自己处于无休止的加班和晚上头疼的境地。而只有那些高情商的人，才能够将完美的工作方法运用到工作中，从而达到事半功倍的效果，使整体绩效都得以提高。

马云曾说过："我们想创造一个新的商业文明，不再以自我为中心、以赚钱为目的。同时我们还是一家很开心的公司，倡导'认真生活，快乐工作'。生活一定要认真，你不认真生活，生活也不会对你认真，而工作时要保持快乐，否则日子是很难熬的。"

4. 好的团队必有和谐的内部环境

有市场必然存在竞争，有竞争才能促进发展。众所周知，如今企业之间的竞争已经从过去的产品竞争、价格竞争演变成为人才竞争，只有拥有一批优秀而稳定的各类人才，企业才能谈及可持续发展。而人才的竞争，关键是要打造一支优秀的团队。

每个人都在为团队工作，每个人永远都是团队的一分子，每个人都拥有自己的团队，任何伟大的成就必然是由很多人的努力和付出才达成的，情商高的人往往能够做到这一点，为自己打造一个和谐的团队。

美国学者埃克·拉塞尔曾说过这样的话：“你不可能将整个海洋煮沸！”他想要告诉我们的是，个人的知识和能力是很有限的，在当今团队至上的时代，一项事业的成功依赖的不是一个人或者几个人的力量，而是一个团队，一个和谐的团队。

在多年的管理工作实践中，马云极为看重并常常强调团队精神——平凡的人在一起做不平凡的事，这就是团队精神！今天，越来越多的领导者已经意识到，快乐的员工对于实现组织目标的意义，并且开始在组织内部倡导快乐工作原则。问题是，快乐的员工从哪里来呢？也就是如何组织培育快乐的员工，从而实现企业运营绩效的最大化？高情商的人都会这么选择：快乐的员工来自和谐的团队，培育快乐的员工的过程就是打造和谐团队的过程，在一个和谐的团队中工作，员工才能感受到真正的快乐。

早在1999年10月，马云就开始着手打造属于自己的团队。当时，阿里巴巴注册成立刚刚一个月，由高盛牵头的500万美元风险资金到了公司

账上。马云用这笔钱做的第一件事，就是从香港和美国引进大量的外部人才。当时的马云，还有些迷信于“精英论”，认为要办一家伟大的企业，必须从那些高学历的人中招聘自己的员工。那时，12 个人的高管团队中除了马云自己，其他全部来自海外。但是后来的事实证明，这些“高手”并没有给阿里巴巴带来多大效益。

随后，马云很快意识到，“精英论”这个理论在阿里巴巴创业初期并不适合。因为这些精英们尽管有着很强的专业才能，但是在团队作战的时候却很难带动其他人。在一个大公司中，个人的榜样的力量说到底还是很小的。所以，应该打造出一支英雄的团队，把那些平凡的人团结在一起，大家互相激励，做好一件不平凡的事。认识到这一点之后，马云马上转变了方向，把主要的精力都放到公司团队建设上面来。他首先从营造和谐的内部环境入手，在阿里巴巴公司里，员工可以穿着旱冰鞋上班，任何人有问题都可以随时找马云。慢慢地，大家都喜欢上了这个公司，办公环境变得很轻松，工作效率也提高了。

在马云一手打造的团队里，无时无刻不体现着团队合作精神。在一个组织中，很多时候，你并没有选择同伴的权力，而想要拥有良好的团队合作环境，就需要领导者做好凝聚工作，把大多数成员各方面的特性凝聚起来，当然领导者也需要能够很好地与不同的人相处与沟通。

因此，只有那些高情商的人才能够做到信任团队的所有成员，彼此之间要开诚布公，互相交心，做到心心相印，毫无保留；分析每一个成员完成工作的动机，研究他们的需要，并针对他们的动机和需要集思广益，多听听来自别人的意见和建议，万万不可一意孤行。俗话说：“人心齐，泰山移。”同时，作为领导者也要有领导者的风范，要做到不仅在工作上对成员严格要求，还要做到在生活上关心员工，做好团队成员之间的沟通和协调工作，使整个团队拧成一股绳，打造和谐的内部环境。

对于团队来说，和谐意味着团队成员拥有共同的价值观，能够以共同的意志和行为准则，形成最大的战斗力以实现团队的目标。但和谐的团队不会自动自发形成，它是企业宗旨、管理机制、企业文化、行为准则等综合作用的结果。那么，如何来营造团队的良好氛围呢？

（1）分工明确、协作良好。

分工是目标的细化，也是责任的分解，是完成目标的基础。分工靠领队的安排，分工必须明确；协作是分工的孪生姊妹，是润滑剂、黏合剂。协作靠成员的相互配合，必须良好。

分工和协作都是一种方法和手段，分最终是为了合，合也需要分，其最终目的都是完成目标，这也是加强成员责任的基本要求。

（2）明确一个目标，两个方面。

作为一个团队，必须要把目标明确化，这不仅包括明确团队近期的工作目标，还包括明确长远的工作规划。团队在关心工作的量和质的同时，更加关心团队的人，关心团队成员的健康以及精神文化。这就是一个目标的两个方面，是团队成员心之所向，希望所在，同时也是开展其他工作的基础。

（3）求同存异，取长补短。

尺有所长，寸有所短。任何事物都有两面性，看人要多看长处，团队要求大同存小异，只有取人之长、补己之短，才能够互相欣赏、互相鼓励、增强自信，彼此增进信任和理解，才能使团队成员心往一处想、劲往一处使，从而提高团队整体战斗力。

（4）讲开心话，说开心事。

闲暇之时，成员之间彼此讲讲开心的话，说说开心的事，充分调动情绪，营造欢乐气氛，使团队始终保持轻松愉快的氛围、乐观和谐的局面、积极上进的态势，既有助于高效工作，又有助于身心健康。

（5）共建约束机制。

“没有规矩，不成方圆”，任何事物的成长都离不开约束机制。正如国有国法，家有家规，团队除了遵守公司的各项规章制度外，还应有自身独特的约束机制。这些约束可以是明文规定，也可以约定俗成，但必须为团

队成员所牢记，共同自愿自觉遵守。

（6）团队领导要胸襟博大。

在团队建设中，领导不仅是工作的领军者，更是团队的精神支柱。俗话说“宰相肚里能撑船”，领导者一定要胸襟博大，放眼未来，拿得起，想得开，带领大家共同创造团队精神文化，决不能鼠肚鸡肠。同时还要有乐于奉献的精神，善于为团队做好充分的物质资料准备和后勤供应工作，并尽可能为成员提供工作、休闲等方面的机会，从而使成员在快乐中安心工作。

（7）定期的沟通机制。

由于沟通差异、个体差异、结构差异的客观存在，误解和冲突的发生不可避免。如何消除误解和冲突是团队的重要任务，沟通则是其最好的渠道。

定期的沟通机制能够使成员之间相互交流思想、交换意见，发表不同观点，从而增进员工之间的理解；在严峻形势和困难面前，客观分析，权衡利弊，使大家心气相通，共同面对，容易达成共识。从而，既有利于团队内部的团结，气氛和谐，又有助于与外部加强联系，消除误会。

对马云来说，创业路上并不总是一帆风顺，当企业遇到巨大困难时，要想经受住残酷的考验，就需要依靠团队的力量。借用马云的话来说：“一个人在黑暗中走很恐怖，但是如果是十几个人，200 多个人一起在黑暗中手拉手往前冲就什么都不会怕。”

5. 使命感是行动的助推器

爱迪生的使命是让全世界亮起来；迪士尼的使命是让世界快乐起来；丰田的使命是让全世界都懂得尊重……正因为有着明确的使命感，才使得这些人、这些企业拥有了伟大的成就。

有人说，假如你非常热爱工作，那么你的生活就是天堂；假如你非常讨厌工作，那么你的生活就是地狱。这就说明了在人的生活中，使命感的重要性。不仅工作中需要使命感，人生中也处处需要使命感，你对工作的态度决定了你对人生的态度，你在工作中的表现决定了你在人生中的表现，你在工作中的成就决定了你在人生中的成就。因此，如果你想让自己的人生"出彩"，那你就要在工作中勇敢地负起责任。

企业的使命感，是由企业所肩负的使命而产生的一种经营原动力。使命感源于对一种使命的坚持，是因坚持使命、履行使命而产生的精神动力，使命也是做事情最深层次的目的，它给了人们做事情的方向和动力。确定使命之后，要建立一种使命感，使公司决策、经营战略等都围绕着使命展开，这样的公司会很成功；而如果迷失了方向，企业就会在毫无作为中耗尽自己的精力。

阿里巴巴的使命是："让天下没有难做的生意。"这一点，现在已经成为阿里巴巴所有员工的口号，也变成了他们工作的目标。凡是有违这个使命的工作，大家都会一致反对。为了将这个使命更好地进行下去，马云在阿里巴巴制定了自己独特的价值观，即：价值观是决定一切的准绳，招什

么样的人，怎样培养人，如何考核人，都要坚决彻底地贯彻这一原则。从此，阿里巴巴就找到了更加明确地方向感。

2003 年，阿里巴巴在 B2B 领域发展已经很好了，但接下来的路要怎么走，马云感到很迷茫。因为当你站在第一的位置上时，往往不知道该往哪里走，第二、第三可以跟着第一走，但是第一没有参照。经过慎重的考虑，终于在一年之后，马云为阿里巴巴重新确定公司目标：第一是做 102 年的公司；第二是做世界十大网站之一；第三是“只要是商人，一定要用阿里巴巴”。

尽管在别人看来，当时还不算什么大企业的阿里巴巴也在强调自己的“使命感”，这多少有点可笑。甚至有人觉得他这是在白日做梦，满足自己的虚荣心。但是，后来的事实证明：早日为公司定下发展目标，强调自己的使命感，是一家企业想要长久发展的重要条件。没有这一点，很难讲什么“百年企业”。

正是马云的“让天下没有难做的生意”使命感，使阿里巴巴受到了众多客户的尊重，阿里巴巴这个平台，不仅解决了众多中小企业的问题，也为社会创造了很多的就业机会。对此，马云说：“每一个企业都要承担社会责任，并把这个社会责任贯穿于企业的工作中。而企业的使命感不仅仅是统一思想、凝聚人心、统一行动、提高效率、减少交流成本、激发员工斗志的力量，更是企业的血液、基因和品格。”“从第一天开始做互联网，我们被人家当作骗子，到后来当疯子，到今天别人把我们当狂人，我已经根本不在乎别人怎么看我了。在这个社会中，你是不是真正在做着有意义的事情，这个很重要。”

任何一家企业，想要做大，都会为自己定下近期目标和长远目标。当赚钱不再是企业的第一要义的时候，服务社会、创造价值就变成了这些大企业的共同使命。让我们来看几个知名企业的价值追求：

中国移动	创无限通信世界，做信息社会栋梁。
蒙牛乳业	强乳兴农，愿每一个中国人身心健康。
联想集团	提供信息技术、工具和服务，使人们的生活和工作更加简便、高效、丰富多彩。
微软	让每一张桌子上、每一个家庭中都有一台计算机，都使用微软的软件。
宝洁	提供名优产品，真正改变客户的日常生活。
索尼	改变生活状况，引入新的娱乐方式，提供新时代的技术和数字概念。
松下	制造像自来水一样丰富的价廉物美的产品。

由此可见，有使命感的公司之所以更“长寿”，是因为他们知道自己要干的是什么。可口可乐、卖当劳、耐克、联想等品牌之所以一路走来没有迷失方向，就是因为它们有自己的使命感，有自己的价值追求。公司都应当有使命，但有些公司的使命没有直接表述出来，而有些公司的使命则隐含在企业的行为中。

就像马云的创业团队当初都是带着“做中国最好的企业”的使命感来到了阿里巴巴，而不是纯粹为马云打工，这样的团队就比较容易凝聚，能够同心协力，拧成一股绳。

正是凭借着自己始终如一的使命感，马云才能够在成功的道路上不断前进，不断突破自我，不断创造出新的历史。其实，高情商的人能够迅速确立自己的奋斗方向，并把使命感贯穿于工作始终。正是因为他们深谙使命感与事业成功之间的关系，所以无论遇到任何困难，都不忘初衷。

使命感是职业精神的灵魂，是知道自己在做什么，以及这样做的意

义，就是把自己与一个伟大的事业联系在一起，释放生命的激情。使命感是一种无论给予自己的任务有多么困难，都要有一定要完成的坚强信念。如果缺少这样一种职业精神，你就很难成为一个真正优秀的员工。在工作中，如何培养个人使命感呢？

（1）必须对周围的人负责。

虽然工作中会遇到这样或那样的困难，但任何一个有责任心的人都不会轻易地放弃。因为，每一天太阳照常升起，世界没有一点变化，你必须要对自己的生活负责，对那些默默关心你的人负责。生活给我们打击，可你却没有消沉颓废的理由。

（2）要勇于承担工作中的失误。

人无完人，没有谁能够保证永远不犯错误，犯错误其实并没有什么，这是你成长的过程，关键是看你如何对待自己的失误。高情商的人不仅努力工作，最重要的是在工作中勇于负责任，尤其是当工作中出现失误时，能够做到不推卸责任，并寻找正确的方法改正。而那些情商低的人却总是为自己的错误找各种理由，推卸自己的责任。

一个人无论从事什么职业，都必须认识到，你是一个肩负使命的人。使命感，是一个人成为优秀职业人的最重要条件，如果你在自己的职业生涯中缺乏使命感，即使你拥有极为优越的从业条件，也不可能做好自己的工作。

6. 允许犯错，善于纠错

中国有句古话："人非圣贤，孰能无过。"天底下，没有一个人是绝对完美的，工作中更少不了犯错。很多时候，犯错并不可怕，可怕是知错不改，知错难改。人们面对错误，通常情况下会有两种截然相反的态度：一种是拒不承认，为自己辩解，找各种理由推脱；另一种是坦率承认，并勇于改正，积极寻找补救的方法。这两种不同的处事方法，带来的结果也大相径庭。

现实生活中，我们常会犯这样那样的错误，情商高的人选择直面错误，寻找问题的根源，并竭尽全力改正错误，而那些低情商的人则只会把错误放大，行动缓慢，最后只能是在错误的深渊里越陷越深。高情商的人也不能够保证时时不犯错误，但他依旧能够成功，那是因为他能够正视自己在工作中犯下的错误，及时采取补救措施，将错误所造成的影响降到最小程度，或是将功补过，积极地树立自己正面的形象。

身为阿里巴巴集团创始人，马云曾说过："我觉得网络公司一定会犯错，而且必须犯错误。因为互联网的发展变化都是很快的，相应的，网络公司也应该及时地调整自己的步伐。如果原地不动，那最后只能是走进死胡同。大环境都改变了，你还是以前的经营模式，想要成功可能吗？所以网络公司最大的错误就是停在原地不动，最大的错误就是不犯错误。关键在于总结我们所犯的各种各样的错误。为明天跑得更好，错误还得犯，关键是不要犯同样的错误。"

阿里巴巴在创业初期，也曾经经历过一些困难。其中有一些困难就是

因为马云当时错误的判断导致的。当时阿里巴巴刚刚开始崭露头角，在B2B刚刚站稳脚跟，很多的条件还不成熟的时候，马云却立即着手做淘宝，紧跟着就是推出支付宝、阿里软件、阿里妈妈和收购雅虎等一气呵成，随后形成了阿里“五驾马车”的宏伟战略。尽管听上去让人觉得这种做法十分有魄力，但实际上，对于一个刚刚起步的公司来说，这是一个相当沉重的负担。此时B2B被贴上了“奶牛”的标签，承担着粮草和兵马的双重压力，一时培训辅导跟不上，激励政策跟不上，新老员工在文化价值观上的冲突日益严重，新市场业绩低迷不振，空降的管理层让原来的阿里人不服气等各种问题、各种困难接踵而至，这让马云头疼不已。

随后的阿里软件、阿里妈妈、雅虎口碑也纷纷面临这样那样的问题。阿里软件迟迟没有找到产品切入点，产品变了又变，改了又改，甚至连公司内部员工都没有闹明白到底是什么。

这也许就是马云在战略上犯下的错误，五驾马车的收获自然多，但同样也为自己埋下了五颗定时炸弹，还有可能会相继引爆。不久马云就意识到了自己在战略决策上的失误，并及时调整了该战略，马云这才创造出了一个又一个神话。

马云曾对自己的错误说过这样一段话：“对于我之前犯下的错误，我并不觉得丢脸，因为谁都会犯错，犯错并不耻辱，不承认自己犯错误才是一种耻辱。今天阿里巴巴敢继续走下去，是因为我们犯了这么多的错误，这是我们最大的财富。永远不要把常胜将军放在最关键的位置上，而是把那些失败的人放在重要的位置上，因为经历过失败的人，才知道什么是成功。我成功是因为我经历了别人想象不到，也碰不到的失败。有时候，失败就像电脑死机，电脑死机不可怕，可怕的是没有存档；失败也一样，失败本身没什么，就怕你没从失败中学到什么。”

台湾首富郭台铭喜欢三国故事。并且从书中学到了很多对做生意有帮助的道理。他说，《三国演义》里面，曹操和诸葛亮打的败仗最多，成就却最大，这是值得大家思考的。

凡是终成大业的人，没有不经历失败的。失败给了他们磨练，让他们理解了市场，学会了面对危机。失败往往能使人大彻大悟，在失败中成长。曹操和诸葛亮都很厉害，失败也很多，但是他们从失败中更深刻地理解了军事、政治的逻辑，所以最后取得的成就也最大。这就是失败的学问，是一种辩证法。

工作中出现失误是我们每个人都不愿意看到的，但犯错误是难免的，你要正视它的存在。犯错误并不可怕，可怕的是高傲自满、知错不改。最好也是最明智的做法是积极、坦率地承认和检讨，并尽可能地对事情进行补救。错误只是前进路途中一个小小的挫折，成功要在错误中不断地成长和学习，拒绝承认错误就是拒绝进步，对待错误只要处理得当，就会为事态的恶性发展赢得一个缓冲时间，同时也可以赢得更多人的信任和尊敬。

成功来自于在错误中不断学习，要学会从错误中吸取经验教训，坚决杜绝同一错误二次发生。只要你坚持并且有耐心，认识错误，改正错误，弥补错误，就能够获得经验，取得成功。高情商的人常常会正视自己所犯的错误，不为自己的错误找各种推脱的理由，而是努力寻找自己的不足，避免下次再犯同样的错误。如果工作中你总是为自己的失误找理由，那就要好好改正一下了，多向那些高情商的人学习，减少抱怨，把那些抱怨的精力用来改正错误。

7. 先做正确的事，再正确地做事

做正确的事就像是船上的帆，正确地做事就相当于船上的桨。船帆可以左右船前进的方向，但最终能否到达目的地，却依赖于提供动力的船桨。两者之间是前提与方法的关系，如果前提错了，那么再好的方法也不能得到你所想要的结果。只有“做正确的事”，“正确地做事”才会有意义；也只有做好了“正确地做事”，才能够保证“做正确的事”的贯彻实施。从而为新的战略目标的制定做好充分的准备。

而具体到一个企业当中，战略目标的制定解决“做正确的事”，管理机制解决“正确地做事”。曾有电商给马云提出了这样的问题：“你是中国网商的偶像，也是我的偶像。我的问题是关于危机的，阿里巴巴发展到今天有没有危机，有没有遇到瓶颈问题?”而马云的回答正好揭示了他应对危机的方法：首先是不是做正确的事，其次是不是正确地做事。这两个因素都很重要，也是真正考验一个领导者的领导力。

在《赢在中国》这个电视节目中，马云曾经说过这样一段话：“制定公司的发展战略，一定是先定下一个正确的目标。这样才能保证自己所做的是正确的事。做好了这一步，接下来才能够正确地做事。如果第一步没有走好，那么公司的发展方向就有可能是错误的，后边做得越‘正确’，实际是沿着错误的路走得越远。所以这两步，是千万不能颠倒的。”

正是在马云这位高情商领导者的带领下，阿里巴巴选择了一个正确的方向——电子商务。尽管在当时的互联网行业中，网络游戏等娱乐项目已经发展得风生水起，很多网络公司凭借着网游赚到了一大笔钱。但是，马云没有跟风而作。眼光长远的他，将企业的发展定位在了一个正确的方向——电子商务。从1995年步入商界，从一家电脑公司开始干起，1999年步入互联网领域，经过十多年的发展，将阿里巴巴培养成为一个业界享有盛名的互联网领军企业，这确实不是一般人能够做到的。是什么原因成就了阿里巴巴，是什么原因成就了马云？之所以有这些成就一定不是单一原因，但就连马云自己都说，成功因素中最关键的一点是：在工作中能够做正确的事和正确地做事。

有一个被广泛传播的事例很能够说明这个问题。当我们走进一片丛林，并且开始清除矮灌木。一段时间过去了，费尽千辛万苦，直起腰来，准备好好欣赏自己劳动果实的时候，却猛然发现，原定计划并不是这块丛林，而是旁边的那一片丛林！辛辛苦苦劳作，却发现做了无用功。有多少人在工作中，就像这些砍伐矮灌木的工人，常常只是埋头苦干，却终是做了错误的事。

做正确的事是指干工作要有正确的方向和明确的目标，确保“走对路”，少走冤枉路；而正确地做事要求工作时要尊重客观规律，端正工作态度，采用科学方法，从而确保工作中少出错，防止半途而废。

那么，在工作中如何确定要做的事情是否正确呢？

（1）准确界定自己的职责。

不少员工在日常工作中，极少有自己的想法和观点，他们总是听从领导的安排，一接到任务就开始马不停蹄地苦干，虽然执行力很好，但是却往往在工作中没有什么进展。由于这种员工总是被动接受任务，缺乏主动掌控的意识，从而导致行为与个人职业目标的偏差。因此，员工做到准确界定自己的职责，是最重要的一个环节。

（2）明确自己的目标。

每个员工都应该为自己的职业生涯设定明确的目标，这个目标必须是清晰的，能够在短期内给予你行为动力。最好是为这个目标设定一个完成日期，这样会使你有一种紧张压迫感，有助于工作中有出色的表现。

（3）明确自己的计划。

要想实现自己的既定目标，过程中的行为计划是必不可少的。然而再完美的计划不落实也是白纸一张，只有将计划付诸行动，把明确工作计划养成习惯，才能够快速地完成计划，达成目标。

当我们能够选择“做正确的事”之后，接下来就需要找到方法、技巧，安排好进度等，学会“正确地做事”。

（1）分清事情的轻重缓急。

根据事情的重要性和紧急性，可以将所有的事情分为四类：“重要且紧急”的事、“重要但不紧急”的事、“不重要但紧急”的事、“不重要且不紧急”的事。当做好这些分类后，你就会发现其实难搞的事情并没有那么多，只要按照计划来，什么都是能够解决的。把80%的精力放在第一、第二类工作上，你就会在繁忙的工作中游刃有余。

（2）不去做那些能立即带给我们满足感的事。

因为当一直做一些能立即带给我们满足感的事情时，很快就会感觉到厌倦，工作上也没什么进步。生命不是百米冲刺，而是马拉松，所以一定要把眼光放长远。有些事，也许现在做起来很痛苦，但只要你坚持下来，终会为你的工作带来长远的发展。

无论在任何情况下，也无论对任何人或者组织而言，不管是管理者还是普通员工，“做正确的事”都比“正确地做事”更重要。这是一个首要的前提，如果做的是正确的事，即使执行中有一些偏差，也不会偏离成功的方向；但如果做的是错误的事，那么执行得越完美，不论对企业还是个人来说，危害也就越大。

第七章　马云的管理情商：人尽其才，别把飞机引擎装在拖拉机上

小企业家成功靠精明，大企业家成功靠管理。在不少人眼里，只有高学历、高职称的人才能算是人才，否则即使有通天的本领，没有一纸文凭或职称，也不能称其为人才。其实，“垃圾是放错位置的财富”。换个工作岗位，蠢才也能变成天才。马云欣赏唐僧一样的领导：不放弃任何一个人，并能人尽其才。

1. 什么都想自己干，这个世界上的事你干不完

一个成熟的企业是不断发展的，企业最初可以由领导者全掌控，但当企业发展到一定规模，就不是一个人的能力所能掌控的。这时候，领导者在管理企业时就需要一些得力的助手帮着运筹帷幄。这些人拥有较高的素质，自身能力比较突出，能够让领导放心地放权，他们帮助领导避免了自己一个人在众多事务中进退两难的局面。

马云是一个具有管理情商的人，他曾经说过："权威是你把权给别人的时候，你才能有真正的权力，你懂得倾听、懂得尊重，承担责任的时候，别人一定会听你的，你才会有权威。"马云做阿里巴巴公司，他喜欢把权力下放，他的总公司下面有许多子公司，这些子公司都有很强的自主权。今天，阿里巴巴的旗下有五个子公司，可是马云的工作量并不会随着这些而日渐增多。如果什么都要自己亲自来做，估计他早已经吃不消了。正是因为懂得把权力下放的道理，阿里巴巴才能够又快又好地发展起来。

最初，阿里巴巴把销售、网站、运营等按功能分成不同产品来做，而卫哲进行了创新，将原先的部门全部拆开，完全以"诚信通"和"中国供应商"两个产品为中心，把销售、客服、网站全部放进去，组成了国内贸易事业部、国际贸易事业部。在两大产品的基础上，又独立出国际业务发展部、创新部、参谋部、业务发展与推广部等独立部门。经过这样的调整，阿里巴巴内部的结构更加清晰，也提高了办事效率。

2007 年，在阿里巴巴上市前期，马云对阿里巴巴进行了一次大的调整，将旗下的阿里巴巴、支付宝、阿里软件、雅虎中国、淘宝网都拆开来独立运营，由原本的子公司改成了分公司。分别由卫哲负责B2B业务、金建杭负责雅虎口碑、陆兆禧负责淘宝、邵晓锋负责支付宝、王涛负责阿里软件。给他们充分的自主权，让这五家分公司形成了一个“电子商务生态链”。而五家分公司的高官，都是马云一手培养起来的。这样，马云自己肩上的担子并没有变得难以承受，但是阿里巴巴的规模却变得大了不少，而且公司的整体实力也有了很大的提升。其中的重要原因就在于马云的“放手”，通过权力下放，不仅让公司的管理变得更加简单有效，也无形中提高了自己的权威。如果每一个子公司的事务，都需要马云来亲自处理，即使他有着过人的技能，阿里巴巴的内部也一定会因为繁多复杂的部门关系而变得一团糟。

如今世界形势日新月异，市场上的信息每天都在瞬息万变，作为一个企业的管理者不可能每天都管到各方面的事务，干涉各个阶层的具体工作，做到面面俱到。老板们面对纷杂的企业事务，最明智的做法莫过于授权。放心地去培养下属，让下属去思考，让各个负责人各尽其责，发挥各自的才能。只进行一些指导，让员工自己去发挥，既培养了别人，也轻松了自己。

很多老板常常觉得自己很忙，可是企业却没有业绩，老板对此百思不得其解。其实这是因为老板常常把目光放在琐碎的事务上，并直接指挥经理级以下的员工去做事。老板忙于琐碎事务，结果反而没效率和效益，这是自我定位上出现了偏差。具体来说，一般企业碰上这种情况，主要有三点原因：

第一，没有将企业的战略制定、组织建设落到实处，企业的组织构架如同虚设，老板忽略了这方面的问题，将全部精力都投入到实际经营中，没有把握好二者的尺度。

第二，老板没有精力顾及长远问题，很多情况下是因为公司发展遇到困境，步履艰难，困难重重，老板被缠得焦头烂额，日常都处理不完，更没有精力想以后了。

第三，没有优秀的中层、没有有效的制度、没有远景目标、没有战略力

向，导致老板只能自己管理中层以下的员工、自己做摸着石头过河的事情了。

其实，公司的发展、老板的授权都是一个过程，当公司规模不大的时候，老板可以顾及一些琐事。但当规模上来了，组织结构复杂了，老板就需要在关键问题上下功夫，只做自己应该做的事。马云在这一方面体现了他过人的管理情商，他是一个很会“放风筝”的人，阿里巴巴的五家分公司，拥有很大的自主权。俗话说“会授权的主管才会掌权”，授权是企业发展的大势所趋，是明智之举，但是就授权的方式方法上确有很大的讲究，老板一定要知道自己该做什么，员工该做什么。作为老板，只需要做好以下这些就可以了：

（1）定战略和方向，老板责无旁贷。老板是企业这艘船上的舵手，企业要向哪个方向航行，需要老板来定方向。只有战略清晰了，公司才会有方向感，扮演好舵手的角色，是老板的职责之一。

（2）给企业搭班子。即使有好的战略，没有合格的人去有效地执行，也是枉然。所以，老板还要扮演伯乐的角色，选择能力强、善于管理的人，为企业的发展搭好班子。

通常，方向定好、班子搭好后，对方向的掌控方面，领导者应有清晰的头脑，所以有时深入细节，甚至做一些琐碎的事，也并非不可。但必须把握度，应该以掌握情况、检查工作是否偏离方向为目的，切不可陷入其中。老板只要做到这些，企业一定会越来越好。

什么都想自己干，这个世界上的事你干不完。一个企业领导者做好充分授权，是发挥人才价值，在谋之于众时能够收获有价值的意见和重要举措，也集中反映了企业在用人上的胆魄。阿里巴巴的很多项目马云都是放心地交给员工开发。可见，马云是一个很懂得放权的人，也为自己谋之于众打好了坚实的基础。

需要指出的是，许多创业者紧握手中权力，专断独行，不善于大胆授权，恰恰是因为没找到如何做好监督、考核的工作，自己的基础工作没有做到位，所以对员工不放心，更难以谋之于众。

2. 做唐僧一样的领导

企业的成功，离不开全体员工的努力，而一个成功的团队必定是靠全体员工努力地完成各自的职责来支持和运作的。每个员工在自己的职位上明确自己对团队应尽的义务和应承担的责任，并积极地做好它，才能使得整个团队有效运行。这样的团队才是一个完美的团队。

当然，一个好的团队也离不开一个好的领导者，而马云很清楚一个领导者应该做些什么。他曾说："一个领导者和经理人的区别是优秀的领导者善于看到别人的擅长，经理人往往看到别人的短处。永远要相信边上的人比你聪明。"众所周知，马云是阿里巴巴公司的掌舵人，但是他既不懂电脑也不懂销售。人们不禁想要知道，他是如何管理手下一帮尖端的专业人士的呢？

有些人批评马云是外行领导内行。但他坚持认为，外行当然可以领导内行，关键是在于尊不尊重专业。是的，马云在公司里的作用就像水泥。他把许多优秀的人才黏合起来，给他们一个使力的方向，让他们力气往一个地方使。

在企业的管理上，马云有一个学习的榜样，他就是《西游记》里那个不会捉妖，不会翻筋斗云，只是一心要去西天取经的唐僧。在马云看来，唐僧无疑是一位非常优秀的领导。因为他了解每个人的长处，他知道孙悟空要管紧，所以要会念紧箍咒；猪八戒小毛病多，但不会犯大错，偶尔批评批评就可以；沙僧则需要经常鼓励一番。这样，一个各尽其能的明星团队就形成了。在阿里巴巴的管理中，马云也是这样来管理他的员工的。他

会观察每位员工的个性和办事特点，然后对症下药，用不同的方式去对待不同的员工。

《西游记》中唐僧师徒的团队是马云最欣赏的团队。他认为，这个团队是一个完美的团队，尽管每个人身上都有不足，但是在相互配合当中，终于实现了团队的梦想。这就是胜利。谈到这师徒四人，马云分析得头头是道："唐僧性格迂腐，算不上是一个能力出众的领导，但他始终坚持自己要去西天取经的目标不动摇；孙悟空有通天的本领，但他暴躁的脾气是他最明显的缺点，他是一个优点和缺点同样突出的人才，只要能够好好地引导他，绝对是团队中的主力；猪八戒尽管是落后分子，好吃懒做，但他很乐观，能给这个团队带来无限乐观的情绪；沙僧很中庸，任劳任怨，却心无旁骛，一心当好自己的蓝领，每天都尽职尽责地做好自己的事情。"这样的团队无疑比"一个唐僧三个孙悟空"的团队更能够各补所需，共同合作。

正如了解自己的特长那样，马云对自己的短板也十分了解。虽然马云既不懂电脑，也不懂销售，但这并不妨碍他成为一名成功的领导人，而阿里巴巴就是唐僧师徒这样的团队，尽管有时候也会意见不合，但是在阿里巴巴内部要把公司做大、做好的目标却是相同的。马云认为："中国的企业家应该向唐僧学习，用人用长处，管人管到位。不然只会造就一个明星企业家，而非一个强大的企业系统。"这是很有道理的，对于任何一个企业来说，团队的含义不仅仅只是一群在一起工作的人，想要发展壮大，团队成员就必须能发挥出"1 +1 >2"的团队效率，于是相互间的默契配合就显得尤为重要。

熟悉互联网行业的人都知道，马云对于经理人并不是十分看重。马云觉得，一家企业的领导者，所强调的是领袖能力，往往能看到一个人身上连他自己都没发现的潜力，他懂得鼓励，懂得当拉拉队，懂得发挥别人的强项，这是领导者必须具备的能力。经理人的办事则不是这样，给他看人，这个不行，那个也不行，这往往是经理人的职业习惯。在一个企业里面，需要各种各样的人。领导者要敢于承担责任，公司出现了困难，领导者要敢于出来说我来承担，带领大家一起往前走。公司要培养的应该是领导者，而不是经营者。经营者相当于是一个军队的参谋，遇到问题，他会一下给你10几个解决方案，到底挑哪个呢？他也不知道。我们企业需要的是有勇气有胆略敢于承担的人。

领导者是企业发展的总指挥，对企业的生存和发展起着至关重要的作用。在当前以市场为导向的经济趋势逐步取代原先的计划体制，买方市场和对外开放格局进一步形成的背景下，企业更需要一个领导者，因为一个企业的领导者决定着这个企业的命运。

作为一个领导者，首先应该具备以下六个方面的素质：首先是行业知识和企业的知识；其次是在公司和行业中拥有良好的人际关系；第三，一个好的领导者必须有良好的职业信誉，有良好的工作成绩；第四，领导者要有社会技能、概念技能和专业技能；第五，要拥有积极的价值观；最后，领导者要拥有进取精神，保持充沛的精力，才能够全身心地投入工作。

总之，企业的发展，同领导者息息相关，企业领导者素质的高低，决定着企业发展的方向。当前，随着市场经济体制的不断完善，买方市场和对外开放格局的进一步形成，优胜劣汰的作用不断强化，企业真正走向市场，这对于企业来说是一个全新的时代。在这种时候，关键就要看企业的掌舵人运筹帷幄决胜千里的本事和能力。

3. 创业要找最适合的人，不要找最好的人

在商场上有很多创业成功的案例，这些人无疑都有自己的合作者。但我们仔细观察就能发现，这些创业者找的并不是最成功的人，而是找的最合适的人。因为原先的人做得很大、成就很高的，到你的小公司越容易出问题。这就好比拖拉机里装了一个法拉利跑车的发动机，速度太快了，会把你的企业带坏、带垮。有的创业者，在奋斗的过程中能够将公司越做越大，而有的创业者却把公司经营得奄奄一息，一天不如一天。同为创业者，公司的结局却不同，这其中很大一个原因就在于是否使用了最适合的人才。在商场中，某一岗位做得最好的人不一定是最好的合作创业者，与那些没有成功却渴望成功的人一起合作是最合适的。在马云看来，选择合作者就好比挑鞋子，太小了夹脚，太大了会掉，只有尺寸合适，才会感到舒适。最合适的人才就是最好的。

在阿里巴巴最开始创办时，由于经验不足，马云就曾经吃过组建团队的亏。当时，马云首次获得了500万美元的风险资金，如何利用这笔投资成了一个重要的问题。经过深思熟虑，马云决定利用这笔钱来为公司招聘一些精英人才，于是他就从海外引进大量的空降兵，尤其是大量的MBA。但后来发现，这些“海归”根本就无用武之地，这就好比“把飞机的引擎装在了拖拉机上”，尽管用的是最好的装备，但是因为不适合还是起不了什么作用，甚至还会影响公司的发展。最后，马云把95%的人都给开除了。事后马云曾说：“不要把一些成功者聚在一起，尤其是那种35岁、40岁已经有钱了的这些人，他们已经成功过了，所以想再在一起创业会很难。”经此教训，马云意识到，适合自己企业的人才还是得自己培养。此后，他开始注重培养内部人才，自己将企业内的员工培养成自己想要的人才，像孙彤宇就是他当初重点培养的本土人才之一。

虽然当时的孙彤宇还是一名普通员工，但是后来马云发现这是一个有理想、有责任感的年轻人。于是马云决定把一些十分重要的任务交给他。而孙彤宇也用事实证明了自己，他只用了两年的时间，就带领淘宝军团将对手 eBay 这个“巨无霸”踢出局！这对马云来说，的确是上了生动的一课——在任用员工时，不选最好的，就选最合适的！只有选对了人，才能做对事。

所以，马云常说：“如果一个年轻人今天和你说他要做什么，3 年后依然说他要做这个，而且坚持在做，那你就一定要给这个年轻人一个机会。”他很清楚年轻人的潜力有多大，一个好的年轻人就像是一块璞玉，只要你能够善加打磨，一定可以把他打造成你想要的样子。

在实际的操作过程中，许多企业的领导者在招人时存在误区，总是希望自己直接招收到最好最全能的完美人才。其实，有时候，最好的人才并不是最适合自己企业的。而最适合的人才往往是要自己量身打造的。那些成功的人才之所以能够成功，一方面是因为他们有出色的能力，但另一方面是因为他们有一个合适的环境能够让他们完美地施展自己的才能，很多时候老板们只看到了他们的成绩，却忽略了他们所处的环境。

在《从优秀到卓越》一书中，吉姆·柯林斯提出了“先人后事”的企业管理理念，他以形象的比喻说明，当企业这辆车启程之时，首先要请那些合适的人上车，让大家各就各位，再让不合适的人下车，然后才决定把车开向哪里。如果不这样做，让一些不懂的人瞎指挥，很容易就走了弯路。因此，企业必须建立有效的人才选拔与培养机制，而人才盘点作为人才培养的发动机，能够帮助企业识别出最优质的人才资产，领导可以按照这些人的专业才能，赋予他们不同的工作任务。成功的人才盘点可以助力人力资源决策，确保人力资源工作的产出和成果，成就企业成为人才驱动

型组织。

企业领导者不要奢望有完人。每个人都有缺点，人才也不是完美的天才，所以要以发展的眼光看人才，给他们提升自己的空间。判断人才的基准应该是看他的工作成效，一个员工是不是好的人才应该看他在现在岗位上取得的成绩。而这往往要考验创业者自己的眼光，因为只有把人才放在最合适的岗位上，“贤者在位，能者在职”，使人才互补，才能产生工作效率倍增的作用。一个好的老板就是一个好的伯乐，能够让人才完美地发挥自己的才能。

最合适的人才就像合脚的鞋子，只有穿着舒服了，才能走得长远。如果鞋子太小或者太大，即使是非常漂亮的一双鞋，人们也不愿意在走远路的时候穿着它。马云正是坚持了“创业要找最合适的人”的原则，才打造出了一支执行力非常强的团队。一支高手云集、人才济济，目标一样、梦想一样、激情一样的团队，成为阿里巴巴战无不胜的中坚力量。

4. 用领导个人魅力吸引人才

一个成功的公司，一定是一个有着向心力的公司，即使大家意见出现分歧的时候，也会有人带领大家统一意见，只有这样的公司，才能够成功。所以公司要发展，大老板一定要获得骨干部属的认可、信任、追随、配合。如此，员工面对机会、挑战和改革时，才能积极合作，响应老板的号召，配合老板的部署，实现众志成城的完美结局。因此，作为一个公司的领导者，老板不但本身要具有超乎一般的意志，还要有超乎寻常的感染力，能将自己的意志力像电流一样传导给追随者，使整个团队具有同样坚强的凝聚力、意志力。

阿里巴巴是一个成功的企业，仔细研究阿里巴巴的管理层，就可以发现这绝对可以算得上超豪华阵容，由此可以明显地看出马云出众的个人魅力。孙正义和前世贸组织总干事萨瑟兰是它的顾问；这里聚集了来自 16 个国家和地区的网络精英，而且，越来越多的哈佛大学、斯坦福大学、耶鲁大学的优秀人才正涌向阿里巴巴。而这还不是最令人吃惊的，最令人惊讶的是，刚创业 5 年时，阿里巴巴虽经历很多的艰难险阻，给员工的工资待遇也并不算好，但从来没有人提出来要走，公司阵容空前的稳定，公司最初的 18 个创业者，现在一个都不少。别的公司出 3 倍的工资，员工也不动心。对此，马云还很得意地说："同志们，3 倍我觉得还是太少了。如果对方出了 5 倍的价钱，你们也可以考虑一下嘛。"对其中的奥妙，马云说得很简单，"在阿里巴巴工作 3 年，并不是单纯地挣到了一些工资，在这里学到的相当于读了 3 年的研究生。如果员工要离开，那么他收获最多的就

是在这里学到的知识和经验，这是藏在脑子里的，谁也偷不走的。”

除了能够学到真才实学，阿里巴巴之所以能够留住这些人才，靠的还是马云的个人魅力。阿里巴巴副总裁戴珊才这样评价马云：“无论什么时候看到他，你在他眼中看到的都是自信，和一定能赢的信心。你跟他在一起就充满了活力。”而刘伟更是高度地赞美马云的个人魅力：“在你绝望的时候他能让你看到希望，能跟着走。”在阿里巴巴内部有一张马云的照片，那是马云决定从北京返回杭州的时候在长城上和大家的合影留念。那张照片上，大家的表情都很凝重，只有左下角的马云，顶着一顶张扬的帽子，身穿暗红色的短款羽绒服配上白色的休闲裤，两手插兜，扭着身子往远处眺望。在他的眼睛里，有孩子一样的天真和憧憬，顺着他的视线，似乎可以看到不一样的美好……马云是那张照片里的阳光。马云在阿里巴巴内部就扮演着阳光的角色，当阿里巴巴遇到困难时给员工带来希望，指引员工走向成功。有这样的积极向上又有能力的领导者，谁还愿意离开呢?

有人说，马云是一只骄傲的孔雀，言谈中总能流露出我行我素和不羁。而马云之所以每次都能够那样自信地出言不逊，是因为他有预见性的眼光。马云在接受采访时说：“投钱给我的创投基金，从第一天开始就听不懂我的话，但还是每年投钱进来。现在他们都说，‘Jack，我不跟你吵，你去干吧！’我跟公司的 COO 也是吵了六年，每年我们打赌一万元看我说出的话能否做到，结果第七年他都不跟我吵，也不再跟我打赌了。”正是这种言出必中的能力，让马云在阿里巴巴的员工、客户心中都积累起了无与伦比的威信。大家相信他，了解他是一个说到做到的人，在他的团队中工作，一定能够实现自己的梦想。而阿里巴巴也正是在马云的领导下，通过全体员工的共同努力成就了今日的辉煌！全体员工也坚信马云能够领导他们共创辉煌！

研究表明，绝大多数富豪都有自己独特的人格魅力。很多人恰恰没有认识到这一点，他们的眼中只有富豪们的那些钱，口中谈论的也都是钱。但他们没有意识到，那些情操高尚的财富拥有者的思想，往往比金钱本身更重要。

情商决定信任度。所罗门王曾说过："他的心怎样的思量，他为人就是怎样的人。"思想的力量将影响一个人的作为。在企业管理中，领导者的思想所影响的，不仅仅是自己的行动，更能够带动身边的人和他一起努力。无论是海尔张瑞敏的"吃休克鱼"、"海尔是海"、"斜坡球体理论"，还是联想柳传志的"鸡蛋论"、"拐弯论"等等，无不是领导者在不同历史发展阶段对企业运作规律的深刻洞察与准确的把握，无不闪烁着思想的光辉，影响着他身后的企业和追随者。这些领导者的身上，让人们看到了企业不断成长的希望，也让人愿意相信他，为他工作，在企业实现大我的同时，也实现了小我。

的确，情商高的人之所以能成功，与他们所具备的个人能力、素质、人格魅力等等都具有很大的关系，这些可以看作是他们在社会丛林中生存立足的资本。而正是这些隐性资本成为了他们用来创造显性财富的基础，其量的大小直接决定今后显性财富的多寡。一个好的商人一定要学会如何积累并获取这些隐形资本，成为一个拥有魅力的生意人，这能够在无形中就建立了自己的竞争优势，给很多人以深刻的印象，与客户建立合作的可能性也就大大增加了。对企业领导者来说，要注意在下属面前建立起三种"高大"形象：

（1）人格形象。人格形象是领导者通过精神和内在品质的修养和陶冶而获得的一种无形的人格力量与感召力。人格形象是老板内在精神和特质的展示与感知，没有高尚的人格就不会产生良好的人格形象。

（2）视听形象。视听形象是人格形象的外在表现形式，大体上是指我们平时所说的口碑。老板要发挥自己的领导艺术水平，在员工心中树立良好的领导形象。

（3）智慧形象。作为大老板，一定要让员工相信你的智慧，要具备发展眼光和创造性思维，不但能看到事物的现状，还能预见事物的变化和发展的趋势，从别人趋之若鹜的地方看到风险，从别人避之唯恐不及的地方看到利益。如此，才能率领团队领先一步，走在别人的前面。

人格魅力是一个成功老板自身就应该具备的资本，没有出众的人格魅力，就没有顺利的商场人生；没有出众的人格魅力，便没有完美的事业。每个企业领导者都应当明白：一旦拥有了人格魅力，在无形之中就等于建立了自己的竞争优势！

5. 把优秀的人才黏合起来

一个优秀的公司一定会有很多优秀的员工，而拥有这么多优秀的人才对于老板来说既是幸福也是痛苦。俗话说，当你有一个傻瓜时你会很痛苦，你有50个傻瓜时是最幸福的，吃饭、睡觉、上厕所排着队去；你有一个聪明人时很带劲，你有50个聪明人时实际上是最痛苦的，谁都不服谁。如何让每一个人的才华真正地发挥作用，这是老板们需要思考的问题。这就像拉车，如果有的人往这儿拉，有的人往那儿拉，互相之间自己内部就先乱掉了。老板在公司里的作用就像水泥，把许多优秀的人才黏合起来，使他们力气往一个地方使。

马云在创业之初拿到第一笔投资之后，做的第一件事情就是去世界各地挖来了很多优秀的人才。然而这些优秀人才的加入，并没有让阿里巴巴变得更强大，反而让事情变得更复杂了。当一个公司，包含了来自世界各地的成员，这些成员拥有各种不同的文化，每个人都有一套自己的理论，而且这些理论听起来都很有道理，这个时候，管理者的痛苦便来了。他必须在这么多的意见中做出选择，而这些提出意见的人又都是精英，选择哪一种方案，就变得十分困难。

情商是一种构筑和谐人际关系的工具。经过一段艰难的磨合期，马云除了找到解决问题的办法，那就是理解他们、包容他们。他说："我是不踩油门的，我是以踩刹车为主。因为这些聪明人在一起的时候你再去踩油门，情况就更复杂了。"于是马云就成了公司里的"水泥"。马云说："我在公司里的作用就像水泥，把许多优秀的人才黏合起来，使他们力气往

个地方使。”马云通过运用自己的情商，让这些让他备感痛苦的人的努力和共同合作，将阿里巴巴推向了一个又一个辉煌的时刻！

身为领导者，常常要与比自己水平高、能力强的人相处，所以领导要时常思索同他们的相处之道。

首先，领导者一定要明白，术业有专攻，在并非自己专业的领域里，当然会有比你优秀的人，但你同样有值得骄傲的东西，领导者一定要有宽广的胸怀，千万不要妄自菲薄，要自信、大度，展现你自己的魅力。

一位著名的经济学家在谈及公司有关人才的管理问题时，提到了五个关注：关注外部、关注外人、关注“外脑”、关注外行、关注外地。其中，关注“外脑”已经成为许多公司持续发展的关键。

李嘉诚之所以能够创建庞大的财富帝国，成功的秘诀之一就是善于将各种人才黏合在一起，也就是借助别人的智慧赚钱。在他的公司里，既有中国人，也有外国人；既有高级律师、会计师，也有管理等领域的精英。这些人才有的是他的“员工”，有的则是为公司提供服务的“外脑”。中西结合，洋为中用，尽管李嘉诚自己并没有这么多的专业技能，但是他能够按照每个人的特长来安排工作，这就是做领导的高明之处。李嘉诚在人才使用上精打细算的本事让人佩服。

其次，对于他人的长处和优势，要以欣赏的眼光来看待，不能因为别人的能力出众而嫉妒，同他们工作时要以合作的态度而不是竞争的态度。合作是很好的方式，把你和他的优势结合在一起，共同为一个目标努力，那样你就不会觉得他的优势对你是威胁和蔑视，而是一种共同奋斗的资源。

人才难得，但是人才更难管理。管理聪明人是一门学问，特别是管理由聪明人组合而成的团队更是学问，这对所有的企业领导者都是考验。有人说中国人都喜欢单打独斗，不擅长一起合作。更有甚者说，中国人“一个人是条龙，三个人是条虫”。总之，别人认为中国人缺乏团结合作的精神。

其实很多时候，只要时机恰当，形势有利，再加上有合适的领导，有能力的人才很乐意走到一起，干出一番事业。这就需要老板迎接挑战，下好“安人”这步棋。

(1) 把不同风格的人融合在一起。

在公司里，有很多员工，这些员工的性格不同，能力大小不同，特长不同，甚至还可能存在极个别“全才”、“怪才”，老板要思考如何将这些人融合在一起，打造一个完美的团队。

真正有能力的老板，会使诸多不同都整齐化、系统化。正如阿里巴巴创始人马云所说：“进了公司，就是朋友，我是捏他们的水泥，他们是石头。阿里巴巴也是水泥，沙滩上小的石头，可以捏在一起抗衡大公司。”

(2) 了解员工的心理。

为了打造一支优秀的队伍，老板要根据员工及群体的外部特征来推测、判断其行为动机、心理活动和行为倾向。在与员工接触的过程中，老板首先要通过对方表情来了解对方的想法和态度。此外，还要根据仪表、外在的气质，以及他人的评价，来判断员工的性格、能力，近而在管理中有的放矢，发出适合员工的命令。

老板只要在工作中发挥自己的情商，扮演好“水泥”的角色，将各个员工的能力完美地黏合在一起，这样公司一定会越来越好，打造出一个完美的辉煌!

6. 不聘用一个经常在竞争者之间跳跃的人

现在，有很多职场员工在离职后，天天骂原单位，有些人甚至还出书来抱怨前老板，透漏一些公司内部的消息。马云非常厌恶这样的行为，他认为这些人是最不职业的人。当我们离开一个单位之后，无论在这里是否过得舒心，最聪明的方式是少加评论。过往的一切不论谁对谁错，我们都应该向前看。这是一个正确地对待工作以及原先公司的态度。所以，马云建议："日后如果你在一个单位干得不舒服，离开的时候别抱怨，抱怨更显得你对人的不尊重。你可以说我一年内学到了很多，有痛苦有快乐，但是我更看中未来的发展。"这是马云对待这类事情的态度，也是马云欣赏的职场员工应有的素质。

马云有一次做评委的时候对其中一名选手说："现在很多企业，很多人愿意跳到竞争对手那儿，我自己不愿意聘用一个经常在竞争者之间跳跃的人。或者从竞争对手那儿跑我这里来的人，他也很难，我问他原公司怎么做，他怎么回答我？回答了我对不起原来的同事，不回答我他对不起我，这是一个职业道德问题。"是的，马云的话一针见血地指出了跳槽者面临的最大尴尬，而对于老板来说，雇用这样的员工，也可能就是在自己的身边安装了不定时炸弹，你不知道什么时候，自己的公司就会被一个普通员工给出卖了。即使核心技术不会泄露出去，也可能一些个人原因而使得公司的名誉受损。

马云认为："跳槽多的人就像结婚了又离婚、离婚了又结婚、结婚了又离婚的人，这样的人并不可靠。"所以在招收员工时，马云会很看重这位员工是不是一个经常在竞争公司之间跳来跳去的人。如果是，那么他坚决不用，即使这个人有着非常优秀的工作能力，他也会慎重考虑。因为一个企业重视的绝对是一个人在一个固定的企业呆过多少年，学过多少年，交了多少学费。倘若一个人频繁地换工作，一方面说明他自身肯定存在着一些问题，另一方面也说明了这个人在这几年并没有积累多少工作经验，反而因为频繁的跳槽失去了学习的好机会。

众所周知，情商由识别感情、利用感情、理解感情和调整感情四种能力构成，这四种能力在情商发挥作用的过程中，相互独立又彼此影响。识别感情能力高的领导，对身边的事情非常敏感，特别是能识别出员工现在是一种什么样的心情。2005 年 8 月，阿里巴巴正式收购了雅虎中国的全部资产，阿里巴巴和雅虎中国“联姻”。可是正当马云准备庆祝一番的时候，就听说几乎所有的雅虎中国的员工都接到了“猎头”的电话。马云感到了事态的严重，迅速在雅虎中国做了一些调整，终于稳定了自己的队伍。

经过这次事件，马云对于“挖墙脚”这种事深恶痛绝，自己也绝不会“挖人墙角”，因为那不符合阿里巴巴的价值观，也不符合马云的做事准则。马云常常说：“我们不希望挖过来的人变成‘不忠、不义、不孝’的人。”一个企业的发展，需要领导者有着正确的价值观和工作态度，如果只是一门心思投机取巧，最后只能是搬起石头砸自己的脚。

对于一个企业来说，员工是企业的根本，如何提升员工的忠诚度也是他们要解决的首要问题。有的企业采用了一种口号式的方法，对新员工开设“忠诚员工”课程，要求员工上班时喊效忠的口号。其实这种说教式、命令式的口号如同“掩耳盗铃”，只是满足了公司高层的虚荣心，对于真正提升员工的忠诚度起不了什么实际作用，大多数情况下还会引起员工的反感情绪。真正提升员工的忠诚度要从公司的日常事务中下手，这与更合理化、人性化的管理与分配、嘉奖制度的出台是密切相关的。每个公司只有正视这个问题，才能更好地激励员工，提升员工的忠诚度，这样才不会在市场竞争中处于劣势。

其实无论什么时候，提升员工的忠诚度，留住员工的心都是老板要主要思考的问题。老板可以采取以下的做法：

首先是了解员工自己喜欢做的事，尽量将他们喜欢做的事安排给他们。一位管理学家说："如果你让别人干得好，就得给他一份恰当的工作。"衡量一份工作对一个人是否恰当，关键是看他是否有兴趣、有热情。当他喜欢做现在的事情时，他就会将自己的精力集中在工作上，这样工作效率也能够提升上来。

其次，多给员工一些发展的机会。留住人才的上策是尽力在公司里扶植他们。在信息市场中，学习绝非空耗光阴，而是一种切实需求。大多数员工都明白，要在这个经济社会里生存下去，只有不断锐化自己的能力。

然后，是建立自我管理团队。员工最喜欢的是能够授权赋能的公司，多给员工一些授权，能够吸引员工的兴趣。还有，让员工共享企业所有权，员工获得工资仅是获得报酬的一部分，作为财富创造者还要以绩效工资、员工持股等形式与出资者、经营者共同分享企业的成功，承受企业的失败。如果能让员工当家作主，那么，他就会与公司共进退了。

最后是要创建心理契约型管理。所谓的心理契约指的是"一套由员工个人持有的关于员工和组织之间互相认同的信念"。让员工感觉到他已经被组织许诺将有竞争优势的工资、提升机会、职业培训和丰富化工作等，在员工心中作为平等交换的将是为组织发展贡献自己的精力、时间、技术和真诚。这是一种隐含性的契约，类似是一种投桃报李。在管理实践中，要留住员工的心，就要跟踪员工心理变化轨迹，公开交流和沟通，修正和加强心理契约，使员工有信心在为企业工作的同时达到自己的预期目标，最终让职业忠诚同企业忠诚达到完美结合。

7. 外行人要用“尊重”领导内行人

古语有云：“劳心者治人，劳力者治于人。”内在素质越高者，成为领导者的级别也越高。一个成功者的标准并不是事事精通，而是能够领导各个方面的精通人士为自己服务。一个人的力量总是星火之光，只有将万人的优势结合在一起才能形成燎原之势。因此练就一番聚集人才的本领就显得尤为重要。马云在这方面做得可谓炉火纯青，他总说，外行人要用“尊重”领导内行人。

一般来说，企业的文化是吸引人才的重要原因，但如果是初创企业，企业文化氛围尚未形成或者还不够成熟的时候，领导者的个人魅力就起到举足轻重的作用。马云就是最好的例子。

事实上，一个领导者最核心的竞争力就是情商。对于众多专业技能而言，马云这个外行人，创业十几年来，无数精英投靠到他门下。一般人面临学历、资历丰富的人，都会不由得紧张，生怕什么地方出丑现眼。马云却一点都没有这样的顾虑。他坦承：“十个有才华的人有九个是古怪的，总认为自己是最好的，你要去包容他们。男人的胸怀是被冤枉撑大的，越撑越大。”

在阿里巴巴内部，大家把马云当做一个朋友一样对待，不会因为他是公司的老板就对他产生畏惧的心理。也同样，马云也不会因为自己不像那些精英拥有高学历而感到自卑。他们常常在一起讨论一些专业问题，也常常吵得面红耳赤。但这并没有影响他们之间的关系，反而更加增进了大家的感情。有一次，他受邀到哈佛大学演讲，哈佛的 MBA 们被他睿智和幽默打动。听完讲座，哈佛精英们纷纷找马云签名、合影，还有35个MBA当场拦住马云，要求与马云一起回阿里巴巴工作。

在马云看来，领导者的艺术无非是这三样：眼光，胸怀和实力。眼光，读万卷书不如行万里路，见过的景色多了，眼界自然就开阔了。比如，一个人在自己的镇上是最权威的，跑去大上海一看，发现自己很平凡，再到纽约、东京一看，啊，原来自己这么渺小。所以，眼光比别人看得远，别人就会钦佩。做领导者一定要有胸怀，身为领导，自己不懂没关系，但要懂得容纳内行人。最后，你会发现自己面对再大的暴风雨，也能气定神闲。你一次次地失败，一次次地被打倒，再站起来，再被打倒又站起来，这时候，实力便产生了。这道理就像打架，不是对手出拳有多准多狠，而是对方打在自己身上，你一点反应也没有，这就叫实力。所以，“一个领导者，如果能够眼光比人好，胸怀比人大，实力比人坚强的时候，你可以和任何人合作。”

正因为如此，马云这个外行才可以领导着一群内行。他不懂技术，却能让最优秀的技术人员为他开发新成果；他不懂财务，却能把最好的财务官请来为他投资理财；他不懂管理，却能把最好的管理者请来为他规范管理。也就是因为他什么都不懂，所以永远跟内行吵不起来。如果技术人员说这样做，马云就会说：“好，你就这样去做吧！”有一段时间，马云就像公司里的“技术检查员”，每当有新产品产生的时候，马云都会亲自试验一下。就算技术人员说这个产品非常好，马云自己不会用，也不会把它推广到市场上去。马云常常说：“我们做出来的产品是要给普通人用的，那些人就和我一样没有产品方面的专业技能，所以我们的产品必须做到简单容易操作。如果达不到这一点，那么就很难在市场上立足，公司的发展也会走下坡路。”

其实，就是这样推己及人的理念才有了一个十分受中小企业家欢迎的兼具人性化与便于操作的阿里巴巴网站。马云常说：“我对技术方面不懂，也没有觉得很丢脸。不懂就是不懂。正因为我不懂，所以我尊重别人，与人沟通，听专业的意见。另外，不懂的人想出来的事情往往比较朴素。所以，很多时候需要一些不懂的人在公司里面。但是，不懂的人千万不要装懂，不然麻烦就大了。”那么一个外行领导者怎样才能练就马云这种超人的能力呢？

首先，这个外行虽然在这个企业所处行业来说是个外行，但在管理上却一定要是一位十足的内行，这是他能够领导内行的关键原因。其次，这个外行领导需要具有更宽阔的视野和更客观的视角。正如马云自己不懂电脑技术，他推想大多数客户和他一样不懂，因而，他要求做出来的软件必须非常简单，而且都必须通过他的测试。外行由于不懂技术的细节，就更容易站在客户的角度考察技术的方向，抓住技术的本质特征进行思考，从而正确地做出重大的方向性决策。此时的“不懂”就变成了优点，精通有时反倒成了局限。

许多公司并不缺少能干的人和技术天才，但是总不见公司发展，其原因可以归结为以下几个方面。首先，要有人格魅力。和蔼可亲对于一个身居要职的人来说是难能可贵的品格，即便性格和能力不算好，如果心地善良、待人真诚也是很有帮助的。其次，领导者要善于激励士气，传授工作经验，解决员工的问题，必要时还得自己跳出来打仗，这样的领导者平易近人才是最被推崇的。第三，勇做表率，敢于开拓思路，大胆尝试，带领大家一起翻越高山、替员工遮风挡雨的领导，才能成为最受员工喜欢的人。第四，作为领导，必须心胸宽广，善于包容各种质疑和声音。第五，作为一名领导者，有远见是至关重要的。这样的领导者往往会得到大家的信任和拥戴，足以使追随者心甘情愿地为企业贡献力量。最后，拥有极强的领导和决策能力，这样的领导者，才能从根本上得到员工的尊重甚至仰慕。

“闻道有先后，术业有专攻。”每个人都有自己独特的优势，马云正是看透了这一点，充分发挥每个人的优点，承认别人的长处，尊重他人的劳动成果，才造就了今天的阿里巴巴。成功从来都不是偶然的，每一个人成功的背后都有其独特秘诀。你并不需要事事精通，你只要能充分调动事事精通的人为你服务就可以了。外行人用“尊重”领导内行人，马云道出了领导的秘诀，更阐明了成功的真谛。

8. 不让“雷锋”穿补丁衣服上街

你也许愿意成为“雷锋”，但是你愿意成为穿着补丁衣服上街的“雷锋”吗？马斯洛理论认为：“要使一个人追求自我实现的境界，则必须先满足其最基本的物质生活的需要。”只有当物质生活等这些匮乏性需要得到满足之后，人才能够最大限度地发挥自身能力来达到创造的需要。

马斯洛理论正好印证了马云的“不让‘雷锋’穿补丁衣服上街”的理论。它与牛根生的“财聚人散，财散人聚”的思想是相融相通的。由牛根生的思想可以这样解释马云的理论，这世界上挣了钱的有两种人，一种是精明人，一种是聪明人。精明人竭泽而渔，企业第一次挣了 100 万元，80% 归自己，然后他的手下受到沉重打击，结果第二次挣回来的就只有 80 万元。聪明人放水养鱼，他第一次挣了 100 万元，分出 80% 给手下人，结果，大家一起努力，第二次挣回来就是 1000 万元！即使他这次把 90% 分给大家，自己拿到的也足有 100 万元。等到第三次的时候，大家打下的江山可能就是 1 个亿。再往后就是 10 个亿。这就叫多赢。独赢使所有的人越赢越少，多赢使所有的人越赢越多。所以，精明人挣小钱，聪明人赚大钱。精明与聪明，一字之差，却相差千里。这就从另一个角度说明了企业家要想收获更多，必须懂得分享。

2007 年，对于阿里巴巴及其员工来说是不同寻常的一年。因为在这一年，阿里巴巴成功上市，而且在阿里巴巴收盘时，股价高达 39.5 港元，较发行价 13.5 港元涨了 192%。这样一来，许多阿里巴巴的普通员工摇身一变就成了百万富翁。而那些从创业开始就留在公司里的老员工，更是出现了很多新的千万富翁，甚至是亿万富翁。连阿里巴巴旗下的子公司，也在这时候发了一笔小财。大家一起实现了最初的致富梦。这让阿里巴巴一下子就变成了中国互联网行业中最大的“富人团”。而马云的身价更是一路飙升至近75亿港元。这个爆炸性新闻立即在互联网行业中以及整个社会上传播开来。

号称“十八罗汉”的阿里巴巴创业团队，终于为自己多年的辛苦努力赢来了应有的丰厚回报。就是在那一天，那些在几年前怀着尝试心态加入阿里巴巴的年轻人，终于为自己的当初选择感到从未有过的庆幸。据当地媒体报道：“在杭州总部，新生的富人帮用舞狮来庆祝胜利，‘人人都爱IPO’的海报贴得铺天盖地。买房买车的计划，顺理成章地成为阿里巴巴员工所要考虑的头等大事，阿里巴巴公司里早已出现了兜售奥迪A4的广告。股票发行当天，由珠宝商周大福特制的纯金纪念吊坠，也开始在阿里巴巴杭州总部发售。”

谈到为什么会出现这样的“团体富裕”效应，马云说：“由于任何人的成功都离不开企业和团队这样一个平台，所以，当这个企业盈利的时候，不要忘记这些付出过劳动的员工们。当‘雷锋’分享了团队的成功果实，得到自尊的满足之后，才会创造出更多的财富。”一个良好的团队，不仅需要精神上的鼓励，更需要物质上的支持。所以，创业者取得成就的时候，千万不要忘了一起拼搏努力过的团队成员。只有分享，才能共赢。

在电视节目《赢在中国》中，马云曾经对一位选手这样说道：“你有很多优点，比如说善良，有激情，懂得适当的幽默，还很会讲故事。但是在建设团队中有很重要的一点你要记住，那就是‘我们需要雷锋，但不能让雷锋穿补丁的衣服上街去，让他们分享成功是很重要的’，如果员工离开了你，不能够因为他不再为你工作就取消他应得的财富。如果用过于苛求的态度对待员工，对于他们的工资福利也不够重视，那么这家企业的发展是存在很大的隐藏风险的。”

的确，天下没有免费的午餐。没有人愿意无条件地为你付出，在生意场上更是如此。你的员工肯尽心尽力地为你工作，除了因为仰慕你的人品之外，更重要的是你能满足他对生存的要求。愚蠢的领导者读不懂员工的真实想法，或者读懂了却不愿意满足他们的要求，吝啬而蛮横，其结果，不但没有得到员工应有的劳动反而失去了更多的劳动源。聪明的领导者则看到并且重视了这一点，满足员工的隐性愿望，这不仅获得了超过原来数倍的努力劳动，更笼络了人心，让本忠于你的员工更加忠于你，原本摇晃不定的员工变得坚定了。

在公司创业的过程中，领导者要不断地引导大家融入团队，使所有人都觉得自己是创业的一份子，马云就是把这种使命感不断布道给员工的。于是，企业的使命感就出来了。人们通常会事不关己，高高挂起，只有与自己相关的东西自己才会尽全力去投入和经营。公司也是一样的，只有让员工有了使命感，觉得自己就是公司的一部分，他才能倾尽全力地为公司努力和奋斗。作为一个企业，在精神上要有使命感，物质上则要有分享机制。马云深知大家共处一个价值链，共处一个系统，所以一荣俱荣，一损俱损。因而，当他挖到第一桶金甚至是 N 桶金时，他的团队始终跟他一起分享成果。

学会分享，放出长线才能钓到大鱼，鼠目寸光永远得不到成功，只有付出了别人无法付出的代价才能得到别人无法企及的成功。一个领导者拥有优势时，学会保护自己并没有错，但要明白，要想继续强化自己的优势，就必须学会共享。合作才能共赢，你给他的是看得见的可再生的财富，他给你的是看不见的不可再生的衷心，财富没有了可以再创造，人心失去了却很难会回来。用有限有形的财产去换取员工的衷心和奋斗，这笔账对于谁来说都是不吃亏的。毕竟，一个真正成功的企业家更看重的是企业长远的发展，而并非眼前的蝇头小利。

第八章　马云的竞合情商：合作伙伴成功，你才能成功

随着经济全球化趋势的不断加深，企业想独自作战是不现实的，合作显得尤为重要。古希腊有句谚语："你有一种思想，我有一种思想，我们两个人交换，每人就有两种思想。"所以，积极地寻求合作伙伴是事业进步的必由之路。马云能够与客户维持良好的合作关系得益于其高超的合作情商：把客户放在第一位，客户的成功就是自己的成功。

1. 成功从了解市场和客户开始

每个在商海中打拼的人都非常清楚，顾客就是上帝，客户的需求就是我们改进的动力。让客户满意就等于给自己增加了收益，让客户满意，才能为以后的合作奠定基础。如果哪个企业敢说自己不用同别人合作，那么这个企业也就无法存在下去，因为他忽视了一个重要的商业法则——合作。

马云在当初建立阿里巴巴时，为了想一个能为广大用户所熟知的域名，可谓是绞尽脑汁，费尽心机。也许有人会说，不就是一个名字吗，何必费这么多心思？这种想法是不对的。在马云看来，名字是客户对一家企业的第一印象，如果名字简单好记的话，那么就能够在短时间内进入大众的视野。名字取得好，可以说是建立一个成功的企业的第一步。正因为这样，马云才冥思苦想，终于在“阿里巴巴，芝麻开门”这句话中找到了灵感，最终确定公司的名字为“阿里巴巴”。因为阿里巴巴，让人们记住了马云，记住了他亲手缔造的互联网商业帝国。我们不得不佩服马云，就这么一个简简单单的名字，他都去为用户着想，让他们很快地记住。这样做，不仅方便了用户，更给自己带来了大量的客户。

支付宝这个产品，同样是在对市场和客户有了充分的了解基础上产生的。随着电子商务的发展，淘宝被越来越多的客户所了解，也有更多的人愿意足不出户地买到自己需要的产品。这个时候，网络安全、交易安全就成了大家最关心的话题。为了解决这个问题，马云深入市场进行调研，大量听取网络商家同消费者的意见，决定在淘宝跟用户之外另建立一个第三方支付交易平台——支付宝。这样，支付宝用户生活中的各种消费和结算，几乎都能够通过“支付宝”这个平台来实现。这种便捷、有效、安全的特性，一下子激爆了网上的交易。正是由于支付宝对于网上交易的贡献，因此它被誉为“电子商务发展的一个里程碑”。

试想，如果当初的马云对此现象坐视不管，那么很可能引起不必要的纠纷，甚至会使淘宝面临一次重大的信任危机。不过，马云就是马云，不是别人，他意识到了这一点，意识到了他的用户存在着危险，如不马上解决问题，很可能会损害这些客户的利益，从而影响今后的合作。

于是马云做出了让广大客户满意的改变，赢得了他们的信任，并且通过这一改变让自己又在这个领域迈出了一步，为今后的合作发展打下了坚实的基础。我们不得不再次佩服马云超高的情商在发挥着作用，他深知先人后己，先去满足别人的要求，赢得别人的信任，才能更好地同他人合作并且取得成功。

马云的阿里巴巴之所以成功，其秘诀是“去帮助客户赚钱，让天下没有难做的生意”。马云说，阿里巴巴的目标非常明确，就是帮客户赚钱。要实现这一目标，首先就要对自己所服务的人群有一个清醒的认识。如果对客户了解得不够，就很容易地想当然，推出的产品和服务也就很难真正受到大众的欢迎。只有像了解自己的朋友一样去了解他们，才能让企业真正赢得客户的信赖。

每个商人都有为自己赚钱的心理，每个企业都有自己的生财之道，可并不是所有的商人都跟马云一样，所有的企业都跟阿里巴巴一样。相反，也正因为如此，马云跟他的阿里巴巴叱咤中国商界几十年而屹立不倒，这其中的缘由已经很明显了：先满足客户，再进行合作，最后所取得的肯定是双赢。

营销之王史玉柱曾经说过“谁消费我的产品，我就把他研究透”，史玉柱没有空说，他在事业刚起步阶段，跑遍了无锡几百家药店，去跟他的“上帝”交流，这样第一手市场信息就掌握在了他的手里。最后史玉柱在

总结当初的经验时说："若要做好营销，必须了解消费者需求什么。"具体我们应该怎么做呢？

（1）要想获得有价值的第一手信息，就必须勤奋。

比如，为了完成大量实地调查，史玉柱花费了很多时间跑到农村去，甚至经常待在药店里，去跟他的"上帝"们交流。开拓无锡市场时，他把当地几百家药店都跑过一遍，对市场有了真正的了解和认识。此后，每次启动一个新市场，他都这么干。勤奋敬业，让史玉柱拥有了发言权，对营销的把握很到位。

（2）管理好团队中的营销人员。

做好市场营销，不能凭借老板一个人的力量，把自己的营销理念灌输给下属，并督促他们做好执行，往往更重要。如若不然，只会让自己变得更累，反而事倍功半。就拿史玉柱来说，他对市场业务的检查方法很怪异，喜欢临时改变检查路线，专奔乡镇地区一些小店，进门先看产品包装上有没有灰，再看生产批号，然后跟店主聊。这样下来基本就对当地的业务员工作有了大概的了解，发生了问题，也能够及时纠正。

所以不管是在互联网领域也好，在营销领域也罢，若想成功，不仅要有敏锐的思维、良好的经济头脑，更要讲究与人合作。马云同史玉柱的事例已经充分证明了这一点，了解了消费者就如同抓住了市场的命脉，设身处地地为客户着想，总是不会吃亏的，满足他人就是满足自己，能够同他人合作就等于为未来赢得了信心，为自己赢得了成功！

2. 为客户提供贴心服务

当今社会评价一个企业是否优秀的标准不仅仅是规模、员工数量这些硬性指标，而是更多的倾向于看这个企业的服务质量，即无形的企业服务文化。现在，如果留心就会发现，那些屹立于各个领域的优秀的如常青树般的企业，之所以长久不衰，其生产的产品深受广大消费者喜爱，不仅仅因为产品的质量好，更重要的是其为客户提供的贴心服务，这样的企业，其一切为客户服务的理念已经形成一种文化，在无形中滋润着企业茁壮成长。

作为中国互联网领域数一数二的巨头公司，马云的阿里巴巴也同样拥有这样的服务文化，在当初建立阿里巴巴时，马云就将其定位为一个服务性公司。马云说："阿里巴巴的存在，不应该仅仅是为了我们自己赚钱。我们给企业的定位是，要做成一家服务性质的公司，要让那些中小企业通过我们来获取更多的信息，赚取更多的利润。"在当时的情景下，马云通过其敏锐的嗅觉已经预感到在互联网上交易产品的巨大商机，他没有错过这个难得的机会，通过阿里巴巴这个网上平台，马云将中小企业很好地聚拢起来，为他们提供产品销售的网上信息和渠道，在阿里巴巴的贴心服务下，一些中小企业成功打开了销售渠道，从而实现了企业的良好发展。

事实上，马云的这一决策非但没有失败，反而提升了阿里巴巴的形象和口碑。在这些中小企业迅速发展起来之后，阿里巴巴又帮助更多的企业获得了发展机会。这样一来，阿里巴巴真正成为了中小企业心中的带头人、好帮手。在电子商务领域，人们知道了阿里巴巴这个名字，知道了马

云这个人。

人们现在的生活几乎离不开淘宝，小到首饰挂件，大到家用电器、家具几乎都可以在淘宝上买到，而且很方便地实现网上付款送货到家，这样的情景在淘宝刚创立时是不敢想象的，因为在淘宝上购物人们始终担心诚信问题，比如网上的物品是否同实物一样？付过去款能否给送来货？为了解决广大消费者的难题，为客户服务好，马云创立了支付宝，支付宝的建立一下子解决了这些问题，人们可以放心大胆地在淘宝上购物了。

其实，早在支付宝诞生之前，阿里巴巴曾创立过“诚信通”和“中国供应商”，为中小企业服务，这两个产品的出现同样大大改善了电子商务领域的诚信交易状况。马云认为，在 B2B 这个领域里，资金和技术都是可以通过其他渠道获得的。资金不够，可以去找投资人来投资。技术不行，也可以聘请专业的技术人才。只有服务态度这一项，是必须要靠自己实实在在的工作来完成的。对于客户来说，一个好的服务往往会成为今后继续合作的链条。如果这一次客户没有得到想要的服务，下一次就不会再来找你。所以，谁能够为客户提供更优质的服务，谁就能占领市场。

众所周知，现在大多数在各自领域做得比较出类拔萃的企业，它们生产的产品很贵，可还是会有很多忠实的消费者来购买它们的产品，比如说麦当劳——全球最大的快餐企业——24 小时昼夜为消费者服务，这就明显看出这个企业同其他同类企业的不同；还有全球著名希尔顿大酒店，以服务周到赢得了客户很好的口碑，其酒店几乎遍布世界各地；再比如更贴近我们生活的海尔电器，海尔在最初创建时不过是个只生产冰箱的小公司，可是为何在短短十几年一跃成为中国家电第一品牌？靠的是什么？靠的就是严格的管理制度和贴心周到的售后服务。北京一家酒店推行了一项“24 小时贴身侍从”服务，这是一项全天候、全方位为客户提供各种需求来满足客户的服务，旨在通过这项服务来打造酒店特色，用酒店的真诚跟专业来打动客户，这也不失为一种服务的高级方式、一种更深的服务境界。所以，服务好客户对于一个企业来说有多么重要已经不言而喻了。

企业员工就是企业的名片，员工的服务就是对这个企业产品的重要检验。若想赢得客户的心就必须始终站在客户这边，替客户着想。如何来打动客户的心？作为一名普通员工，必须在各个方面做到一切为了客户，言谈举止要让客户看着舒服，要经常同客户谈心，争取能够成为客户很好的朋友。有的企业员工，尤其是在服务行业，当企业利益同客户利益发生冲突时，总要先考虑企业的利益，从而忽略了客户的利益，这样做的后果无疑是丢了客户，失了信誉。对于企业来说，想要提高服务质量，可以从以下两个方面改进：

（1）站在用户立场提供优质服务。

在卡特皮勒公司的广告宣传上，有这样一段话："凡是购买我们的产品，不管你在世界上哪个地方，只要有更换零件的需要，我们都会在收到通知的48小时内为您送到。否则，我们将会为您提供无偿服务。"可见，只有站在用户立场考虑问题，真正考虑到了用户的需求和利益，才能获得用户的支持。

（2）将心比心做管理。

一个不争的事实是，现在的商业越来越重视"人性"的价值。老板如果能够在处理各种问题的时候做到将心比心，又不破坏基本的商业原则，往往能取得更加良好的管理效果，赢得顾客的信任，提高企业盈利。

聪明的人会先照顾到客户的利益，让客户满意，让客户做个满意的回头客，以后的生意才有的做，不要总为那些蝇头小利失去了企业最有价值的信誉，永远要记住：客户是企业的摇钱树，服务好客户就是为自己收获最大的财富。

3. “冬天”要从客户那里寻找能量

不是每个企业在发展的道路上都是一帆风顺的，就像每个人的一生都要遇到这样那样的困难。遇到困难并不可怕，可怕的是畏惧困难，不敢前进，从而迷失了前进的方向。不管是我们在创业的过程中还是企业正在发展的时候都难免遇到瓶颈时期。这时候我们就要运用智慧来为自己增加信心，为企业添加能量、注入活力，而这些能量和活力往往来自于那些我们平时合作的客户，虽然可能我们认为自己同客户不过是互利的关系，但是我们又不得不承认，客户不仅可以为我们锦上添花，更能为我们雪中送炭，在我们最困难的时刻，不能去求助对手，求助的后果只有被吞并，我们要去客户那里寻找能量。

如今，阿里巴巴不仅发展成为中国互联网行业中顶级的电子商务企业，在世界的电子商务领域里，也是一个不容小觑的强有力的竞争对手。可是，谁又能想到，今天看来风光无限的阿里巴巴，却在发展的道路上经历过不少挫折和磨难。马云，这个被媒体称为“怪才”的商业才子，曾经也有过十分痛苦的时候。

谈到最开始创业的时候，马云这样说：“当时我们 7 个人在杭州湖畔花园创业，要做的就是给中小企业推销产品。为了能够让更多的企业知道我们，我们就自己先把东西挂在网上。刚开始要每个人找 4 件商品，一共 28 件在网上挂出来，可是我怎么也找不出 4 件产品来。于是最后，七凑八凑，7 个人凑出了 17 件产品挂在了网上。可是并不是有了东西就会有人买。由于知名度不高，没有多少人知道我们这个网站。我们就自己买自己的，以此来刷我们的信誉度。后来有一个客户挂上去一个，我们就赶紧买下，由于当时客户少，挂一个买一个，还能够应付得来。但是这种情况很被动，我们只能等待别人把东西挂在网上，这个等待的过程是很难熬的。现在很感谢那些客户的支持，没有他们就没有现在的我和现在的阿里巴巴。”

可见，当时的马云也在为如何推销自己而犯愁，也是从失败的经验里一点一点爬出来的，在当时那样的环境下，如果没有那些一如既往支持和信任他的客户，恐怕他的创业历程将会更加艰辛。所以，这样的事例也启示我们，永远不要去忽略你的客户，在你最危难的时刻，也许就是这样一两个信任你的客户拯救了你。

做客《赢在中国》栏目时，马云说道：“在创业过程中很艰苦，当你遇到困难时，记住要用你的左手温暖你的右手。”其实，做企业就跟做人一样，你不可能一直一帆风顺，总要有遇到荆棘的时候，那么这时候你要做的不是去垂头丧气，埋怨别人，懊恼自己，你要做的就是去找到问题的解决办法。解决的途径可以是通过自己，也就是马云说的，用你的左手温暖你的右手，自己给自己以信心；还有就是通过那些同我们有着合作关系的客户，只要你信得过他们，只要你们之间还存在着合作，那时会有人帮助你的，因为在那些客户遇到事业的“冬天”的时候，是你帮助了他们。合作不是一味存在利益关系，真正的合作就是，无论在什么时候对方都会帮助你，会跟你合作。

刚创业时，马云还坚持客服在线一对一，每个人都有个人邮箱，用来回复客户提出的疑问。其实用机器来回复会节省很多时间。但是马云却不这样做，因为他知道，在创业初期，最重要的就是留住客户，而想要留住客户，就必须比其他公司做得更人性化，服务得更到位。所以，常常会有客户收到凌晨一两点发来的邮件。最初客户都不明白怎么这么晚了，阿里巴巴的员工还会发邮件。面对询问，阿里巴巴的员工是这样回答他们的：“我们一直都在线，愿意为您提供最及时的服务。”听了这

个回答，客户非常感动。就是这样，阿里巴巴渐渐打出了名气，固定用户也越来越多。

全球泡沫金融危机时，很多互联网公司都受到了不同程度的影响和冲击，就连新浪、腾讯、搜狐等有名的网络公司也没能逃脱。可是阿里巴巴的损失却很小，原因就在于马云懂得调整和客户的感情，始终和他们站在一起，互相取暖，一起存活下去。当时，马云在同阿里巴巴董事开会时提出："在这次金融危机的背景下，我们要做的只有两个字'活着'，要依靠我们自己，包括同我们一直合作的客户一起'活'下去。"这时的马云意识到了在这个寒冬，要同客户相互取暖，这样才能将损失降到最小。在这次巨大的金融危机面前，马云又一次拯救了阿里巴巴，非但没有业绩亏损，反而使企业盈利增加。人们不得不赞叹马云的魄力。仔细回想，其实马云只是在危机面前处理好了同客户的关系，同舟共济，共渡难关罢了。

在众所周知的美国硅谷，这个世界网络科技中心，每一分每一秒都是在同对手竞争，稍有不慎就会被淘汰出局。所以，在硅谷中有句话：拿出你最好的产品来击败你原有的产品，拿出你最好的服务来击败你原有的服务，忽视你的竞争者，重视你的客户群。我们可以看出，在严酷的竞争环境下，你只有做出让客户最满意的产品才能掌握市场的主动，赢得先机。

顾客是企业的命根子，竞争对手固然重要，但决定你命运的一定是你的客户。没有哪个企业可以脱离客户去发展，你可以忽略你的对手，但是你绝对不能忽略你的客户，而且要想成功，你必须要每天去想他们需要什么，怎样做才能体现客户的价值。如果可以的话，你可以同客户从合作关系变成朋友关系，因为这样的话，在你遇到事业的"寒冬"时，一定有人给你温暖，在你疲惫不堪时，一定有人给你能量，而你要做的就是去跟客户搞好关系，最好待他们如上帝！

认清自己的定位，从客户的角度考虑问题，永远站在客户的立场，不管是在自己顺风顺水还是遇到挫折时，首先第一个要想到的应该是你的客户，因为没有他们就没有企业的明天。能跟客户搞好关系的推销员一定是个好的推销员，能将企业同客户紧紧联系在一起的管理者才是一个优秀的管理者。马云做到了，那么我们是不是也可以学习呢？不要去吝啬你的那些话，不要去碍于你的面子，大胆同客户去交流、去做朋友，成功时一起分享喜悦，失败时一起共渡难关，这就是我们需要的，也是一个管理者和一个企业必须做到的。

4. 逢敌亮剑，光脚的不怕穿鞋的

“一金铸成千滴泪，一将功成万骨枯。”这是亘古不变的规律。非常之事，必须有非常之人来完成。对于想赚大钱的老板来说，尤其需要明白这个道理。做生意的人，开始可能什么都没有，但要勇于竞争，好比狼捕食羔羊，如果狼不够凶狠，就会变成青草。作为老板，对市场不敢于尝试，就会变成乞丐。

既然是生意人，看到赚钱的机会就要果断地冲上去，即使是踏着对手的尸体一点一点爬到胜利的顶峰也在所不惜。这种狠劲儿，虽然看起来犹如狼一样霸道，却为商界中不可缺少的素养之一。正所谓逢敌亮剑，商界里没有必要显示慈悲之心，只有正面交锋，才能一决高低。

21 世纪初，中国的网购模式并未成型，而美国的网购已经成为一种时尚。当时中国最大的在线拍卖企业“易趣网”和美国全球 C2C 霸主 eBay 网强强联手，企图霸占中国庞大的潜在市场。

就是在这样的强劲对手和残酷竞争面前，马云没有退缩。2003 年 7 月，阿里巴巴正式宣布投入 1 亿元打造 C2C 的交易网站淘宝网。同时，当时在上海的原“中国易趣网”总部，在美国的 eBay 总部，也在酝酿一场“封杀淘宝”的计划。但是，面对这样艰难的竞争环境，马云并没有放弃。他做好准备，迎难而上，最终打了一场漂亮的胜仗。

2004 年 2 月 17 日，阿里巴巴召开新闻发布会，称“阿里巴巴再次获得软银 8200 万美元的战略投资”。当年 7 月，马云宣布：“阿里巴巴在原有 1 亿元投资的基础上，对‘淘宝’再追加 3.5 亿元的战略投资，力求

‘将淘宝网打造成为中国 C2C 市场超重量级的服务商’。”虽然时隔不久，eBay 公司也向 eBay 易趣投入 1 亿美元资金，但是由于自己的用户数量远远不如淘宝，所以难以改变失败的结局。

2007 年 8 月 30 日，TOM 在线宣布启用“易趣网”全新平台，易趣正式脱离 eBay，长达四年之久的 eBay 易趣时代正式宣告终结。自此，淘宝成为中国 C2C 老大，真正占据了中国互联网电子商务的第一把交椅，成为中国最大的电子商务网站，也在国外打出了名气。此后，淘宝又搭建了一个庞大的商业生态系统，包括了买家、卖家、支付、物流、金融、搜索等体系，这一开放以及完全自由竞争的生态圈改变了传统企业做生意的方式，也改变着广大消费者的消费行为模式。

如今，提到淘宝，也许没有几个人不知道。它已经深入到我们的生活里，改变了我们的生活方式。越来越多的人喜欢在电脑上购物，既节省了时间，还获得了新的上网体验。而马云之所以能让淘宝网越做越大，越做越强，与其阿里巴巴平台支持密切相关。2008 年，阿里巴巴融入淘宝后，弥补了这一商务生态系统的一个缺口——营销，和淘宝系统内的这些体系形成优势互补作用，释放企业和个人用户的品牌营销需求，充分挖掘互联网载体的潜力，帮助商家、中小网站和消费者实现了整体利益最大化。

经济市场的竞争异常残酷，要想在残酷的竞争中生存下来，领导者除了拥有未雨绸缪的智慧，凡事深谋远虑、精打细算，还要有敢于竞争的勇气，面对强敌依然敢于挑战，像一只勇猛、机警的狼，带领整个团队杀出一条血路，打开一片天地。

马云老把自己比喻为“蚂蚁”。他认为“蚂蚁雄兵有自己的作战方式，蚂蚁不会跳，但是会爬，能爬到天花板。换种想法说，如果打架靠力气，那要武术干什么？淘宝之所以能够发展为中国最的电子商务网站，原因就在于我们不仅敢于迎接挑战，还会用一些好的计划来战胜对方。”

确实如此。一家企业想要成功，就必须有面对困难的勇气。在强大的竞争对手向自己发起挑战时，要敢于破釜沉舟，近身搏斗。一味的退缩，只会让自己的势力变得越来越小，最后成为一个失败者。拿破仑曾经说过："军队战斗力的四分之三是由士气组成的。"带队伍，就是带士气。士气有了，大家愿意跟你干，做得开心、有劲头，才能"一鼓作气"获得胜利。否则"再而衰"，面对的必将是无奈，到了"三而竭"就只有失落了。

同样的，台湾首富郭台铭领导的鸿海公司也倡导颠覆性的挑战。在一次年会上，郭台铭对大家说："争权夺利是好汉，开疆拓土真英雄。"听到这句话，许多人吓了一跳，心想："这不是在号召大家窝里斗吗？"郭台铭解释说："鸿海是个大舞台，只要你有本事，就可以升到更高的位置，带领大家冲锋陷阵。每个人都有这样的机会，这并不是窝里斗，只是让大家能够凭真本事来获得成功。我不会因为你们拿的钱多、得到的职位太高而吝啬，前提是，你要有真本事，确实是非同一般。"

在商业战场里，你的敌人可能会很强大，是不是遇到强敌就要投降或者绕路而行？这样的企业永远没有生存的空间。唯有敢于挑战"权威"，树立新的权威，才能有自己的立足之处，否则只能是被别人吞掉的命运。

也许你现在什么都没有，就像当初没有淘宝的马云一样，但如果你能像他一样敢于挑战强大的对手，逢敌亮剑，拥有狼的精神，就能同样拥有狼的地位。

5. 永远把对手想得强大一点

人生喜忧参半，做事也是一样，任何事情有顺利的时候，就一定有逆境的时候。只有永远把自己的对手想象得非常强大，才能对抗起来不那么困难。就像现在网络上特别流行的一句话——“你只有非常努力，才能看起来毫不费力。”

马云曾经说：“在行业中我们经常会听到别人谈到对手的问题。我认为把对手想得强大一点是没有坏处的，哪怕它很不起眼，你也要给它足够的重视。这样才能够时刻保持警惕性，不至于犯一些低级的错误。”

的确如此，没有竞争压力的组织最后一定会走向没落和衰亡，只有时时刻刻保持适当的张力，依靠外部的竞争，造成团队内部的冲突和动力，才能发挥其最大的整体效能。一个公司要想得到长足的发展，必须时刻保持竞争压力，这样才能为了目标而不断奋斗，获得最后的成功。

马云是从中国黄页开始进入到互联网领域当中的。从 1995 年的上半年到 1997 年年底的整整两年半的时间，马云为中国黄页倾注了所有的心血、时间、精力和智慧，为中国黄页创造了运营模式和盈利模式，最终为中国黄页创造了年营业额 700 万元的奇迹。尽管到最后，马云并没有在这上面得到什么物质财富，但是在这个过程中，那些所受的苦难、磨难、委屈和打击，却培养了他正确的竞争意识，让马云对经验、教训和失败都有了更深层次的认识。这些在他后来创立阿里巴巴的时候被派上了大用场，可以说，这是永远值得珍惜的精神财富。

1995 年 4 月成立的海博网络技术有限公司是中国第一家网络公司，共创建的中国黄页是中国第一家商业网站，但中国黄页创办仅一个月后，张树新的瀛海威就在北京问世了。在商业大潮汹涌澎湃的20世纪90年代，中国市场上拷贝跟进的速度是令人震惊的。

尽管1995年年末盘点的时候，中国黄页还没开始盈利，但其营业额已经突破百万，离做平只差一点点了。也正是这个时候，马云遇到了他第一个竞争对手——“中国之窗”，这个网站的背景是中科院。虽然实际的威胁并没有多大，但是马云不敢掉以轻心，反而用一种更加警惕的眼光来看待互联网市场。他感觉到，越来越多的竞争对手正在产生，一场新的网络大战正要开始。

果不其然，1996年初，几乎是一夜之间，中国大地上冒出了好几家堪称强大的竞争对手：“东方网景”、“亚信”、“西湖网联”……新生的中国互联网市场的竞争骤然之间变得激烈起来。其中给马云最大压力的，就是西湖网联。

当时西湖网联是拥有3亿多元资本的国企，而中国黄页的注册资本只有10万元。不论是在网站背景，还是在资金和技术支持上，双方的差距都很悬殊。在杭州老百姓眼里，西湖网联是正规军，中国黄页是游击队。正规军打败游击队是没有问题的。但谁都没想到的是，竞争的结果却是中国黄页占了上风。尽管在很多方面都处于弱势，但是凭借着优秀的服务和勇于创新的工作态度，中国黄页最终赢得了更多客户的支持，连杭州市政府都承认，中国黄页做得比西湖网联好。

马云正是把所有的竞争对手都看作是可以将他击败的对手，把所有的人想得都比自己要强大，在真的竞争来临的时候，才能拿出比对方优秀的产品，取得更大的成就。这就是“竞争意识”的重要性，二十年前如此，二十年后依旧如此。马云的中国黄页虽然失败了，但他的阿里巴巴和淘宝网却是成功的典范，这是他将竞争意识延续下来的结果。

“把对手想得强大一点”这一点有多重要呢？美国思科公司总裁钱伯斯说过：“面对同样的竞争，为什么有的企业成为过眼烟云，而有的企业却能生存下来，甚至上升为实力雄厚的大企业呢？关键就在于生存下来的企业和它的员工都具有很强的竞争意识和较强的竞争力。那些忽视竞争对手的企业，往往会在战争真正开始的时候，还没有做好准备，一旦对方迅速发起进攻，就会被打得措手不及。”

浙江利欧股份有限公司一直保留这样一个团队观念：“时刻保持竞争的心态，有压力、有动力地去工作。但竞争并不是你死我活，要在竞争中学习，适时总结经验教训，这样才能让自己变得更强大。”

这些回答，都说明了一个道理：任何一个竞争对手都不能被轻视，否则，下一个失败者很有可能就是自己。市场的残酷就在于，胜利属于强大的一方。因此如何成为强大的一方就是关键中的关键了。要想强大就要击败所有的对手，而要击败所有的对手就要能够尽量把对手想象得强大，这样才能在压力下力求让自己更为强大。

市场瞬息万变，竞争的弦一刻不紧绷，就有可能招致灭顶之灾。一个优秀的企业家要能做到在遇到危机之前就知道怎么应对危机，而不是遇到了危机才想办法怎么应对。所有的工作都要做在危机来临之前，甚至可以说，如果能时刻把对手想象得强大一些，就不会遇到致命的危机。

而更多的人会比较容易犯的错误就是低估自己的对手，特别是在自己有所成就的时候，看不起一切新兴起来的对手，低估了对方的实力，也就断送了自己的成功。不管你现在处于发展的哪个阶段，放下高傲的姿态，踏踏实实做事的态度是不能丢的，因为这将是你在市场中制胜的法宝。

6. 善于合作，寻找共同成长的合作者

在美国企业界里，有一句很有意思的名言："如果你不能战胜对手，就要加入到他们中间。"实际上，在追随成风的商界，追随者并不是盲目地、被动地追随领先者，要想在某个领域有立足之地，就要学会成长，善于合作。

当今市场竞争异常激烈，只有更加智慧更加理性，提升企业合作力，加入到对手的阵营中去，做一个理智的市场追随者，理性合作更能创造快速成长。哈佛商学院教授罗莎贝斯·莫斯·坎特说："把你的竞争对手视为游戏的双方而非敌人，将会更有益。"

简单地说，同竞争对手的联合与共享、共生与共荣成为现代竞争的主流。这样的竞争不仅打破原有的生产空间、市场区域、技术独占的限制，实现供给和需求资源的自由对接和重新配置，创造新的利润空间，更能将新的合作伙伴的先进思想、技术和经营战略吸收到自己的体内。这样的竞争就是合作中的竞争。

马云是一位情商很高的人，他是非常善于利用合作来提升竞争力的管理者。2005 年的时候，阿里巴巴和雅虎签订了合作协议。至于为什么会选择雅虎这家网络公司，马云是这样回答的："雅虎是一家非常成熟的网络公司，他们不仅有世界上顶级的技术，还有 7 年的发展的经验。在这七年中，他们也经历过成功和失败，而这些宝贵的经验教训，都会成为阿里巴巴发展的一面镜子。通过向他们学习，建立合作关系，可以使我们的实力变得更强大。"

2005 年中国传统的农历“七夕情人节”那天，马云宣布了一个极具轰动效应的新闻事件——“阿里巴巴和雅虎 7 年的缘分，终于联姻”。自此，阿里巴巴收购雅虎中国全部资产，同时得到雅虎 10 亿美元投资，这创造出中国互联网史上最大并购的纪录。阿里巴巴收购雅虎中国，马云希望能够借助雅虎及原 3721 的技术力量，打造一个专业的搜索技术平台。

阿里巴巴作为中国第一大电子商务网站，拥有着良好的经营业绩，具有本土化的管理经验和优秀的经营团队，这些资本正是当时的雅虎在中国发展所急需的。而反过来，雅虎的搜索技术是全世界最好的，借助它过往的经验也是马云团队所重视的，所以说，阿里巴巴和雅虎的联姻可谓是各取所需。

马云为什么单单选择同雅虎合作呢？其实从马云第一次接触电脑的时候就遇到了雅虎，从那时候起到两家联姻，活下来的互联网公司就只有雅虎一家，这让马云看到了这家公司的实力所在。能在如此激烈的竞争中存活下来，一定有它自己的过人之处。所以，尽管有很多新生的网络公司成长起来，也处于上升的阶段，但马云最终还是选择了雅虎进行合作。

四年后，马云又整合了雅虎中国与口碑网，成立了雅虎口碑公司，并任用中国雅虎总裁金建杭出任新公司总裁。马云表示：“雅虎口碑要致力于帮助服务领域的中小企业、个人创业者生存、成长、发展，为中国消费者提供好的生活服务平台。”至此，不仅让阿里集团所有网站全部围绕电子商务捆绑在一起，还增强了公司和子公司之间的凝聚力。假如当初的马云一味地要与雅虎竞争，必会拿出相当一部分资金做同雅虎类似的业务，一来耗费了实力，二来引来雅虎的敌对，双方都没有良好的竞争和发展环境。马云的“拿来主义”和“送出主义”，实现了阿里巴巴和雅虎的双赢。

合作不能盲目。要合作，首先要有共同的利益，这是合作的基础，离开了共同的利益，合作就无从谈起了。就如马云，阿里巴巴要想获得长足发展就要有足够先进的技术做支撑，足够流畅的平台做后盾，所以他选择了雅虎。而合作并不是单方面的，雅虎之所以选择同马云的阿里巴巴合

作，同其在中国互联网首屈一指的地位密切相关。正是共同开发中国更为广阔的市场的共同利益，使得阿里巴巴和雅虎的合作成为可能。

在未来的商海中，竞争不再是“你死我活”，而是更高层次的竞争与合作，追求的不再是“单赢”，而是“双赢”和“多赢”。这种合作与竞争的新模式，正在一步步变成主流。商场中有很多这样的实例：

（1）新加坡航空公司、瑞士航空公司与美国德尔塔航空公司之间达成协议，三方协调航班，分派预订机座、维修保养及地勤服务等事务，不仅减少了因为竞争而消耗的费用，还可共享垄断利润。通过三方之间的取长补短，产生了1+1>2的扩大效应。

（2）英特尔公司非常注重其产品的经销商——电脑公司及软硬件商的密切合作，IBM、微软公司都是其合作伙伴。这种整合方式，不仅能够让合作伙伴之间的竞争减到最小，还能够最大限度地实现资源共享，避免无谓的竞争导致的资源浪费。

（3）惠普和康柏公司是美国两家分别排名第二和第三的计算机公司，声名赫赫。两个曾经水火不容的信息时代“斗牛士”，却做出了让所有人都大跌眼镜的事情——合作，实现共赢。最后，取得了意想不到的效果，可见最佳的结盟是有高度选择性的，他们把重心放在特定活动，以及获得特定的竞争优势之上。

试想，假如马云一味地将雅虎作为竞争对手，处处为敌，就会忽略雅虎的技术优势，想不到与其合作。少了发现对方优势的盲目竞争最后只能带来两败俱伤的恶果。马云很聪明，因此他很善于合作，不选择直接竞争冲突，而是选择强强联合，合作起来共同成长，既避免了竞争需要的投入，又能借鉴对方的优势，可谓一石二鸟。

第九章　马云的逆境情商：苦难时，学会用左手温暖右手

没有人能够随随便便成功，凡是成就伟业之人都经受过人生苦难的洗礼。每一次创伤都是一种历练，每一次失去都是一种获得。人们对待逆境的不同态度，会带来迥异的结果。马云正是凭借惊人的逆境情商才能带领团队一步步走向事业的巅峰。

1. 天下没有难做的生意

马云一直以来都有一个梦想，那就是“让天下没有难做的生意”。马云的商业宗旨一直都是把客户放在首位，他知道客户是他的衣食父母，阿里巴巴的辉煌是客户铸就的，客户给了阿里巴巴支持，阿里巴巴就应该用自己的行动来回报客户。于是，马云在创立阿里巴巴之初就给了它一个在客户交易中扮演着“非中间化投资”中间人的角色。

1999 年 2 月，马云到新加坡参加亚洲电子商务大会，就是这次大会，让马云心里产生了一个新的想法：要创办一种全新的商业模式，这种模式现在中国没有，美国也没有。之所以会产生这样的想法，是因为在这次大会上，马云发现，发言人 85% 都是美国人，而且在欧美的电子商务市场上，特别是 B2B 模式都是针对大企业的。这种模式并不适用于中国。当时的中国，很多互联网企业还处在中小规模，大企业的数量很少。看到了这种差距，马云的心中顿时有了一个和欧美电子商务比一比的想法，看看究竟谁的电子商务做得更好。就是在这个想法的推动下，阿里巴巴诞生了。

从创办之初，阿里巴巴就显示出了它的特点——不再仅仅着眼于大企业，而是把重点放在中小企业网上交易方面。马云一直坚持着通过阿里巴巴去为客户提供更好的服务，让客户感受到优质的交易。在阿里巴巴的内部，阿里巴巴的创新全部来自于客户，阿里巴巴创新的出发点就是解决客户的问题。阿里巴巴内部上到马云，下到普通员工，无论有多忙，都会出去走访客户，听取客户的意见，来进行创新。

从阿里巴巴创办之日起，马云就为公司未来的发展定了一个目标：

"让天下没有难做的生意。"这一目标，现在已经变成了所有阿里巴巴员工的使命。而事实证明，马云的想法确实是正确的。从 2002 年的只赚 1 元钱，到 2003 年，实现了每天收入 100 万元；2004 年，实现每天利润 100 万元；2005 年，实现每天税收 100 万元；到后来，成百上亿的收入被马云说成"只是赚零花钱而已"，这前后也不过几年时间而已。几年的时间，阿里巴巴就取得了成功，不能不说马云确实是在商业上有一手，而这一成功也坚定了马云坚持自己的梦想的做法。

"让天下没有难做的生意"，一直是马云对阿里巴巴的要求。很多人对阿里巴巴前几年今天竖一根柱子，明天砌一面墙，后天又搭个凉棚的做法不理解，认为这种做法不仅分散了公司的精力，也会让整体实力有所下降。等到阿里巴巴、淘宝网、支付宝、中国雅虎、阿里软件、阿里妈妈等一起展现在世人面前时，人们才看出了阿里巴巴的整体影像，这才明白马云要做的，就是为所有客户搭建起一个更加舒适、健康的电子商务生态系统。马云一直都在实践"让天下没有难做的生意"这个梦想。

事实上，马云是一个高情商的商人，他的经营理念是"客户第一，员工第二，股东第三"。而这种经营理念的核心是只有客户给钱，员工才能收到钱，只有员工把钱收回来，股东才能赚得到钱。所以在阿里巴巴，并没有出现客户围着公司转的情况，而是公司以客户为中心。马云知道阿里巴巴真正的老板是客户，只有把客户服务好，公司才可能取得成功。

然而，道理虽然这么说，可在商业现实中，多数老板却不是这样看问题的，他们认为我是老板，员工就得听我的。他们以自我为中心，以盈利为导向，从来不考虑客户的感受，不了解市场的需求，盲目地决策和行动，这样的企业必死无疑。因为员工从你手上拿工资，当然是听你的，但是客户不会听你的。如果客户不和你合作，那么谁给企业收益呢？老板没有收入，他又拿什么发工资呢？所以一家企业能不能做好，关键在于老板是否能服务好客户，是否重视他的客户。虽然在企业里你是老大，大家需要对你言听计从，甚至点头哈腰，但是在市场上可能就不是那么一回事了。老板需要听客户的，客户满意了才会埋单，不高兴不会合作，主动权在客户。

在阿里巴巴内部，有这样一个案例被广为传播，许多新进公司的员工都会听到这个故事：公司里的一个业务员将山东一个三线城市的房地产商发展为中国供应商，尽管这笔买卖会给阿里巴巴带来了6位数的收入，但阿里巴巴仍坚持退钱给客户，对那位员工进行了处理。这是为什么呢？原因很简单，因为那位员工的做法触犯了公司“顾客第一”的原则，这是马云所不能容忍的。阿里巴巴B2B总裁卫哲的分析很有道理：“为什么说把客户利益放在第一位？如果单单是为了赚钱，那么收下这笔钱对我们没有害处。可是要想长久地发展，就要照顾到顾客的利益。阿里巴巴并没有能力帮这位客户卖房子，收下人家的钱，不能兑现承诺，就是欺骗。欺骗顾客的事情是不能做的。”

对于年轻的创业者来说，要想创业，你就必须首先清楚你的客户在哪里，你是否有客户支持，如果没有客户给你钱，那么你的企业最终是经营不下去的。所以企业要做的就是让合作双方的生意越做越好，只有这样，企业才能不断地做大。

1985年，海尔从德国引进了世界一流的冰箱生产线。然而仅仅在一年之后，有用户反映海尔冰箱存在质量问题。海尔公司立即给用户换了新冰箱，并对厂房里面的货物进行了详细检查，结果发现有76台冰箱虽然有制冷功能，但外观有划痕。张瑞敏决定将这些冰箱当众砸毁，并提出“有缺陷的产品就是不合格产品”的观点。通过这件事，海尔赢得了更多用户的信赖。

可见，将顾客的利益放在第一位，是一家企业生存发展的重中之重。只顾自己盈利，不考虑顾客的感受，是不能成大器的。马云所提出的“让天下没有难做的生意”，以及海尔总裁张瑞敏的砸冰箱案例，都是从顾客的角度来想问题的，这也正是他们能够成功的重要原因。

2. 逆境锻造真正的领导力

每一个人的创业之路都不是一帆风顺的，总会遇上或大或小的挫折，这是不可避免的。而高情商者都是敢于正视现实，勇于与现实作斗争的人。一个好的老板，能做的就是经受住这些挫折的考验，不被逆境打倒。逆境其实是锻炼老板领导力的环境，面对逆境一定要及时反省，这样虽然遭受了挫折，但是自身却成长了。

在逆境中无所畏惧者，正是高情商的体现。事业取得成功的过程，实质就是不断战胜逆境的过程。情商之所以能发挥出异乎寻常的功效，关键在于它是对现实的能动适应。只有在现实冲突中，情商才能有所作为。因为任何一项大小事业要取得相当的成就，都会遇到困难。人们有的时候，往往处在逆境中不能自拔，其实迈向成功的道路上，逆境和失败是不可避免的，它具有重要的价值。企业领导者要通过逆境锻造自己，将自己的领导能力真正锻炼出来，这样逆境不但不是祸，反而是福。所谓的领导力很大程度上是员工对老板的一种信任，相信跟着老板的步伐就是正确的。马云的领导力就是被逆境锻炼出来的。

早在1997年的时候，马云就曾经带领他的团队进入到北京工作。当时，他和外经贸部进行合作，一起开发外经贸部官方站点、网上中国商品交易市场等一系列国家级站点。这在别人看来，确实是难得的好机会，但是马云并不这样看，因为这种合作关系虽然能够得到充足的资金支持，但却失去了独立办事的话语权。做什么，怎么做，都会受到别人的影响。于是，1999年年底的时候，马云就带领着他的团队重新回到了杭州。几个人

东拼西凑，拿出了50万元，创办了属于自己的网站——阿里巴巴。

然而在当时，互联网被人们称为“烧钱”的行业，很多网络公司都在用大笔资金圈地，想要马上扩大规模，只有50万元的阿里巴巴，显得甚是可怜。但是尽管有很多困难，马云并没有退缩，反而将这些困难变成了激励自己前进的动力。1999年，在杭州湖畔花园马云家，马云妻子、同事、学生、朋友共18个人围着马云，听他讲未来的发展蓝图：“从现在起，我们要做一件伟大的事情。我们的B2B将为互联网服务模式带来一次革命！我并不要求你们和我站在一起，你们可以去做一个月挣3000元的工作，但是要记住，几年之后，你们的工资不会有太大的变化。尽管我们现在只能拿着每个月500元的工资，一旦我们的公司成功，就可以永远不为经济所担心了！”正是这样的信心和激情，让阿里巴巴在困境之中存活了下来。

2001年，中国的互联网行业遭受了重大挫折。这一时期，一些知名的公司，例如，新浪、网易处境都很艰难，8848网站甚至被法院查封，而一些还未成气候的公司也大批大批地死掉了。很多做网络公司的人都转行做了别的工作，中国的互联网市场上一片黯淡萧条景象。就在这时，马云站了出来，鼓舞员工，让他们用梦想鼓舞自己，告诉他们做阿里巴巴不是因为它有一眼可见的前景，而是因为它是一个不可预知的巨大梦想。

2002年是网络泡沫破灭最为彻底的时期，马云将阿里巴巴当年的发展主题定位为“活着”，他希望公司员工坚持下去，等待来年春天的到来。为此，阿里巴巴依靠着良好的服务，赢得了客户的支持，终于迎来了它的春天。到了年底，阿里巴巴不仅奇迹般地活了下来，并且还实现了盈利！这让所有人都为之一惊！

能在逆境中锻炼自己的人无疑是一个高情商的人，但想要锻炼自己首先需要控制好自己。作为一名领导者，想要控制自己，就要从日常生活中做起，在平时采取一些积极有效的措施控制自己冲动的情绪。

（1）在日常生活中，对下属平等相待，要明白领导者与被领导者在人格上是平等的。

虽然作为领导拥有批评下级的权力，但绝不能因为自己的愤怒就随便地对下属发脾气，甚至是辱骂下属。当你特别愤怒的时候，可以离开使你冲动的现场，在别处待到自己可以冷静下来为止。当你在办公室感到情不自禁时，立刻强迫自己和对方保持距离。可以委婉地说："恕我失陪一下，等我方便时再跟你谈。"

（2）时常给自己一些建议，对自己说些有建设性的话，让自己提高。

当自己心情不好时，可以找些事情来做，让你转移注意力，这对调整不良心理很有助益。比如，在心里默数到十，这一做法相当有效。还可以先在心里问问自己要怎么做，并预测这样做的结果会如何。或者做个结果一览表，详列出冲动行事可能招致的后果，预想到这些结果后，就不会冲动妄为。

（3）可以采用安全的方式渲泄愤怒。

比如把愤怒与冲动诉诸文字，用以发泄。或者写封信给自己，把所有易激怒或挑衅你的感觉写下来。也可以训练自己将眼光放远，将自己的心胸调整开阔，当你面对火冒三丈的情绪，试拟一些较开朗的回应，不要用一些恶行恶语，这样只会吓跑别人。

（4）时刻记着批评的目的。

这有助于你保持清醒，因为批评是为了帮助下级改正偏离目标的言行。如果变成了只图一时的痛快，那么批评的目的就达不到了。批评下属时，告诉自己这是对事不对人。要注意说话方式，当你说"这件事情真的让我很恼火"是针对事件，但是说"你怎么搞的，怎么做出这样的事情来"就是针对人。

（5）不要随便针对下属发脾气。

不要把不满情绪发到无辜的人身上。随意对不相干的人发火并没有任何作用，相反会让你的情绪失控，发完脾气后你会后悔莫及。

由此可见，逆境是一种优胜劣汰的选择机制，有没有面对逆境的勇气和头脑，往往决定着一个商人的成功与失败，也是判断一个商人经商才能

高低的重要标准。如果想在逆境之中赚大钱，就必须要顽强，谁都有失败的时候，就算是在艰难中，也应该奋斗。许多高情商者都是在逆境中成长，在逆境中磨砺，在逆境中奋斗，在逆境中发财，他们走的是一条更为艰辛的路。其实，每个人都想一生过得富贵而快乐，但是，人生不可能是一帆风顺，机会也不总是顺风而来，蕴藏在逆境中的机会永远都是非常巨大的，是足以改变人的一生的。当你能够控制自己的时候，那逆境也就不会轻易打倒你，反而会成为你磨炼自己的磨刀石，这样的领导力也就会被逆境锻炼出来。

3. 今天很残酷，明天更残酷，后天会很美好

在生活中，每个人都渴望顺境，希望自己是一帆风顺的，希望逆境远离自己。然而命运是公平的，它在为你开启一条通向光明的路时，也会为你备下满地的荆棘。这个世上所有人不可能一直是一帆风顺的，都会和挫折不期而遇。当你在陷入人生的困境时，是被困境打败，最终沉沦；还是奋进，取得成功，这取决于个人的逆境情商。对于强者来说，挫折是上天的赏赐，如同一块磨刀石，给意志坚强的人以磨炼，督促人们找到勇气，给永不屈服的人以信心。

马云在谈到以往的经历时说："从创业的第一天起，你每天要面对的是困难和失败，而不是成功。我最困难的时候还没有到来，但有一天一定会到来。困难不能躲避，不能让别人替你去扛。多年创业的经验告诉我，任何困难都必须你自己去面对。创业者就是要面对困难。"在创业的道路上，挫折不可避免，只要在前进，就有可能遇到挫折，只有经受住挫折，才能够进步。

其实，做生意就是挑战困难的过程，伟大的公司，卓越的领导者，都经历了凤凰涅槃式的磨砺，才在碰壁、吃苦中理解市场，学会与客户打交道。面对残酷的市场竞争，今天要学会吃苦，明天要善于吃苦，后天才能苦尽甘来，迎接美好的结果。在创业的道路上，在企业成长的过程中，都要经历这样一段心路历程：今天很残酷，明天更残酷，后天很美好。这提醒我们，在经商的道路上要有逆势突围的思想准备，绝不是坚持一下子的问题，而是要有锤炼身心的准备。

当年马云的中国黄页在互联网上推出以后，并没有得到预想的火爆，反而是一片惨淡。困难的时候，业务上接连几个月毫无进展，这让马云的海博网络公司举步维艰，甚至一些团队成员已经开始打退堂鼓了。但马云坚信互联网会有璀璨的未来，他不仅给自己鼓劲，还劝说队员不要放弃："尽管现在我们遇到了困难，但这是正常的，也是暂时的。只要咬紧牙关走过去，一定能够重新看见灿烂的前景。"

在鼓励大家的时候，马云还不忘迅速制定应对的措施。首先，他为自己的海博网络公司做了一个广告页面，用网络广告带来的实际效益"现身说法"；其次，马云亲自去游说自己的亲朋好友，几乎他所有的朋友所在的公司和企业都被当成了目标。

渐渐地，海博网络公司开始有了一些业务：向一同合作的美国公司提供客户。尽管这没有多少利润可赚，但至少不用担心美国公司撤销合作了。马云认为，即使不断地亏损，也比没有任何业务做要强。他带领团队依旧不断地游说朋友，并通过朋友的帮助拓展了不少业务。终于，海博网络公司开始盈利。为了能让自己的公司掌握到核心的技术，成为一家真正独立自主的企业，马云决定扩大宣传的规模，以此来获得更多客户的支持。

要宣传必然要花费一定的资金，当时的海博网络可以说是清贫之极，公司的维持都要天天计算成本，哪还有钱去做广告呢？但是马云并没有放弃，他带领他的团队走到客户中间去，去为他们做演讲、做宣传。

一连数月不知疲倦地奔波，终于让马云团队拿回了第一单常规客户的生意。这一单的支票是一家民营衬衫厂付的，虽然只有1.5万元，但毕竟让中国黄页业务实现了真正意义上的突破。

在通往成功的道路上，每个人都会遭遇许多困难与坎坷，也会遭受失败的打击。如果想要在人生的岔路口轻松地找到通往成功的道路，那就必须拥有惊人的逆境情商。

香港创维集团前董事局主席黄宏生曾经说过："私营公司是野生的，

要生存下来很辛苦，因为它没有国有公司那样得天独厚的政府支持。我们能够得到最多的也仅仅是环境的改善。要想生存下来，最终还要靠我们自己。中国的私营公司，成长过程十分艰难，其成长过程也充满了坎坷——而我们创维就身兼这两种痛苦。但也正因为我们是野生的，不是在温室中培育出的花朵，所以一旦生存下来就会有顽强的生命力，并不是一阵风雨就能把我们打垮的。”

所以，面对逆境，只要勇于挑战，勤于思考，终会成就一番大事业的，我们可以从以下三个方面着手：

（1）珍惜人生的酸甜苦辣。

人生的每一种滋味都是上帝恩赐，我们都应该好好珍惜。成功并不是简单的一蹴而就，凡是成就伟业之人都经受过人生苦难的洗礼。每一次创伤都会变成历练，每一次失去都是一种获得。中国黄页最初面临的艰难险阻，虽然让马云身心受挫，然而也提升了他应对风险的能力，让他的心胸变得开阔。珍惜生活中的磨难，在逆境挫折中历练，才能锻造坚韧的意志，砥砺豁达的心胸，成就非凡的勇气。

（2）面对失败也要保持冷静。

冷静的头脑可以让人遇到困难的时候时刻保持清醒，避免鲁莽行动而使事态恶化；可以让人沉着地分析所遭遇的事件，做出准确的判断，最终转危为安。如果在挫折败面前，你被轻而易举地扰乱心神，那你只会手足无措，最终将与成功失之交臂。如果你能保持一颗冷静地头脑，直接面对挫折，就能在挫折中成长起来，最终战胜挫折。中国黄页启动的前几个月时间里，海博网络一单业务都没有接到，如果马云没有冷静地思考办法，制定出了正确的策略，而是手忙脚乱，中国黄页恐怕早已淹没在商海之中。

（3）无论如何一定要敢于尝试。

万事开头难，创业也是如此。创业初期，失败几乎是不可避免的。作为一个创业者一定要勇于尝试，不要害怕跌倒，只有不断总结才能找到适合自己事业的发展道路。成功道路并非一帆风顺，逐梦者要想到达成功的彼岸，就必须忍受挫折的一次次伤害。在逐梦者最终到达彼岸之前，成功是不会出现在他的面前的。所以，只有不懈地尝试下去，才能与成功不期而遇。

高情商的人坦然面对人生中遭遇的磨难，从来不会被这些挫折打倒。正如有首诗歌说的那样："欺骗你的人增加了你的见识；遗弃你的人教导你应自立；绊倒你的人强化了你的能力；斥责你的人增长了你的智慧。"挫折苦难是为了让成功者更加成功。马云说："今天很残酷，明天更残酷，后天会很美好。"坚强地扛过苦难，一定会看到灿烂的阳光。

4. 放弃就是最大的失败

成功者同失败者最大的区别就是：失败者选择了放弃，而成功者选择了坚持。爱迪生发明电灯时试验了一百种材料才成功，倘若他在实验第九十九种材料时选择放弃，那就不会有第一百种材料的成功。可见成功者与失败者并没有多大的区别，只不过是失败者走了九十九步，而成功者走了一百步，成功者只是比失败者多坚持了一步。所以成功与失败之间往往只有一步之差，但是很多人在只有一步时却选择了放弃。当你走到第九十九步时，可能会碰到一个拐角，但是不要放弃，因为很可能一转弯就会遇到成功。

《赢在中国》中曾有一个选手名叫谭曼生。他在面临三次创业失败后，作出了一个令人想不到的选择——去了另一个世界。有一位记者在采访马云时谈到了这件事，并问了他的看法。刚开始，马云并不相信这是一个真事，为了验证它的真实性，马云还上网查了查这件事。得知事情确实如此之后，马云说："在创业的路上我们会遇到很多困难。但是对于这件事，我想对所有年轻的创业者讲两点：第一，假设有 100 个人去创业，那么有 95 个人都会失败。在剩下的 5 个人当中，有 4 个人马上就要失败了，也就是说，只有一个人是可能成功的，而且也不是一定会成功。所以要学会正确面对失败。第二点，作为创业者，要明白这样一句话，痛苦地坚持，快乐地死去。没有坚持住，那么就很有可能被困难压垮，这时候选择死亡，自己也不会快乐。因为你并没有全力付出过。所以，想创业，首先就要做

好心理准备，要知道，所有的困难都是一时的，而且最大的困难可能还没有到来。”

阿里巴巴从创立到如今，从 B2B 到淘宝到支付宝，之所以有今天的辉煌，靠的就是不断努力的坚持。想到过去，马云总是会生出很多感慨。在 1999 年，特别是从 2000 年下半年开始，阿里巴巴走过的路，实在是太苦太苦，但是马云坚持住了，没有放弃，阿里巴巴最终活过来了。为什么马云的座右铭是“永不放弃”？因为这世界上最大的失败就是放弃，放弃其实是最无能、最懦弱的一种选择。马云认为这个世界上最痛苦的是坚持，而最快乐的也是坚持。

华人首富李嘉诚说过：“创业的过程，实际上就是恒心和毅力坚持不懈的发展过程。”这句话说得太对了，在创业的过程中，困难会接连不断地向你涌来。只有永不放弃，才有可能成功。经营公司就像打球一样，只要你持续不断地挥舞着你手中的球棒，迟早会打到球的。

众所周知，丘吉尔是一位出色的演说家，他一生中做过很多精彩的演讲，但最精彩的却是他最后的一次演讲。在剑桥大学的一次毕业典礼上，整个会堂上万个学生等着听大名鼎鼎的丘吉尔的演讲。正在这时，丘吉尔和一些陪同人员进入了会场并走向了讲台，他脱下他的大衣交给随从，然后又摘下了帽子，默默地注视着会场内的所有听众。过了一分钟后，丘吉尔说了一句话：“Never give up！”（永不放弃）丘吉尔说完这句话后，穿上了大衣，戴上帽子离开了会场。

整个会场都被这简单的演讲震惊了，会场内鸦雀无声，直到一分钟后，人们才反应过来，对这一演讲报以热烈的掌声。是啊，永不放弃！永不放弃有两个原则，第一个原则是：永不放弃；第二原则是当你想放弃时回头看第一个原则：永不放弃！

生活中，我们都习惯了过平静的生活，走着轻松愉快的步伐，但同时我们也就失去了继续拼搏的勇气，甚至是当困难来临时连拼搏的意识都没有了。这不禁让人想起了一则故事：在一个鱼缸中放入一条大鱼和一条小鱼，插入一块透明的玻璃板把一条大鱼和一条小鱼隔开。大鱼想去吃小鱼，但是每次当它冲向小鱼的时候都会撞上玻璃板，被玻璃板阻挡。一次、两次、三次……一次次地冲击都受到了阻挡，付出了伤痛的代价。最终，大鱼放弃了。当把玻璃板从鱼缸中拿走后，人们惊奇地发现：大鱼每次游到之前放玻璃板的位置时，就会毫不犹豫地掉头游走，大鱼和小鱼之间彼此"井水不犯河水"。

倘若大鱼再坚持一下，就可以吃到小鱼，但大鱼放弃了希望，渐渐适应了这种生活，一种完全只需要坚持就可以避免的生活，让人不得不为大鱼感到悲哀。

人们都不想做那条大鱼。或者说从某一个起点开始，都不想做那条大鱼，在最初的时候人们都有很多热情，都想着为梦想不断地坚持，可是当人们走上了追梦的道路，开始向着目标奋进，才发现现实的道路并不都是平坦的，路上会跌倒，会受伤，会遭受一系列的疼痛，最终我们怕了。我们开始怀疑那些最初的想法，那些曾经美好的梦想，直到我们向现实妥协了，放弃了这些，我们放慢了追梦的脚步，直到抹掉了最初的梦想，将这些都化为了我们的回忆。

美国达美乐集团创始人汤姆·莫纳汉说过："所谓失败就是你停止了尝试。我从来没有停止过。"不管是谁，想要追求成功，总会遇到一些困难和挫折，尤其是创业阶段的企业。这时候，只有坚持下去，不懈地追求，才能够帮助企业渡过难关；如果中途退却，就只能成为众多失败者中的一员。

当有一天我们看到别人成功了，听着他们讲述自己的故事，我们隐隐会在他们的身后找到自己的影子，只是我们放弃了，而他们选择了坚持。

生命不过短短几十年，活着就要有活着的意义。即使我们最终失败了，没有实现梦想，但我们并没有放弃，那么永不放弃也是一种成功。现实中，往往有许多人对失败的结论下得太早，遇到一点小小的挫折时就对

自己产生了怀疑，不断地否定自己，最终半途而废。唯有经得起风雨及种种考验的人才是最后的胜利者，因此，如果不到最后关头就决不言放弃，永远相信：成功者不放弃，放弃者不成功！

5. 坦然面对各种诱惑，心性平和最重要

马云曾经说过：“一个公司在两种情况下最容易犯错，第一是有太多钱的时候，第二是面对太多机会的时候。”在商场上，商人最容易犯的错误就是贪图利益，不知进退，总想获得更多，最终遭到市场的惩罚，惨遭淘汰。因此，经营公司一定要坦然面对各种诱惑，在利益之间做到进退有方，一定要戒贪，见到利益不能一味恋战。

最容易做的决策一定是个不明智的决策，因为你在做决策时没有思考，轻而易举就做了决定，这种决策一定是最经不住考验的。真正好的决策，一定是经过深思熟虑的，往往让你很难做出决定。以阿里巴巴如今的影响力，做游戏产业可以让阿里巴巴在短期内获得丰厚的利润，但是马云却放弃了这方面的利润，这让很多人都不解。

在商场中，局势混沌不清时，一定要发挥自己的情商，即使你面对巨大的利益，也不可草率做出决策，越是混乱的时候，越要保持冷静，等待形势的进一步变化，逐渐认清发展趋势，待一切都能够掌握之后，再果断地出手，这样才能够保证稳妥，避免因贪图一时之利而满盘皆输。

这个世界上很多人都渴望得到钱，但是很多人都没有办法在金钱面前保持镇定。犹太民族是这个世界上爱钱的民族，但他们却在赚钱时保持镇定，他们只赚自己渴望得到的钱，而不去贪图不属于自己的钱。他们在金钱的诱惑面前，总能保持足够的定力。虽然利益两个字极其诱人，但犹太人提倡一种静若止水的心态，只有在面对金钱时能够收放自如，他们才会去经商。因此，他们总是在享受金钱的快乐时，不被金钱所迷惑。

每个人在走向成功的道路上，都可能遇到形形色色的诱惑，闪现出本能的贪欲。其实，面对诱惑，我们要学会放弃，这就是我们所说的“知足者常乐”。懂得知足就是对欲望的适时放弃，也就得到了真正的快乐。不过，放弃欲望并非等于放弃追求，这是截然不同的两个概念。欲望的放弃是在内心中做到适可而止。

多年以前，一个妙龄少女来到东京帝国酒店应聘，被安排到服务员的岗位上。由于这是自己的第一份工作，因此她暗下决心，一定要好好干，从基层做起，谋求事业成长。然而，万万没想到，上司安排她清洗厕所。这时候，家人和朋友都劝她放弃，但是她选择了试试看。

当她用自己白皙细嫩的手拿着抹布伸向马桶时，顿时胃里翻江倒海，一阵作呕。令她更气愤的是，上司提出了近乎苛刻的工作质量标准：必须把马桶抹洗得光洁如新。

说实话，从一开始她就认为自己不会坚持多久，更不知道如何将厕所洗得“光洁如新”。而且，每次回家，父母都把更好的招聘信息给她看，那里有更美好的前景。这一天，她打算下班就提出辞职，去开始全新的人生。然而，后来的事情超乎了她的预料。

上班以后，一位前辈出现在她面前，为她示范工作方法。只见他一遍遍地抹洗着马桶，最后竟然从马桶里盛了一杯水，毫不犹豫地喝了下去。没有慷慨激昂的讲话，只有朴实无华的行动，正准备离职的她选择留下来，她决心把工作干好，做到极致，以证明自己的价值。可以说，看到眼前的一幕，她只有震惊，简直目瞪口呆，而内心已羞愧万分。由此，她明白了一个道理，一个人如果不能心性平和地把简单的事情做好，那么她必然无法做好更复杂的事情。并且，一个人如果不能承受简单劳动的枯燥，而被各种诱惑左右，那么他也照样难有更大的作为。

接下来的日子里，一切困难都变得微不足道。她从这份不起眼的工作中懂得了什么是平凡，以及如何在平凡中成就伟大。几十年后，这位少女已经从最初的服务员，一步步做到日本政府的邮政大臣。尽管职位不断地改变，但是她始终秉承一个原则：不管做什么，都要做到最出色。她的名字叫野田圣子。

人生在世，少不了各种苦难与挫折相伴。高情商的人无论面对怎样的困局，都能保持一份平和的心境，不被各种外界的诱惑干扰。因为有了这份好心情，你会感觉每天的阳光都是灿烂的；因为有了好心情，便不再去埋怨一切的不公。长此以往，成功自然降临到你的身边。

苦才是人生。面对苦难的时候，我们要保持情绪稳定，做到意志坚定，学会用左手温暖右手。只要心境平和安详了，自然就能在行动上找对方向，从而找到自己的坐标，在不懈努力中构建起自己的辉煌舞台。

在生活中，很多时候我们需要有一个平常心，但这是人人都难超越的一道坎。平常心也是一种境界，佛家曾云："本来无一物，何处染尘埃。"这种超然物外的心境，正是对平常心最好的诠释。平常心并不是"看破红尘"，也不是消极遁世，相反，平常心所要表现的是一种积极主动的心态，以平常心观不平常事，则事事平常，不管好与坏，都能够以主动的心态笑看得失，无时不乐也无时无忧。平常心首先是要的一种内心的心境，不仅需要对待周围的环境要做到"不以物喜，不以己悲"，更要对周围的人事做到"宠辱不惊，去留无意"，时刻保持心境的平和，这样才能让我们的生活有一份平静的和谐。

由此可见，人都有"七情六欲"，面对金钱、地位、美色、名声等各种诱惑，能心性平和，真正放弃那种不可遏止的欲望，保持自身的意志坚定，永远都不要忘记什么才是真正最重要的。马云的成功经验告诉我们：当你拥有平常心后，能够坦然面对各种诱惑，那样就能在商场中笑看得失，做生意就能够正常进退，这样，事业就会越做越大！当你以寻常之心淡泊名利，懂得了"不以物喜，不以己悲"的时候，我们才不会做物欲的奴隶，才能享受到精神上的、生活上的真正快乐。

6. 挫折可以为你的情商增值

情商的重要性在于能够帮助人更快地走出困境，生活的种种困难和挫折会使一个人的躯体倒下，也会使一个人的精神挺立。每个人都希望自己是个勇敢者，然而并不是每个人都能成为勇敢者。情商高的人，能够换个角度和态度看问题，敢于面对各种困难和挫折，在困难面前不退缩，有一种为了击退困难而不断努力的决心，就算坠入了深渊，这样的人可能也依然会安然脱离险境。

一个人最终的失败，往往不是由于缺少选择，而是由于缺乏直面挫折的勇气。对于创业者而言，在进入商场之前，就应该对“竞争”、“生存”、“危机”这类耳熟能详的词语有一个心理准备，这些往往是令所有企业管理者都感到头疼的、想要逃避的字眼。但是，正如同非洲草原上的狮子和羚羊必须奔跑一样，即便心中有一千个、一万个不情愿，却是每个创业者都必须要面对的，更何况这些挫折可以增值你的情商。

在媒体面前，马云总是一副能言善辩的形象。他常常能够口若悬河地说上半天，也常常会突然说出几句“狂言”来。可是谁又知道，就是这样一个会讲故事的人，最初却因为口才不好，得不到大家的支持。

那是在最开始创业的时候，一天晚上，马云把 24 个朋友请到家中，给他们开了个会，会议的内容就是要讲清楚什么是网络，自己将要干一番怎样的事业。但当时的马云对技术一窍不通，要讲一个根本不懂的东西根本就无从开口，简直就是像痴人说梦一样。最后，马云口干舌燥地说了半天，这 24 个人中有 23 个人反对这件事。这个结果让马云很受打击。

从这个时候开始，马云就开始有意识地培养自己的说话技巧。常常会想怎么说才能让大家一下子就明白，怎么说才能带动大家和自己一起来做事业。经过反复练习，终于成为了今天能说会道的网络精英。

在经商过程中遇到挫折和打击，我们不应该怨天尤人，更不能选择退缩。压力和困难，都是对我们的一种磨砺。在克服困难的过程中，你的商业思维、心智，以及对商业世界的把握，都会有一个全新的进步，而这是让自我成熟和完善所必经的过程。

1998 年年底，两次创业梦破的马云带团队去了趟长城，当时大家心情都很沉重，离开北京前的最后一个晚上，马云和自己的团队聚在北京的一个小酒馆。那天下着很大的雪，众人边喝酒，边抱头痛哭，最后唱起了《真心英雄》这首歌。在歌词中，马云重新找到了信心和勇气，他相信，只要不断努力，不懈追求，终会有一天看见胜利的彩虹。终于，一路摸爬滚打，阿里巴巴变成了中国最大的电子商务公司，马云也成为了一名有智慧，有担当的著名企业领导人。

在动物界中，鸵鸟是一种目光锐利、听觉灵敏的动物，它能觉察到 10 公里以外的敌人。但是，每当他遭遇大型肉食动物，或者看到危险降临到头上时，却只会伸长脖子、紧贴地面，甚至把头钻到沙子里去。

很显然，这是一种典型的逃避策略，它没有像其他动物那样选择奋力抗击，而是以自己暗褐色的羽毛和身边的灌木丛、岩石伪装起来，从而求得自保。但是，这种方法并不能让它远离危险。这只是自欺欺人的做法，鸵鸟把头埋起来以为别人看不到自己了，其实它翘起来的身子更加引人注目。

危机降临时，往往对每个人形成巨大的压力，甚至在一开始会手足无措。要摆脱危机，消极躲避是不可能的，只能选择主动出击。但是如果硬碰硬，则有被危机压垮的危险。所以需要我们选择巧妙应对，把危机所形成的不利态势巧妙转化形成反弹之势。这样不仅能摆脱危机，还可以反败为胜，让自己更进一步。

每一个成功的商人背后肯定都会有一段坎坷的路程，他们肯定会遭受各种各样的困难。但只要细细思索，及时反省一定能够有所提升。很多时候，商人们需要一种“面壁”的心态，及时反省自己。周恩来在东渡日本之前题诗有云：“面壁十年图破壁，难酬蹈海亦英雄。”周恩来作为一位伟人，也善于面壁，在面壁中学习，不断地自我反省，最终才功成名就。为了成功，必须要有直面挫折的精神，面壁是破壁的基础，直面挫折正是为了提升自己打破挫折。人类之所以能够不断地进步，就是因为能够在困难面前不断地反省，不断地进步。

在商场上商人都是在挫折中不断进步的，逃避是没有用的。一位商人打拼多年后，深有感触地说：“商人都是野生的，要生存下来很苦。面对不确定性的未来，只有迎难而上，没有捷径可以选择。”为了生计涉险求利，有利于形成开拓冒险的精神，奉行讲求实利的经商原则。

俗话说：“谋事在人，成事在天”，在人的一生中，挫折是不可避免的，只要充分估计自己的能力和各方面的状况，把挫折变成磨练自己的机会，提升自己的情商，让自己的能力不断地增加，这样离成功就不远了。否则中途退却，必然会与成功失之交臂。

第十章　马云的创意情商：倒立看世界，一切皆有可能

整个世界都在为互联网喝彩。互联网更像贪心的孩子，急速地成长，急速地发展，急速地完成换代周期。因此，互联网行业的创新非常重要。可以说，创新几乎成了互联网发展唯一的原动力。没有高超的创新情商，没有在变化之前占尽先机的睿智，阿里巴巴绝对不会走到今天。

1. 唯一不变的是变化

在商场中，有这样一句老话："思路决定出路。"作为一个企业的领导，必须要与时俱进地工作，及时对企业进行调整，加强企业的变化，将这些变化作为自身的优势，这样才能增强自己在未来市场竞争中的竞争力。在当今社会，市场上唯一不变的就是变化，倘若企业不能保持变化，迟早会被市场淘汰。

阿里巴巴创立之初，人们就对阿里巴巴选择做电子商务这一事情存有争议。当时的新浪、搜狐、网易都模仿雅虎建立网站，但是阿里巴巴选择创新，他们选择了一条属于自己的 B2B 之路。目标确立之后，阿里巴巴就按照自己的路不断前进。

面对大家的质疑，马云是这么说的："互联网的发展，是千变万化的。不要想着用一种形式就能永远站在市场的前头。当大环境发生变化的时候，只有自己跟着改变，才能追上市场的脚步，才不会被淘汰。虽然现在看来，电子商务在中国还没有多大的市场份额，但是我相信，将来中国的发展一定是要和世界接轨的。到那个时候，中国的企业就需要走出去发展。而阿里巴巴的任务就是帮助这些中小企业，帮助他们做大做强，让他们赚钱，也实现我们的财富梦。"

这种从长远来看的眼光，让马云站在了市场发展的前头，让阿里巴巴有了一个正确的前进方向。而将客户放在第一位的心态，也让阿里巴巴赢得了更多用户的支持，马云的设想终于变成了现实。

阿里巴巴重视客户的做法在业内无疑是一个创新，在确定"让天下没有难做的生意”的目标以后，马云就把这个作为阿里巴巴推出任何服务和产品的唯一标准。因为这一原则上的创新，在阿里巴巴内部存在着一种让客户越来越简单的使命感，阿里巴巴把麻烦留给自己，把产品做得非常简单，这就是阿里巴巴在市场上越来越受欢迎的原因。

2007年阿里巴巴上市前夕，马云重申，公司上市之后，最重要的是让商户们富起来，这也是阿里巴巴的使命之一。招股说明书显示，阿里巴巴计划拿出筹集资金的60%用于收购和发展B2B业务，为那些从事“中国制造”、利润微薄、没有实力进行海外营销的中小企业提供更低成本和更高效率的对外贸易平台。这就是阿里巴巴的创新。

“让天下没有难做的生意”的使命感，使阿里巴巴受到了众多客户的尊重。因为阿里巴巴这个平台，不仅解决了众多中小企业的问题，也为社会创造了更多的就业机会。它不再仅仅是一家为了赚钱而经营的网络公司，在马云的带领下，阿里巴巴已经变成了一家服务性质的网络平台，通过这个平台，越来越多的人富了起来，这是其他网络公司所不能与之相比的。阿里巴巴的变化让他受到了越来越多的欢迎与尊重。

生意人做生意走遍大江南北，见过的世面广，接触的事物多。他们熟悉各地市场行情，认识各地的贸易伙伴。在他们眼里，没有疲软的市场，只有僵化的思想，只要思想懂得变化，就能在市场中表现活跃。一个商人，应该解放思想，追随着市场的趋势去行动，去赢利。

（1）把危机变成商机。

在市场上，许多人面对经济危机、市场疲软，总是放弃继续经营的想法，认为市场没有活力，企业现在没有项目可做，在目前没有优势可言。其实，在生意场上，要善于把劣势变成优势，好的赚钱机会不是理所应当的，而是自己努力创造出来的，只有逆势而上的人，才能把握住商机，把企业做起来。

（2）学会自己创造需求。

作为一个成功的商人，不但要迎合市场，追随市场，还要善于在市场上创造需求，影响市场的需求。事实上，即使是如今大众们现实生活中有效的需求，也是经过人们引导、铺垫后产生的。许多有效需求市场，无不经过长时间的引导消费方才最后形成。从步行到骑自行车再到坐飞机，人们需求的发展，需要引导、需要培育。产品是卖出来的，品牌是宣传出来的，市场也是经过不断的培育才能形成需求。如果只会等待，那么只会错失市场的良机，只有引导与开导才会有新市场。

（3）做别人不做的。

有一位大老板说："如果别人认为我得到了叫做'成功'的东西，那么原因就是我走了人家不敢走的路，尤其是走人家所走的相反的路而得来的。"许多人为了产生更好的创意而在做市场调查，或者忙于开会进行集体讨论。一般来说，虽然费尽心思地努力，但是依然捕捉不到什么好的新创意。这是为什么呢？因为大多数人对自己产生的新创意往往认为"那是不可能做到的"。将提案放到一旁，但是把财富的前途也就压死了。所以，别人认为千万做不得的创意，有可能才是真正好的创意。别人都不愿意去把握的，可能才是真正的商机。

（4）能人之所不能。

在商场上，真正的大企业家都是做别人做不到的生意。做生意的最高境界就是要做到"人无我有"，能做别人所不能做的，那就是自己所独有的优势，这是别人无法超越的。想想看，无中生有，无理无据，敢为人先，这在商场上并不是所有人都能做到的事。许多大老板在经营活动中，不忽视细小的环节，在细微处见真章，注重改进和创新，这样自己的生意自然就兴隆了。能人所不能，这是商人真正的发展之道。

（5）在日常生活中找商机。

当许多商人为了赚到钱而绞尽脑汁时，真正精明的大老板却从人们的日常生活中寻找商机，赚到了一次又一次的财富。他们认为，许多生意都存在于各种司空见惯的现象中。但是，大多数人都无视生活中各种司空见惯的事情，对此感到无所谓，结果许多能够赚钱的机会也就在不经意中溜走了。生意上的发现与财运，有时是天意，但是偶然与巧合能够给人很多信息，如果有心人利用了这信息，就有可能成为财富的拥有者。

2. 不走寻常路，不按套路出牌

在商场里，只有少数人是能够赚到钱的，大多数人都在赔钱。永远是10% 的人赚钱，90% 的人赔钱。所以，富人的数量永远是少数，而穷人的数量永远是多数。想成为那少数的富人，你就需要变换思想，转变观念。因为思路决定出路，观念决定行动，只有换一种思想，转变观念才能成功。

《孙子兵法》有云："凡战者，以正合，以奇胜。"如今，由马云率领的阿里巴巴已经稳坐全球 B2B 老大的位子，可在创建之初，马云是在一片反对声中执行了自己的计划，冒着"大跃进"的风险而作出出奇制胜的战略抉择——"不打甲 A，直接进世界杯"。当时，当众多 IT 创业者将目光聚焦在中国大陆的时候，马云却将目光瞄向了世界。有人说他这是"人心不足蛇吞象"，还有人笑话他不知道天高地厚。但是，马云坚持了下来，让所有反对他、嘲笑他的人哑口无言。

今天，我们回过头去看马云的这个抉择，的确是令人佩服的奇招，阿里巴巴能够有今天的成就，与这个抉择有着不可分割的关系。马云选择的这条常人忽视的道路，如今已经成为阿里巴巴不断崛起的通天大道。马云常说："如果一个领域被所有人看好，那么我们就不会再进去。因为这样多的竞争对手，市场一定会在短时间内就饱和了。而当大多数人都反对的时候，我们反而看到了机会，往往能够挖出别人没有开采过的宝藏。"

的确是这样，"市场"是经济发展的"舞台"，许许多多的成功企业家都是通过这个"舞台"导演出一幕幕的成功之剧，虽然剧情有时演得好，有时也演砸了，但不管怎样，“市场”这个舞台始终是充满活力的。真正的商机就是别人都不去做的事情你去做，那你就是开辟了一个独有的市场。

有这样一幅画，上面画了一大群鱼，大部分鱼都往一个方向游，但是只有一条鱼是游往相反的方向。这幅画的题目是“换个方向，你就是第一”。当别人都在朝着一个方向努力的时候，那么你的路就会很窄，而且还会存在着激烈的竞争。但如果你能够独辟蹊径，换一个新的方向，走出一条不同寻常的路，那么你自然在另外的领域成为领头雁。

对于一个在商场中摸爬滚打多年的生意人来说，要想生意兴盛起来，就一定要有一个新的经营方向，别人都不做的，你占有的市场自然就多了；有了新的财富观念，你手中的钱会活起来，用处就会多起来；有了新的理财思路，你的资产会快速增长；有了新的创意，则会让你找到赚大钱的新路，你的发展自然就快了。

大家都做生意，但是有的人赔钱，有的人就能赚到钱，这关键在于思路不同，对商业的理解不一样。做生意只有和别人不一样，才能有更大的出路，才能赚到钱。

作为商人应该懂得，所谓的市场良机，其实是无处不在的。市场就像是一场牌局，每个人手中都有牌，但关键看你是否能打出和别人不一样的牌，只有你打出了和别人不一样的牌，才没有人能够管住你。

而要想捕捉市场机会，打出和别人不一样的牌，要快速获得经济信息，尽早捕捉市场机会；要善于运筹，巧用捕捉市场机会的高招；要创造条件，把市场机会转化为商业机会。这要做到以下几点：

（1）优化自己。

有一位大老板，以制领带而闻名。然而他的公司曾经一度陷入竞争对手过多的困境。当时，大规模生产领带的厂家太多了，竞争激烈。是倒闭，还是转业？这位大老板开始了痛苦的思索。后来，他想到了出路——在品质上提升竞争力。于是，他聘请非常出名的高级设计师，采购高级布料，引进先进工艺，生产出了一批符合上层人士的高质量领带。结果，产品投放市场以后，大受欢迎，带来了大量的订单。“人有我优”，是他眼光长远带来的收益。

（2）人弃我捡。

在市场上，没有人注意的往往就是你赖以发展的商机。市场风云变幻，常常让人捉摸不定。近年来，黄豆已经成为最受欢迎的健康食品，许多人吃豆制品，竟然形成了一股风气，这对豆制品加工机械的需求也日益增长。然而，许多机械制造商早已专注于尖端产品，没有厂家搞这类简单的加工机械。有一位大老板瞄准这块“荒地”，迅速开发生产出豆制品加工机械，结果抓住了市场机会，取得了不俗的经济效益。人弃我捡，从别人放弃的领域中淘金，也能捡到宝贝。

人们常说，这一行不好干，那一行干不好，总是感觉这个行业没有可以发展的机会，那个行业发展潜力太小。自己做的时候不知道怎么做，感觉无处下手，但是为什么你做不好，可还是有人做得有声有色呢？

其实，关键在于自己，只要你去干，肯吃苦，肯动脑子，不管市场怎样，都能干出来，任何一个行业里都有市场剩余，哪一个行业都有人赚钱，哪一个行业里也都有人赔钱。正所谓：“三百六十行，行行出状元。”哪一行做好了都会赚钱，都有商机。在会赚钱的人眼中事事、时时都能赚钱，作为一个生意人，一定要有与众不同的思维，让自己的观念和大多数人不一样，那你就能成为优秀者。多想一些新的金钱观念，让自己手中的钱活起来；多用一些新的理财思路，那你的资产也能快速增长；多想一些创意，会让你可以找到赚大钱的新路；多出一些新的思维，也许你就会成为一个优秀者！

3. 标新立异，永远不做大多数

“一招鲜，吃遍天”是很多商界人士所信奉的经营信条，但事实上，在当今这个社会，一招鲜不是不做改变，而是始终如一地保持与众不同的本色。否则，这一招迟早是会被别人所模仿、抄袭，最终也会遭到淘汰的命运。创业者要想把自己的企业做强做大，就不能固守传统的经营手法和营销方式，要多用新招，始终拥有自己的经营特色。

马云就是一个非常善于出新招的“武林高手”。众所周知，马云是一个非常痴迷武侠世界的人，他一直将金庸视为偶像。受马云影响，在阿里巴巴集团内部处处可见以武侠圣地命名的地方，如会议室就被命名为“光明顶”，还是由金庸亲笔题词。而阿里巴巴旗下七大业务部门也被马云本人称之为“阿里七剑”。靠着这“七剑”，马云纵横网络江湖，孤独求败。

2006 年 9 月 4 日下午，众多媒体发布消息，阿里巴巴集团旗下的淘宝、阿里妈妈两家公司将合并为一家公司，成为新的大淘宝。实际上，不论是淘宝，还是阿里妈妈，原本都是十分强有力的网络公司，将这二者合并，也是马云想出的一步奇招。由此看来，这个智慧的马云，并没有仅仅为了成为中国 C2C 江湖的第一人，他的目标更远，理想更远大，那就是要做世界 C2C 江湖的第一人。也许有人会认为他这不过是痴人说梦，但是，马云用自己的实际行动告诉大家，他只是在按照自己的计划走，并且最终实现了自己的目标。

马云说：“面对全球电子商务未来发展的巨大机遇，为了给网络消费者以更好的购物体验，“大淘宝战略”将在今天淘宝网的基础上超越自己，只有走“非常规”的发展路线，也必须只有打造出世界独特的商业模式，我们才有可能实现我们设定的“淘宝十年交易量超越沃尔玛全球交易量”的目标。

创新出新路，不创新就有可能走入死胡同。只凭一招鲜便能吃遍天的时代已经一去不复返了，做生意如果能多用一些出其不意的新招、妙招，往往会收到意想不到的效果。

在一个全国性的酒类博览会上，很多的国内知名品牌厂家都蜂拥而至，一家名不见经传的小酒厂也想去参加。但是由于小酒厂的资历过低，酒厂领导也没有想到场面如此之大，小酒厂的产品和参展人员被挤在一个小角落里，虽然产品是运用传统工艺精心酿造的佳品，但从产品的包装和广告的宣传上，都很难让经销商认可。直到博览会将近尾声，小酒厂的产品依旧无人问津，一无所获，厂长为此一筹莫展。

这时供销科的科长突然来了灵感，对厂长说：“让我来试一下。”只见科长取两瓶酒装在一个网袋里就往大厅中心走去，这一举动使得厂长莫名其妙。只见这位科长走到大厅中央人员稠密的地方，突然一不小心，将两瓶酒掉在了地上，酒瓶摔碎了，顿时大厅内酒香四溢。可以想象到，出席博览会的都是品酒的名家，当时很多人闻到了这飘散的酒香，顿时明白了这是好酒。就凭着这酒香，小酒厂两年生产的产品，在一个多小时内被订购一空。由于厂长说暂时不想扩大生产规模，以保证产品质量，使得很多经销商只能望酒兴叹。

从此，小厂的品牌一举成名，产品供不应求。这位科长的举动可谓是出其不意的创新的推销方式。要以正常的行为方式去在竞争激烈的市场上抢占一块地方谈何容易。可这位科长的超常举动却把这个无人知晓的小厂一下子推向了高峰，这个不寻常的创意成就了小厂的辉煌，由此可见标新立异的作用。

公司在成长初期，面临的是短缺的市场环境，市场供给严重不足，因而公司不愁产品销售不出去，所以企业利用灵活机动优势，模仿生产社会紧缺商品，往往会因某一行业供给不足而赢利丰厚。但是，由于大量的私营公司都是以模仿开始自己最初的经营活动，没有形成自己的经营特色，在成长和发展的过程中，也没有调整和改变公司的发展战略，最后盲目模仿形成了产品和产业结构趋同，必然使原先有利可图的行业转变成无利或微利。

今天，在国内市场上存在着太多互相模仿的产品，这些产品都缺乏创新，这样让生产这些产品的许多企业面临着十分严峻的局面。在今天，知识与科学技术在生产中广泛应用，产品越来越凭借知识与技术在市场上立足，但这也会使我国一部分劳动密集型的企业逐渐失去劳动力成本优势，而且由于我国高新技术企业缺乏创新力，很多企业同国外的同类企业都有相似的地方，它们将受到国外同类资本密集型和产品密集型企业的冲击，而在产品的类型、性能等方面它们都是在模仿国外的企业，缺乏自己的技术。在如今的市场上，如果没有办法改变这一状况，就没有办法有效地提高我国企业及其产品在国际市场的竞争能力。

如今，企业要提倡创新的思维，将眼光放远，进行创新管理。过去，许多企业总觉得自己已经做得规模很大了，有足够的抗风险能力，所以放弃了创新。但是雷曼兄弟不是有一百多年的历史，不也是一夜之间轰然倒塌吗？在当今的市场经济环境下，一定要把眼光放远，企业再大也是小，市场再小也是大。在企业内领导者一定要放宽胸襟，允许不同意见的出现，只有能够容忍差异，在团队遇到不同任务的情况下，才能够解决各种困难。

要为理智和挑剔的消费者提供商品，要在众多的市场竞争者中脱颖而出，赢得顾客的信任和喜爱，必须有自己的特色，建立独特的产品服务方式，企业只有走出一条属于自己的道路，这样才能在市场上立于不败之地！

4. 创新是被“逼”出来的

一般的人面对危机时只会想危机带来的只有灾难，危机不会给自己任何好处。而有智慧的领导们却知道：做任何事情，都有可能遇到危机，必须具备深谋远虑，具备近乎神人的坚忍性，才能够在逆境中屹立不倒，才能够在经受过考验后达到新的辉煌。要想成功必须要经受住考验，要能经受住危机。

1999 年，中国申请加入 WTO 失败。这个时候，马云和他的团队正在杭州湖畔花园创业。消息传来，他们都不免有些失落，因为如果中国加入了世贸组织，不论是从市场环境还是网络发展上，阿里巴巴都能够向前迈出很大一步。然而，没有加入世贸，马云也并不灰心，他重新对阿里巴巴进行了审视，并研究了中国互联网市场现状，最终决定采用一种全新的模式，以帮助更多的中小企业获得成功。他在调查中发现，中小企业商人头脑精明、生命力强，相当务实，中小企业才不管什么战略不战略，只要能让它赚更多钱的东西它就会用。正是这一点让马云坚持了 B2B 模式。

果然，阿里巴巴一炮打响。不论是从访问量，还是从客户数量上来看，阿里巴巴都排在了世界 B2B 排行榜的第一位。这让马云很受鼓舞，让他更加相信自己决定的正确性。探究其中的原因时，马云这样说：“原因很简单，美国都是为大企业服务的。在我想来，要为大企业服务是很难的。第一，等到它搞清楚怎么做的时候，它往往会自己做，它会把你甩了；第二，美国的电子商务都是为大企业省钱，我觉得中国要为中小企业服务，因为中国中小企业很多，因为中小企业最需要帮助，就像你可以造别墅，但客户群是有限的，但当你造很多公寓的时候，就有很多人愿意住，所以我是造公寓，为中小企业服务的，中小企业你不能去想办法帮它省钱，因为它的钱已经省到了骨头里面了……为中小企业服务的思路是帮助它们赚钱，让它们通过我们的网络发财……如果把企业也分成富人穷人，那么互联网就是穷人的世界。因为大企业有自己专门的信息渠道，有巨额广告费，小企业什么都没有，它们才是最需要互联网的人。而我就是要领导穷人起来闹革命。”正是马云的这些想法帮助了阿里巴巴，使阿里巴巴大有乘火箭的势头，一飞冲天。

如果没有1999年的挫折，阿里巴巴也许不会发展得这么快。这种意想不到的逆境，激发了马云的创新思维，使他能够脱离固定的思维模式，从更大的角度来思考企业今后的发展。也让他对于中国，乃至亚洲的电子商务的发展有了更加清醒的认识。发达国家是讲资金讲规模，而发展中国家在信息时代不是讲规模而是讲灵活，以量取胜。阿里巴巴每年的续签率达到75%，要知道中小企业的死亡率都可以达到15%，它们续签首先说明它们已经存活下来了。阿里巴巴凭借同中小企业的合作有了今天的地位。

就像中国1999年加入世界贸易组织失败，当时人们都很沮丧，但是马云并没有，马云对中国“入世”十分乐观，他认为中国“入世”只不过是时间问题，就像阿里巴巴的成长也只不过是时间问题一样。如今，我们当然知道马云是正确的。

在香港，谈到那届在维多利亚湾举办的东亚运动会，没有人不知道。那是一届非常成功的运动会，它的举办场地，也是在面对困难的时候想出来的新点子。结果，运动会不仅非常成功，还成为了以后其他地区举办运动会可学习的榜样。

在这届运动会上，开幕典礼直接将背景搬到了维多利亚湾。璀璨的夜空下，以鳞次栉比的高楼为衬托，无垠的大海，闪烁的霓虹，巍峨的太平山，让东亚运动会的开幕式拥有了浑然天成的背景。

其实，这种一改传统的创新是被逼出来的。因为土地资源珍贵，就算

是香港知名的红勘体育馆，最多也只能容纳1.25万观众，在没有办法的时候，主办方才想到了这个地方。结果，却意外地赢得了一片掌声，成为历史上十分成功的一次运动会。

当危机降临时，逃避并不能解决问题，只能让情况更糟，让自己错过化解危机的最佳时机。事实上，许多危机在最初更多是对企业经营者的警告，在危机里面包含着许多新的机会，只要临危不乱，具备战略眼光，准确分析市场行情，往往能获得转机，达到柳暗花明又一村的效果。我们常常说危机，其实危机等于危险加机会，只要头脑灵活一点，在危机中把握住主动权，往往可以创造奇迹。

商业世界充满了风险和危机，这是一种常态，但是风险和危机背后存在的就是机遇。面对危机，一些在别人看来无足轻重或是别人根本无法发现的事物，在某些有眼界的老板眼中往往就是发展的机会，并利用这个机会赢得市场。在现实中，想要做到这一点，其实也不难，最重要的是多想、多悟，只要做到这些，机遇就离你不远。马云曾说过一句话：“假如你认为这是一个灾难，灾难已经来临；假如你认为是一个机遇，那么机遇即将成型。”危机是企业发展的机会，只要能够寻找到这些机会，企业一定会越来越好！

5. 做客户所需要的，你就有市场

如今，在消费品领域，品牌产品的增多大大拓宽了消费者的选择范围，而这也加剧了市场的竞争。在激烈的竞争下，创新产品的生命周期大大缩短，各个公司都努力地推出新产品，结果导致创新速度加快。在这种情况下，一个公司必须重新构建一个更为高效的创新体制，而这种体制的基础就是客户的需求，只要客户需要，那就有市场。

在很长一段时间，马云和阿里巴巴做的一件事情就是，做客户所需要的，吸引商家加入阿里巴巴这个网上市场。为了能够吸引更多的企业加入到阿里巴巴，马云将加入的门槛一再降低，最终变成了免费会员制。这样，不仅为自己争取到了更多的客户，也让已经加入的中小企业获得了更多的信息。

在阿里巴巴创立两年后的 2001 年 7 月，阿里巴巴的会员数目达到了 73 万，分别来自 202 个国家和地区，每天登记成为阿里巴巴商人会员的企业数超过 1500 个。阿里巴巴会员多数为中小企业，免费会员制成为吸引它们的最主要因素。但是很快又产生了新的问题，如此之多的企业产生了海量的信息，很多商家都要求能把自己的信息放在显眼的位置。对于客户的这一需求，马云又想到了一个新办法。

2001 年，阿里巴巴推出“中国供应商”服务，向会员收取至少 4 万元的年费。简单地说，“中国供应商”作为一项服务就是帮助中国中小企业走出国门，提高中国中小企业的知名度，帮助它们和更多国际供应商携手合作。在互联网出现之前，这些企业获取信息更多的是依靠“商品目录、指南、贸易展和合同”等，通过这些东西的介绍来寻找和国外合作的机会。然而，这个成本是高昂的，并且有些活动的展位并不向中小企业开放，因而这些中小企业要获得订单则需要付出更高的成本。“中国供应商”的出现，彻底解决了这个问题，中小企业再也不用担心自己的信息发布不出去了。与此同时，“中国供应商”还吸引了很多西方客户的关注，这样它就成了一个互联网上的展览会。大家都可把自己产品放在这里进行交流，或者达成交易的意向。为了让自己的产品更显眼，更容易被别人找到，还可以用一些关键词来为产品做出简单的描述。

同时，在售后服务方面，阿里巴巴后台可以追踪其信息的反馈量，如果会员连续几个月的信息反馈量不佳，工作人员将主动联系该会员，并帮助其进行调整修改定制方针。另外，阿里巴巴还为会员提供一些关于外贸基本礼仪、常识等方面的服务。这一系列的服务，都让客户感受到了阿里巴巴的细心与贴心。它们愿意把更多的信息发布在阿里巴巴，同时还为阿里巴巴带来了更多的新用户。

如今的商场上，企业的创新方向是由消费者的需求决定的。如今产生了新的营销理论——“行销沟通”，这个理论倡导用沟通取代促销，强调企业应与顾客建立双向沟通。企业营销不仅仅是单向劝导顾客以及提出承诺，更重要的是追求企业与顾客的共同利益，企业通过了解客户的需求来创新产品，实现企业的利益。而只有当你真正了解到这些之后，你才有了对产品的发言权。

在宝洁公司里，也有很多成功的创新模式值得我们借鉴。梅莉莎·克罗伊泽尔是宝洁研究中心的产品研究员。每个月，她都要离开实验室几天，去做一些看似与本职无关的事——拜访消费者。她的拜访不只是一般的访谈，而是要到他们家里实际观察，了解他们在生活中遇到的麻烦以及需要。然后将观察到的结果进行整理，从而对客户的需求有了更进一步的了解。

可见，要想把企业做大，就不能脱离消费者。只有和自己的用户站在一起，从他们的角度来思考问题，才能提供真正贴心的服务。下面三个方面，是值得我们思考的：

（1）找到灵感之源。

消费者的需求，就是企业创新的方向。如果只会关起门来造车，势必会和市场脱节，是不能在市场竞争中取胜的。

（2）搜集创新情报。

没有信息，很难谈如何创新。要想进行创新，必须广泛搜集信息，进行周密的调查研究，才可以得到有价值的创新思路，这都需要借助于消费者的帮助。

（3）完成创新反馈。

上次创新是否成功，消费者最有发言权。到消费者中间调研，不仅能了解他们的新需求，还能听听他们对上次创新产品的意见，这也是下一步创新的指南。

做好市场营销，不能凭借老板一个人的力量。把自己的营销理念灌输给下属，并督促他们做好执行，往往更重要。作为一个老板要抓薄弱环节。可以临时改变检查路线，去对自己产品薄弱的地方进行检查，完善自己的产品，这样才能不断被大众所需要。

要想做好营销，将自己的产品卖出去，一定要知道客户真正喜欢什么，只有了解了客户的心，才能让自己的产品抓住客户的心，这样企业的产品就能够卖出去，企业的效益就会变好。

6. 创新必须要扛得住压力

经验表明，当一个新的想法或建议产生，然后被人们提出来的时候，说这个想法和建议不可行，将这个可能的机会排除是很容易的，因为你总可以找到很多的理由来说服自己，说这个事情是不可行的，而这往往也是新事物遭遇的下场；所以说，要对一个新的事物说“行”是很不容易的事情，需要你用一个又一个的理由说服自己，克服一个又一个的障碍，不怕困难，不惧失败。

做任何事情，一定要有打破惯性思维的习惯，同时也需要秉持着一点“理想主义”来把困难克服掉，对大家都认为不可能的事情说“行”，并带领大家最终努力使其实现。因此作为一个老板，一定要鼓励员工创新的积极性，鼓励他们去解决一个个看似不能解决的问题。要知道，那些当时看起来很难达到的目标，随着我们的努力和时间的推移，最后都被我们解决了，慢慢变成了事实。当然要实现这一点，老板要面临的不仅是技术难题的攻克，更面临运作层面的管理难题，要做很多解释说明的工作，让更多的人从不理解到理解，再到积极地支持以及对老板产生帮助。

阿里巴巴从创立之初就定位为一家服务公司。2002 年，阿里巴巴推出了诚信通，目的是建立网络的诚信体系。2003 年，当所有人都认为阿里巴巴将在 B2B 领域深度挖掘的时候，它突然创建了淘宝网，正面挑战全球 C2C 领域的老大——eBay。2005 年，这一年的夏天，阿里巴巴大手笔收购雅虎中国，在搜索和门户领域插上一脚。2007 年，阿里巴巴宣布成立第五家分公司——阿里软件，进入企业商务软件领域。

面对这样毫无章法的行动，行业内部有很多人在批评马云“根本不懂怎么经营网络公司”。然而，要实现自己的计划，就不能被这些外在的阻力所击倒。所以，马云并没有因为别人的反对就停止自己的工作。马云曾说：我们现在好像在建一幢大楼，今天装一根水管，明天安一个马桶，所有的事情都是乱七八糟的，而且经常改来改去，现在只有一个大概的轮廓。”

在创业之初，马云就对公司有一个最终的定位，那就是：“让天下没有难做的生意。”这既是公司发展的方向，也是所有阿里巴巴人的使命。

“倾听客户的声音，满足客户的需求”是阿里巴巴生存与发展的根基。而这也给了阿里巴巴更多的挑战。马云坚持反对将阿里巴巴做成一家电子商务公司，他更倾向于将阿里巴巴做成一家商务服务公司。如今，越来越多的人在介绍自己的产品的时候说自己产品的技术怎样的好，怎么样的先进，但是马云并没有顺应这一潮流，马云从不说阿里巴巴是高科技、是 IT 企业，在马云口中阿里巴巴只是商务服务公司，他对人说：“互联网不是什么高深的东西，互联网是一个工具，电子商务就是一个工具。”

在阿里巴巴内部，大家都知道马云对于如何做技术并不在行，但是这并没有影响阿里巴巴始终走在行业的前头。马云经常说：“技术，就应该是傻瓜式服务。技术应该为人服务，人不能为技术服务。阿里巴巴能够发展这么好，主要是他们的 CEO 不懂技术。大批懂技术的人跟不懂技术的人工作，蛮开心，我也觉得很骄傲，因为有 85% 的商人跟我一样不懂技术。我要求阿里巴巴技术非常简单，使用时不需要看说明书，一点就能找到想要的东西。”而这就是马云一直坚持的创新。

为了实现自己的创新，马云一路走过来，经历过很多次的质疑，反对的声音可以说从来没有停止过。但是在压力面前，马云不仅没有被打到，反而站得更高，看得更远。最终，实现了他最初所说的“打进世界杯”的梦想。

创新必然带来风险，当推出了一款新产品后，那些创新的功能、创新的设计，能不能经受市场的考验，这些都是老板们需要承担的压力，但为了产品的可持续发展，为了更好地占领市场，老板还是要鼓励员工去创新。其实如果单纯的只是做产品，完全可以推出一款低端的产品，只是简单地做做硬件升级和外观升级，这对于企业来说是非常的容易，而且不存在什么大的风险，但是这样做却无法取得好的成果。因此这些老板们坚持着，不仅让用户对产品更满意，同时也可以通过这样的过程来提高团队的创新能力，真正实现以客户为中心的设计理念。

大前研一是著名的管理学家，被称为“日本战略之父”，独具一格地提出了日本的战略思想艺术。他在接受《21 世纪经济报道》专访时表示，创新动力来自个人，尽管在压力面前，有的人会选择放弃，但是也有很多人能够顶住压力，创造奇迹。今天的年轻人有很多也在喊着“我要创新!”的口号，但是由于很多年轻人太自满了，不仅不懂得谦虚学习，在困难来临的时候，也没有勇气继续下去。这是很多人创新失败的主要原因。在创新的道路上，充满着压力、风险、挑战，没有人知道创新之路到底会怎样，但是要相信在这些背后更多的必将是创新为我们带来的巨大的收获!

第十一章　马云的财富情商：想赚钱就应该把钱看轻

为事业打拼，说到底就是为了积累财富。但这里的“财富”并不单单是金钱，如果商人把金钱当成全部的财富，那么他的财富将会越来越少。马云之所以被预言是“第二个比尔·盖茨”，是因为他把金钱看得很轻。舍得下金钱，才能获得人生更多的财富。

1. 不造首富，造群富

要想成为一个成功的企业家，就必须要有一种特立独行的精神。简言之，就是在经营企业过程中不会为眼前的既得利益而沾沾自喜，并且有自己独立的观点，不把前人的成功经验当做神圣不可侵犯的。唯有如此，才能获得真正的成功。

在众多企业家中，马云已经是大家耳熟能详的风云人物了。这个被人预言为“他将是代替比尔·盖茨成为全球首富”的人，却并不看重“首富”这个头衔。

从阿里巴巴诞生起，一种围绕中小企业的B2B模式就一直吸引了大家的关注。这是一种不同以往的全新的模式，目的在于为商人与商人之间的电子商务而服务。它是由阿里巴巴所创，并成为与全球知名的雅虎门户站模式、亚马逊B2C模式和eBay的C2C模式并列的互联网“第四种模式”。尽管刚开始的时候，它并不被人所看好，但是，后来的事实证明了，马云所创造的B2B模式是成功的，也是符合市场发展趋势的。

阿里巴巴连续五年被美国《福布斯》杂志评为全球最佳B2B站点之一，多次成为全球最受欢迎的B2B网站、中国商务类优秀网站等。按流量和注册用户计算，阿里巴巴占据中国电子商务市场份额的51%，已经成为全球最大的B2B电子商务网站。

然而马云的目的，并不是让自己成为什么“首富”，在他的心中，有着更大的发展目标，那就是让阿里巴巴所有人和自己一起富起来，实现真正的共赢。2007年阿里巴巴选择在香港上市，让所有人吃了一惊的是，在收盘的时候，阿里巴巴集团内部的上千名持股员工突然就变成了富翁，有超过千人的身价在50万港元以上。当时，卫哲才刚刚加入阿里巴巴不久，仿佛是一瞬间，他就拥有了14亿港元的财富，成为中国身价最高的职业经理人，甚至超过了盛大的唐骏。而马云的身价，更是涨到了140亿港元。

这次的集体造富，必将成为中国互联网发展史上一个不可磨灭的印记。然而，在这之后，马云依然没有改变他“所有人一起致富”的目标。公司的股份里，马云只拥有不到5%的份额。

在庆祝阿里巴巴上市“满月”的酒会上，阿里巴巴独立董事、蒙牛董事长牛根生说：“我发现马云大手笔分财的能力非常强，这充分说明他懂得分享。所以，财散人聚，是马云能够成功的最大保障。”

马云在谈及个人股份的时候说：“从阿里巴巴成立的第一天开始，我就没有想过用控股的方式来管理公司，更没想过自己一个人去控制别人。一个人富起来，整个公司的员工还是以前的工资水平，那么这个公司就长久不了，因为员工不会一直跟着你做活雷锋。像阿里巴巴这样的公司需要把股权分散，这样才能使其他股东和员工干起工作来有动力和信心。”

人们常说，商场如战场。一个企业家只想到让个人成为“首富”的愿望是极少能实现的。只有像在战场上那样与自己的队伍团结一致，才有可能取得胜利。马云带领阿里巴巴取得成功的事例告诉我们，要时刻懂得与人合作，才能有更广阔的事业舞台。

今天，获取财富成为个人能力的一种证明，也是许多人孜孜以求的梦想。马云的经验说明，造群富才能创造更广阔的舞台，从而让个人财富有了稳固的根基。透过马云的创富情商，我们应该得到哪些有益的借鉴呢？

首先，财富面前要学会换位思考。人都是有感情的动物，当人们判断一件事情对自身有利的时候，不妨也考虑一下这件事对其他人，特别是对周围的人有何影响。独乐乐不如众乐乐，如果他人也认为这件事对自身的发展帮助极大，那么就会收到一种多赢的效果。如果马云当时仅仅抓住成

为“首富”这个令世人羡慕的头衔不放，从不考虑阿里巴巴的股东与员工的利益，固步自封，那么就不会出现“无数聚光灯瞬间投向这个传说中中国最赚钱的互联网公司”的壮观场面。只有以我心换你心，才可能在未来的发展中取得长足的进步。

其次，面对财富要有淡泊的心境。人人渴望财富，这是无可厚非的。但是，面对财富保持一种睿智的态度，就显得十分重要了。马云说过，我从来没有想过成为首富，也不可能成为首富。这其中透露出的是他淡泊的心境，而不是被利欲束缚。多年来，马云既没有被商场中那种利欲熏心的环境所影响，也不会以一个成功企业家高高在上的地位压制身边的人。任何时候都能保持一颗淡泊的心境，才不会被各种情势所左右。

再次，任何时候都要保持一份谦卑。世间万物都有内在的逻辑，保持谦卑之心才能赢得更多，也更容易在明进退中把握先机。当一个人在巨大的成功面前沾沾自喜，从此不再有上进的心思，仅满足于当时前簇后拥的“成就感”，那这个人今后做任何事的后果也就可想而知了。阿里巴巴在取得国内外赞誉的同时，仍然保持了持续稳健成长，得益于马云谦卑的经营心态。长相类似顽童模样的马云，用他天才般的智慧将阿里巴巴带入一个又一个仿若仙境的世界，这完全取决于他那种谦和的人生观。即使站在聚光灯下，赢得无数赞誉，仍然能保持一份自省之心，时刻提醒自己谦卑为怀，是非常值得称赞的。

人心齐，泰山移。自古以来，合作创造双赢的事例不胜枚举。马云说：“30% 的人永远不可能相信你。不要让你的同事为你干活，而让我们的同事为我们的目标干活，共同努力，团结在一个共同的目标下，就要比团结在你一个企业家底下容易得多。所以要首先说服大家认同共同的理想，而不是让大家来为你干活。”一个成功企业家的背后，一定有一支亲如一家的团队。作为这个“大家庭”的领导者，必须具有比常人更加坚定的合作意识、分享智慧，才能得到内部成员的拥护，让组织的力量迸发出来。

2. 不为赚钱才能把事业做大

自古以来，“无奸不商”似乎已经成为人们对经商之人整体形象的概括。商人也要赚钱养家，但有一个道理却鲜有人知：看淡钱财，是一个人特别是企业家通往成功之路的必备心态。

一个好的决定，往往是经过深思熟虑的，取舍之间，方能彰显智慧。对于企业家来说，一个决策，就是在舍与得之间进行的选择。当初，关于股东提出的阿里巴巴淘宝网是否要收费的问题，马云一直这样回应：我们要做的不是养家糊口的小作坊，而是要成为一个伟大的互联网企业。要实现这一目标，就不能只着眼于眼前的蝇头微利。淘宝的存在，最主要的目的是为别人提供服务，当所有人因为我们的服务而信任我们、依赖我们的时候，才是我们发展的机会。就好像爬山这项运动，有的人在路上看见漂亮的石头就捡起来，这样只会让自己越走越累，最后也不会达到顶峰。

淘宝总裁孙彤宇认为，只有当淘宝的交易额达到能够和传统商业巨头沃尔玛、国美等相匹敌的时候，那才是面向个人用户电子商务的未来。淘宝自成立以来交易额的增长速度达到每年10倍，2007年上半年的交易额达到157亿元，注册会员量超过4000万。其市场份额几乎占到中国C2C市场的80%。面对这样的成绩，一些经营者可能早已沾沾自喜了。但是孙彤宇却说：“我们现在的规模连婴儿都不是。”

赚钱是生意，是一个企业家最容易做到的事情。事实上，马云可以说对赚钱并不感兴趣，他看重的是企业的成长性。在他的眼中，几百万、上千万、甚至上亿元的利润都不能说明什么问题，只有企业获得了真正的成

长，才算是又向前迈进了一步。马云是一个企业家，他在赚钱和创造价值二者之间选择了创造价值。正是在这种舍得之间，马云把握住了互联网的命脉，使阿里巴巴成为全球知名的电子商务网站。

《易经》上说，有舍有得，不舍不得，大舍大得，小舍小得。舍得，是一种人生智慧。有大智大勇之人，必然懂得舍得之间的魅力。“鱼和熊掌不可兼得”、“舍生而取义者也”，圣人的言论给我们启迪的同时，更重要的，是在顿悟了之后如何去做。

舍得作为一种人生哲学，也是为人处事的一种态度。对一个企业家来说，他毕生追求的目标就是赚钱吗？马云说过，对于一个创业者而言，赚钱仅仅是结果，而不是目的。因此，无论在创业过程中，还是在经营企业时，都要做到善于取舍。

首先，应对自己负责的领域有多方面了解。一个产业内部也有不同的部门在运作，要想在诸多的企业品牌中脱颖而出，就要充分认清各行业的情况。这样才能知己知彼，在合作发展的过程中协调各方不同的利益，舍弃对大家都没有作用的“小金子”，才能找到更大的金矿。

其次，要摆正自己的位置。在获取财富的道路上，必须明确生意人、商人和企业家这三种角色的定位。具体来说，生意人面对所有赚钱的生意都做，商人会有所为有所不为，而很少有人把自己当做企业家来看待。马云就不同，他清楚地认识到自己带领阿里巴巴已经走到了企业家的位置，在其位，谋其职。既然要为社会创造价值，就不能做那些对社会发展百害而无一利的项目。当一个企业家能正确看待自己所处的地位，认清什么该做什么不该做的时候，其实他也是在为社会造福。

最后，要有不畏流言蜚语的勇气。诚然，流言是害人的东西，当一个人过分在意那些不必要的言论的时候，他就没有心思再做好其他事情。当初，外界对阿里巴巴不能赚钱进行指责，如果马云陷入其中无法自拔，我们就看不到今天阿里巴巴在全球互联网商场中创造的奇迹。

在人生的舞台上，要看到更长远的未来，并懂得取舍之道，才会有美好的未来。事实上，在取舍之间检验的不仅仅是一个人面对诱惑时所采取的态度，更是对他的生存之道的一次测试。万事万物，极少有两全其美的时候。在追求财富的时候，你是否想过，有了大量的金钱就一定会幸福吗？当我们过度挥霍健康的时候，是否意识到未来的日子没有了强健的体魄会变得很艰难呢？明白了这些道理，才会在人生的较量中增大成功的机会。

3. 融资的最高境界是“我不要钱”

融资，一般来说是指为支付超过现金的购货款而采取的货币交易手段，说白了就是借钱的意思。融资要有投资对象，如果双方的目的不是钱这么简单，而是为了一个大的目标，那么就能达到融资的最高境界。财富情商高的人，不会把钱看得重。马云就是这样的人，他对融资的态度是：我不要钱。

在 1997 年的时候，阿里巴巴的发展陷入了僵局，主要原因就是缺少资金的支持。于是有一家风险投资提出，只要能够占据阿里巴巴多少多少股份，就可以立刻为他提供资金。如果换做别人，也许会马上答应下来。然而，马云却没有这样做。他想了想，对对方这样说：“阿里巴巴在我们的眼中，是一个非常值钱、非常有潜力的企业，你提出的报价没有达到我的心理价位，所以我们可能没有办法签订合作协议。”

在阿里巴巴的发展过程中，这种拒绝投资的事情并非只有这一件。有一次，一家公司提出要给马云 800 万美元的投资，这在别人看来，绝对是天上掉下了一个大馅饼，但是马云却拒绝了。关于其中的原因，他是这样说的：“一个人最重要的是要有自知之明，我只管过 200 万元人民币，突然让我管 800 万美元，我不知道该怎么管这笔钱。网络公司这两年就是因为钱太多了，它们必须把这些钱花出去，投资者也在发疯，大家都这么做。我们不要这么多钱，最多尝试一下 500 万美元，这时我们把 CEO 请来，我觉得他可以管这些钱。我们拒绝别人给我们很高的价格，所以我们以低价格找到了最好的投资者。”

很多时候，真正体现一个人价值观的不是他说“是”的时候，而是他说“不是”的时候。在马云看来，钱并不是最重要的，如果企业不能在这个过程中获得成长，那么再多的投资自己也不会接受。马云曾经多少有点自得地说：“投资者在阿里巴巴只是个娘舅。”意思是阿里巴巴还可以不唯投资者的意志行事。马云面对投资者的强大自信从何而来？答案就是马云常说的眼光和胸怀。“我不要钱”背后的逻辑是，赚钱不是目标，目标是成为全球十大网站。

2000年年底，马云见过孙正义后，首席财务官蔡崇信却对孙正义的投资不感兴趣，蔡崇信认为孙正义的投资可以先缓一缓，因为阿里巴巴的知名度和流量都在上涨，晚一点引入新的投资者，公司的总值就会大大增加。但马云不这么认为，一方面，他深深地为孙正义所吸引，觉得来自孙正义的机会无法拒绝；另一方面，他觉得进入孙正义的投资圈，意味着阿里巴巴将进入世界顶级的互联网公司行列，在互联网公司都没有赢利的情况下，进入这个圈子就意味着机会。

到了2001年，马云在厦门会员见面会上说：“这个第二步融资我也是脑袋一热，在几分钟内谈判成功。我很喜欢孙正义，孙正义也喜欢我。我拿进5家投资者的钱，之后和孙正义一起喝茶聊天，我底气特别足，根本不是要钱。所以以后你们要去融资，和投资者讲的第一句话是：我不要钱！那你不要钱谈什么？要慢慢地、一步步地来。我们一共融了2500万美元的资本，借此阿里巴巴开始逐步发展。”

找投资就像找结婚对象，要找一个能在艰难时刻手拉手的伙伴，不能马虎，也不能草率。“我不要钱”的感觉之所以重要，是因为：双方是为了一个共同的大目标结合，而不是一个赚钱的小目标。若想要做到这一点，就需要有很多的事前准备，如果事到临头才眉毛胡子一把抓，就很容易出错。

（1）学会调整自己的心态和预期。

任何一家企业在发展的过程中，都有可能遭遇挫折。面对资金的短

缺，很多人会见到投资就要，而不去考虑这些钱能帮到自己什么，这次的投资合作能不能让企业得到更好的发展。所以，在平时就应该培养出自己面对宠辱时不急不躁的心态，这样在遇到困难的时候，才能够冷静分析局势，做出正确的判断。

（2）制定详细而周密的计划。

一个周密的计划可以使我们从容作出各种行动，出现问题的时候可以采取灵活有效的应对措施。对于企业的发展来说，就是要有长远的打算。如果没有这一点，那么一切都无从谈起。马云之所以能够拒绝那些投资，是因为他早就对阿里巴巴做了大致的发展规划，为了实现这些规划，就必须舍弃一些别人眼中的“馅饼”。

很多时候，要钱的最高境界是“我不要钱”，双方是为了一个共同的伟大目标而结合在一起，并不是为了赚到钱这个小目标。这才是企业领导者应该学习的地方，懂得在什么时候说“不”，比不会说“是”更重要。马云正是深知这一点，才能够在面对投资的诱惑时，拒绝那些对企业没有帮助的投资方，从而保证了阿里巴巴的长远发展。

4. 财散人聚，要懂得分享成果

在这个世界上，任何人都可能独立前行。经验表明，一个人的分享能力在通向金光大道的路途中是必不可少的。阿里巴巴，这个创造了互联网历史上无数奇迹的团队，曾经令很多人对它所取得的成绩惊诧不解。其实，所有成功人士的背后都是有一支团队来支撑的。领导者与团队相得益彰，才会有双赢的效果。

2007 年，马云当选为《中国企业家》举办的“25 位最有影响力的企业领袖”之一。在颁奖典礼上，嘉宾柳传志说起了他对马云的看法。他认为，马云有 4 件事让他觉得很了不起：第一，是马云对阿里巴巴业务的战略布局；第二，是阿里巴巴这个网络服务企业对文化的充分重视；第三，是马云个人的谈吐；最后一点，就是在阿里巴巴上市后，从报纸上得知马云把那么多的股份都留给了同伴，而自己只得了 5% 的时候，柳传志被马云这种分享精神大大震撼。他认为，马云这个后起之秀有其独到的本领，既可以让自己的团队在竞争中大放异彩，又可以使诸多有识之士围绕在他身边。而这些，都取决于马云在个人控股上的胸襟和气魄。

马云始终认为，要成为一名真正的领导人，只懂得用股份去控制公司是不行的。因为面对员工，面对客户，更多的时候是人与人真诚的交流在起作用。要想把这些人留在自己身边，就必须具备大智慧、宽广的胸怀和长远的眼光。只有懂得分享的人，才能够在自己成功的时候，也让周围的人分享到胜利的果实。对于一名企业领导者来说，这是非常重要的。

如何把人才聚集在自己周围，这就涉及到如何用人的问题。通常，想

培养一个为公司事业兢兢业业工作的人，需要两方面的措施：给员工职位和用金钱鼓励。对于那些有能力、有抱负的员工来说，就要给予较好的职位，但对于大多数员工来讲，更实惠的是金钱方面的鼓励。

之所以给公司取名为“阿里巴巴”，不仅仅是因为在故事中，那个山洞里蕴藏了丰富的宝藏。更重要的一点是，阿里巴巴喊了芝麻开门，到山洞里发现财宝后是分给大家的。公司名字的寓意，与马云内心所想达成了一致，也促使马云在公司管理过程中一直流露出“散财”的做法。在2007年公司上市的时候，阿里巴巴一下子涌现出那么多的百万富翁，甚至千万富翁，就是最好的证明。

一个人拥有了一定优势，就必然要想方设法保护自己，这是无可厚非的，但是还需明确一点：要继续使自身优势得到强化，一定要学会分享。大家共处在一个利益链条中，一荣俱荣，一损皆损。作为一个企业家时刻都不能忘记在挖到第一桶金的时候，要与他的团队一起分享这一成果。马云也认为，任何人的成功都离不开企业和团队这样的平台。如果把这里的一个个员工比作“雷锋”，只有当他们分享了团队成功的果实，自尊心得到了强烈满足的时候，才会继续创造出更多的财富。

苏宁老总张近东在稳定自己的团队上，采用的也是分享成果的做法。他会把公司的股份作为奖励，来鼓励那些工作成绩优秀的高管们。这种慷慨行为让这些高管对苏宁由衷地产生了归属感和主人翁精神，大大增强了公司的凝聚力，张近东的权威也得到了巩固。苏宁公司内部就有很多“职业经理人”通过这种方式转变成“事业经理人”，因而苏宁从未像同行那样一度出现高层频繁流动的现象。

其实不仅在商场中是这样，在我们平时的工作学习中学会分享，对人生也是极其有帮助的。不要认为把东西分给了别人，自己拥有的就少了。不是常说“如果你把快乐告诉一个朋友，你将得到两个快乐；而如果你把忧愁向一个朋友倾诉，你将被分掉一半忧愁”吗？正所谓，予人玫瑰，手有余香。学会分享，必须具有以下几种可贵的品质：

第一，宽广的胸怀。小气的人，往往只能逞一时之威，长远来看，他们是成就不了大事业的。而那些心怀天下，对自己负责的人，绝不可能在没有必要的小事上斤斤计较。一个人心胸开阔，豁达爽朗，必定也会给他周围的人带来好的影响，这就形成了一种潜在的力量。要想成功，这一点必不可少。

第二，正确认识事物的能力。自古以来，成功者大都有一种高瞻远瞩、能够透彻分析问题的意识。这些并不是他们一开始就具有的，在特定的环境中不断培养，才是行之有效的方法。那些抱着现有的财富不撒手，又期望成为百万富翁的人，到最后只能是个无人理睬的守财奴。只有那些在取得重大成就后仍然把帮助他、支持他走路的助手时时刻刻放在心上的人，才有可能继续获得成功。因为他们始终懂得，人生的道路上会有很多与自己并肩作战的人，如果没有他们的协助，眼前的一切都是空谈。

第三，对他人的信任。马云对他的员工说“我不希望你们爱我，只希望你们尊重我”。他之所以在阿里巴巴上市后才占有其不到5%的股份，就是因为他对他的团队非常信任。员工知道上司对自己有极强的信任感，就会不遗余力地投入到工作中去，这种情况下创造的财富价值也是最高的。因此，信任他人，就会看到事倍功半的效果。

分享，是一种能力。认识到分享的重要性，并把它当做对自己、对他人的一种责任来履行，才会在个人成功的道路上不断前行。

5. 风险的背后就是财富

成功的道路上有许多未知数。只有在一次又一次的磨难中披荆斩棘，最后才能得到想要的结果。面对众多未知的风险，敢于迎难而上的人才会赢得财富的眷顾。

众所周知，互联网世界总是充满风险的，每时每刻都会发生意想不到的变化。如果不能接受这些变化，也就没有胆量去改变它们。要想在错综复杂、瞬息万变的网络世界里占有一席之地，就必须有不畏风险、敢于追求的勇气。

阿里巴巴，这朵互联网界的奇异之花，用它自身拥有的无限能量，向我们展示了何为大智大勇。马云曾经对有志创业的人说，面对各种不可预知、无法控制的变化，真正的创业者是要有主动接纳这些变化，并乐观处之的态度的。这个过程无疑是痛苦的，但机会往往就隐藏在这之中。而且，业界的高手们还懂得制造变化，善于在变化到来之前改变自己。

翻看马云以前的日记，会发现在 1999 年的时候，阿里巴巴的发展遇到了大问题。因为没有资金支持，公司的一切花费都在减少，任何能省的开销都节省了。和客户谈判的时候，不用打车的就坚决不打车，如果必须打车，也只打夏利，这样会便宜一些。这时候，阿里巴巴已经成立了几个月了，已经有了一定的知名度，会员的人数也增长到了两三万，但是还是很少有人知道阿里巴巴在哪里。

从公司创立开始，马云就定下了阿里巴巴的发展目标，不在国内市场上与众多的网络公司拼杀，而是转战海外市场，寻找更大的机遇。在公司发展到一定程度之后，再回过头来，发展国内的电子商务领域。马云有句话是这样说的："我们不参加甲 A 联赛，要直接踢进世界杯！"在很多人看来，马云是个幻想成功的"疯子"，但是，就是在这种压力之下，马云取得了成功。

当美国的《商业周刊》提出要采访他们的时候，还有很多人并不知道阿里巴巴公司在哪里，这些人通过外交部、浙江省外办来调查采访他们。当时，美国来的人根本就想象不到，阿里巴巴创业初期的 20 几个人，就睡在马云的家里！这就是阿里巴巴公司。马云说，看着他们吃惊的样子，自己倒是没觉得有什么。大家都是穷人家的孩子，苦出身，这点苦还是能吃的。

试想，一个在海外有几万商人用的网站，非常有名，却是在这样的环境中创造出来的，换成谁都会觉得不可思议吧。但是就是在这样的逆境之中，阿里巴巴横空出世，创造了互联网界的奇迹。不得不说，逆境出人才，敢于迎战风险才会有香甜的蜂蜜。

开创一个崭新的产业，创造一种新型的商业模式，是一件充满风险和挑战的事。作为开拓者，必定要经受常人所不能承受的压力与痛苦。在马云的创业之路上，不管有多大的打击、挫折，都没有让他产生丝毫后退的想法，反而是顶着这些压力奋勇直前，才有了今天令世人瞩目的成绩。要认清财富与风险是并存的，那么在成功之路上就会少一些消极情绪。

在成功的道路上，任何抵触、抱怨的情绪都是不健康的，甚至可以说是不成熟的表现。当不少人能在变化面前以不变应万变的时候，我们也可以寻找其他的应对之策。不要在付出了很大的代价之后，才意识到问题原本还有另外的解决方法。这世界上成功的人毕竟是少数，但这些人能在别人眼中看来是危险、灾难、陷阱的事情中找到机会，规避风险，就距离财富的获取不远了。

"高风险，意味着高回报"，只有敢于冒险的人，才会赢得商业辉煌。

一位房产开发商多次投资冒险都实现了赢利，他之所以屡屡得手，主要在于他敢冒风险。这位开发商说，在选择一个投资项目时，如果别人都说可行，这就不是机会——别人都能看见的机会不是机会，就算是有利可

图，利润也会因为竞争者太多而变得太微薄。因此，他每次选择的都是别人看不上的项目，这恰恰是难得的黄金机会，就好像自己发现了一座别人没有找到的宝藏。尽管这样做冒险，但不冒险就没有成功。

不仅网络世界如此，在我们的现实生活中，也有不少时候是需要认识到风险的真实面貌后才能达到既定目标，获取财富的。面对这种情况，需要采取何种行动才能最有效地规避风险，获取收益呢？

首先，要有平稳的心态。当风险来临之时，不要产生任何恐惧心理。常言道，财从险中来。但是这个“险”，不是冒险。面对的风险无论大小，都要谨慎考虑是不是值得去做，不要到了损失到一定程度的时候才追悔莫及。要知道，财富不等人。

其次，要有远大的目光。任何一件事，如果风险大，着手去做的人就会少。但是这里面隐藏的财富也许是不可估量的。“假如所有的人都朝同一个方向行走，这个世界必将覆灭。”大部分人都不做的事情，不等于就是毫无价值的。对待财富的积累，不能仅仅只看到眼前那一点既得利益，必须有长远的打算。要具有敢在无人涉足的领域里掘金的本领，方可成就一番大事业。

最后，要有主次分明的态度。商业投资，本就是“风险”的代名词。商业风险越高的行业，利润也就越大，这是不能否定的正比关系。对于那些大企业的老板来说，选择高风险的行业进行投资，就会获得更多潜在的市场机会。这时候，就要考虑市场和风险的关系。显然，首先要考虑的是市场。有市场就必然会有风险，如果认为风险过大就一直徘徊不前，如何把财富装进自己的钱包？所以，这就需要有鲜明的态度了。马云当初也是看准了互联网这个市场才有勇气投入极大的物力和财力放手去干的。当阿里巴巴连工资都不能保证按时发放的时候，马云依然埋头苦干，这种不惧风险、勇于知难而上的进取精神的背后，是他决绝的态度始终在起作用。

在任何行业，对任何人来说，敢于冒险是走上成功之路不可或缺的基本素质。有人说，冒险，是上帝对勇士的最高嘉奖。所以，不敢冒险就没有福气接受上帝所恩赐的财富。

第十二章　马云的幸福情商：耐得住寂寞，才能守得住繁华

马云无疑是成功的，各种荣誉和光环将他装点成一段传奇。但马云却说："我不是传奇，我是平凡人。"这就是马云的处世智慧。把自己当做英雄的人永远成不了英雄，沉溺于过去辉煌中的人不会有更大的作为。只有耐得住寂寞，才能获得永久的繁华。

1. 别躺在过去的荣耀里长睡不醒

在一个行业做久了，很多人就会满足于现有的成就，乃至固步自封，沉溺于过去的荣光中，不再追求上进。于是，这种自我满足的心态就成了事业发展的瓶颈，如果无法突破眼前的困局，就会陷入迷茫。可以说，这是一个人在成长过程中普遍会遭遇到的共性问题。那么，如何迈过眼前这道坎呢？有勇气和胆魄的人会在原有的基础上进行二次创业，开拓出人生发展的新局面。对他们来说，过去的荣耀是成功的经验，而不是束缚前进的羁绊。

2007 年 11 月 6 日是阿里巴巴发展史上值得纪念的一天。因为在这一天，阿里巴巴成功上市，并在当天凭借 260 亿元的市值，占据了中国互联网公司排行的首位。很多员工实现了一夜暴富的梦想，还有很多人成为了百万富翁，甚至是千万富翁。这确实是值得好好庆祝的日子。

然而就在这天中午，当大家都在饭桌上举杯欢呼的时候，公司的 17 位创始人却被马云召集到饭店一个安静的房间里。只见马云严肃地说道："阿里巴巴现在进入了最危机的时候，希望大家加以重视！"尽管多年的配合，让大家早已习惯了马云的"逆向思维"，可是在这庆祝的时候，却说出这样的话来，还是让人摸不着头脑。其实，马云说这话的目的，就是要提醒他们，千万不要被暂时的胜利冲昏了头，如果躺在过去的荣誉里长眠，只会让自己失去已经占领的阵地。

事实上，马云是一个拥有高情商的商人，他没有躺在过去的荣耀里长睡不醒，而是果断地从荣耀中走出来去追求更高的事业，这是他人生的一次升华，又让他的事业迈上了更高的台阶。

今天，越来越多的人通过经商实现个人价值，追求自我发展的梦想。商业上的成功，需要不断超越自我，持续走向卓越，没有尽头。如果一味地“吃老本”，很快就会被市场给淘汰掉。

王某是一个很有能力的创业者，虽然公司的规模不大，但是在短短两年的时间里就打出了名气，赢得了很多固定用户的支持。时间一长，他就在生产管理、产品开发及市场营销上形成了套路，不肯越“雷池”半步，坚信“以不变应万变就是公司的生命”，认为公司产品只要销路好、盈利高，就不需要再寻求变化，不需要再研制开发新产品，不需要再进行创新投资。没过多久，市场就出现了很多新生的公司，王某的企业因为产品落后、管理模式落后，结果没出两年，就被同行们挤出了圈子。可见，不断改进，不断创新，是任何一位领导人都不能放弃的。

在市场竞争白热化的今天，无论是一个人还是一个组织，如果紧抓住昔日的辉煌不放，不思进取，安于现状，则无异于自杀。很多成功的企业家认为，把做生意当作终身的事业，要有一种使命感，要有不断超越自我的野心。他们提出了“二次创业”的口号，并相应地采取了各种措施来解决公司发展中存在的问题，追求进一步发展。“二次创业”，不仅仅指第二次较大的改革和发展，还有可能是第三次、第四次……它的发生，证明生意在不断做大，也证明企业领导者在不断地追求更高的事业。对此，我们应做好以下三点：

（1）要有“归零心态”。

随着初次创业的实现，人们都会蓦然发现自己曾经的竞争优势已经不在了，或者正面对着竞争对手越来越大的威胁。这时候，就需要领导者展现自己的情商，在心理上将过去的荣耀“归零”，调整好自己的心态，以一个全新的姿态来面对“二次创业”，重新带领团队再出发，在超越自我的过程中取得新的成就。

（2）老老实实做人，踏踏实实做事。

一座大厦是建立在坚实的地基上的，每一层都不能偷工减料，否则将会面临千里之堤毁于蚁穴的危险；在“二次创业”中，一定要有一个稳定的心态，既要敢于创新，也要保证把各项工作做精、做实，稳妥地解决好每一件事。面对“二次创业”，不能自满，要不断地告诫自己，距市场和客户的要求还有相当的距离，自己还有很大的上升空间，要在心态上不断地归零、不断地回到起点。唯有老老实实做人，踏踏实实做事，才有可能在激烈的竞争中杀出一条生路来。踏实做事，展现了内心的宠辱不惊，充分体现了企业家的高情商。

(3) 制定不同时期的目标。

一定要有“忧患”意识，在企业尚能赢利的时候，就要想到假如不能赢利了该怎么办，企业今后的出路在哪里，绝不能好大喜功，固步自封，沉溺于已经取得的成绩。须知，经商就好像逆水行舟，不进则退。

为了让企业不断前进，高情商的老板会在确定的大方向下制定不同时期的目标。如：以某一项业务获得利润占总利润的百分比来制定阶段性目标。不时重新审视一下目标，如果认定某个目标应该调整，或有更好的目标可以取而代之，就要及时修改，这样企业就不会迷失方向。为了实现企业的长远发展，让生意细水长流，公司领导应当不断制定新的目标，不断向新的高度攀登。请记住：不要躺在过去的荣耀中沉眠，调整好自己的心态，忘掉过去的辉煌，未来的路会更加美好。

2. 将身份看淡，路才会越走越宽

在人们的创业初期，离不开创业英雄。人们凭借自身具备的大胆、敏感、悟性、人际资源、阅历丰富等素质，在商场上寻找到商机，创造出了成功的业绩。一个公司从无到有，是一件不容易的事，而在这个公司初期的成长过程中，创业者就担当了一个非常重要的角色。也是在这个过程中，员工看到跟随老板取得的成绩，逐渐积累起对老板的崇拜与服从，而老板们的个人英雄主义就是在这些土壤的支持下生根与发芽的。

很多老板都在创业后意识到了这一问题，但并不是所有老板都具有较高的情商，能够解决这一问题。过了创业期的企业，核心问题就是要淡化大老板个人的作用，建立企业的决策机制。可惜，很少有人能这样果敢地完成这种转变，毕竟这种转变意味着要抛弃以往的成功经验和克制自我的意愿。

2013 年 5 月 10 日，马云突然对外宣布，自己将不再担任阿里巴巴集团 CEO 一职，主要的工作会变成阿里巴巴集团董事局主席。这让很多人都吃了一惊，但实际上，这并不是马云头脑一热就做出的决定，而是他经过深思熟虑之后得出的结果。

有很多企业家，特别是领军大型企业的企业家，一个重要的职责就是要建立一套健全的能指导企业方向的规则和制度，这套规则和制度，能够使企业在 CEO 离开或退休之后，还能按原来选定的正确方向继续前进。要想将阿里巴巴打造成百年企业，仅靠马云一人是不够的，纵观国内外的百年企业，它们的传承都是靠一代代的领导者的努力铸就的，阿里的传承也

需要一代代的领导者不断地给企业自身铸就新鲜的活力。

马云的高情商还表现在他不是一个会得意忘形的人。对于任何一家互联网公司来说，打败电子商务巨头 eBay，都是值得骄傲和庆祝的事情。但马云并没有因此而得意忘形。因为在这场竞争中，马云清楚地认识到，对手之所以会失败，很大的原因就是因为对方的失误，而并非是淘宝的实力强大。尽管赢得了一次又一次的胜利，但马云还是能够将自己摆在正确的位置上，从来没有想要在阿里巴巴内部称霸称王。他明白，要做一家百年的、伟大的网络企业，仅凭自己一个人的力量是远远不够的，只有发挥大家的力量，才能够实现企业真正的成功。

有的人总觉得自己取得了很重大的成就，觉得自己是具有高贵身份的人，而且还常常为这一身份沾沾自喜。赫尔墨斯是古希腊神话中天神宙斯的儿子，专管天下商业，是天下商人的守护神。他常常因为这样而沾沾自喜，觉得自己一定是受人尊敬的。他很想知道自己在人间的地位如何，就化装成顾客来到一家雕刻店。他在店里看到了宙斯和赫拉的头像，他指着宙斯的头像，问店主："这个值多少钱？"店主告诉他值七赫拉；他又问赫拉的头像多少钱，店主告诉他三赫拉。

然后，他又走到自己的头像前，心想：自己是掌管钱财的，应该会比宙斯和赫拉的贵一些，便问道："这个值多少钱？"店主指着宙斯和赫拉的头像说："假如你买那两个，这个可以白送。"赫尔墨斯本来想了解一下自己在人间的地位有多高，满足一下自己对身份的欲望，没想到讨了个没趣，只好灰溜溜地走了。

宙斯的名誉是天神的功绩决定的，顶天立地，世人皆知。赫尔墨斯想比他获得更高的名誉，简直是不自量力。

拥有高情商的人不会去在乎他取得的荣誉，他所具有的身份，而是将注意力放在自己追求的事业，为了这一事业，可以将身份看得很淡。居里夫人天下闻名，但她既不求名也不求利。她一生获得各种奖金 10 次，各种奖章 16 枚，各种名誉头衔 117 个，却给人一种全不在意的印象。有一天，她的一位女朋友来她家做客，忽然看见她的小女儿正在玩英国皇家学会刚刚奖给他的一枚金质奖章，女朋友大吃一惊，忙问："居里夫人，现在能够得到一枚英国皇家学会的奖章是极高的荣誉，你怎么能给孩子玩呢?"居里夫人笑了笑说："我是想让孩子从小就知道，荣誉就像玩具，只能玩玩而已，绝不能永远守着它，否则就将一事无成。"

居里夫人本来可以躺在任何一项大奖或任何一个荣誉上尽情地享受，接受着人们的尊敬。但是她视名利如粪土，她将奖金赠给科研事业和战争中的法国，而将那些奖章送给 6 岁的小女儿去当玩具。她一如既往，埋头工作到 67 岁离开人世，离开了她心爱的实验室。直到她死后 40 年，她用过的笔记本里，还有射线在不停地释放。

正是居里夫人这种不重身份、只重事业的高情商，让她成为历史上第一个两获诺贝尔奖的科学家。她放弃了金钱，所以得到了她不断追求的事业，她的功绩被人们铭记；她放弃了各种荣誉，所以得到了人们的尊重，她的身影常驻在人们的心中。

鲁迅先生曾说过："毁或无防，誉倒可怕。"意思是遭到他人的诋毁并不可怕，获得了名利才是最让人担心的。很多德行高尚的人，出名后就沉溺于名利中，不懂得克制自己的欲望，而被名利所累，失去了前进的动力和创造的激情。真正的高情商不是看取得了多大的荣誉，多么崇高的身份，而是看如何对待这些身份。高情商的人可以忘掉自己所取得的身份，修养较高的人无意追求身份的成就，有学问道德的人无意追求名声。高情商的人应不为名誉、金钱地位所累，那样才能不断地创造更伟大的事业。

高贵的身份固然美妙，但是事业才是一个人不断的追求。把身份看淡，才会发现未来的路不断地拓宽！阿里巴巴之所以有今天，也是和马云的这种高情商分不开的，不管取得了多大的胜利，他都知道自己是谁，自己该干什么。这是值得所有企业领导学习的。

3. 不为名利所累，保留内心的纯粹

《庄子》中说道："名者，实之宾也。"这是告诉我们：名利，只不过是实才的附属物而已，真正重要的是自己的才华，而不是名利。因此，踏踏实实做一些实际的事情，远比追逐虚名要好。这就是道家所提倡的淡泊名利。

一个人太看重名利，就会忽视了实干精神，就不会把全部的注意力都放在事业上，整个人就会轻飘飘，不知所以然，就会干出许多傻事来。更重要的是，被名利遮住了双眼的人会急功近利，很多时候都会缺乏危机意识，绝无可能在工作、事业上有所精进，更不要说干成大事了。

在浮躁的商场中，马云是一个难得保留内心纯粹的人。2008 年，在阿里巴巴股价火爆的时候，公司内部很多人看到的是阿里巴巴的辉煌，但马云却预感到了其中的危机，他对公司中层以上领导说："请大家保持冷静，阿里巴巴现在进入了最危急的时候！"同时他还给公司内部员工发了一封邮件，信中写道："其实我们的股票在上市后被炒到发行价近三倍的时候，在一片喝彩的掌声中，背后的乌云和雷声已越来越近，越是这种时候，我们越应该提高警惕。千万不要被一时的胜利冲昏了头脑，让竞争对手占了先机。因为任何来得迅猛的激情和狂热，退下去的速度也会同样惊人！我不希望大家对股价有缺乏理性的思考。"浮华的背后，马云看到的是危机，并及时地提醒了员工。这就是马云对待名利的态度，不被名利遮住眼睛，以淡然的心态来面对名和利。

在企业的发展过程中，有很人会因为取得了一点成绩就骄傲自满，停步不前。或者是开始追求外在的名气，对于企业的发展不再重视。这是企业发展的大忌。忽视了实干精神，人就会轻飘飘，不知所以然，就会干出许多傻事来。更重要的是，被名利遮住了双眼的人会急功近利，绝无可能在工作、事业上有所精进，更不要说干成大事了。

马云之所以能够带领阿里巴巴不断前进，原因就在于他总能冷静地面对眼前的形势，不管是成功还是失败，都能从中分析出下一步该怎么做。而辞去阿里巴巴 CEO 这一身份，追求卓越，也是他取得的巨大成功的关键；也正是这一心态，让马云忽视了阿里巴巴巨大的利润，而是过着简单的生活。马云的成功绝非偶然，而是他高情商的结果。

人们总是对明天充满期待，想象未来的美好日子。在这种心态下，人们常常会忽略了当下生活的乐趣，将注意力放在如何赚更多的钱上，这样就会感到生活的乏味，增加许多不必要的焦虑和压力。

小王是一个推销员，他总想着有一个富裕的未来，于是他每天忙忙碌碌的，很辛苦，还经常担心业绩不佳时，会被老板辞退。他对这种状况苦不堪言。有一次，他向培训师讨教人生的意义。培训师没有正面作答，只是问他："人生有生存、生活、生命三个层次，你认为自己活在哪个层次比较多?"他想了想，说："我在家里，就是吃饭、看电视、睡觉，好像处于'生存'层次；工作时，能和同事多聊一会儿，'生活'层次多一点；至于'生命'层次是什么，我就不太明白了。"培训师又问："当你的孩子从外面回来时，你会怎么做?"他说："我只是和孩子打一声招呼，然后就继续做我自己的事。"培训师说："你整天就想着自己的工作，已经没有心情顾及亲情、生活乐趣了。虽然跟家人在一起，却忽视了他们，不和他们分享生活的乐趣，总是为明天如何做好推销发愁，这就是你不快乐的原因。"

小王恍然大悟，原来自己只停留在"生存"层次的"赚钱"目的上，总为明天担忧，结果不能专心做好眼前的事。于是，小王改变了生活方式。上班时，就专心做事；下班后，就和家人一起用餐、谈心，享受在家的快乐。一段时间后，他感觉工作越来越得心应手，与家人的关系也更融洽了。

一个人不能只看重“生存”，不断地赚钱，还要和家人在一起时注重“生活”，和家人一起享受“生命”。你可以为了明天而奋斗，但是却不能忽视了当下生活的美好，将注意力放在当下，才会有一个美好的未来。

《列子·说符》里记载了这样一个故事：昔齐人有欲金者，清旦衣冠而之市，适鬻金者之所，因攫其金而去。吏捕得之，问曰：“人皆在焉，子攫人之金何?”对曰：“取金之时，不见人，徒见金。”

大意是说：“从前齐国有一个人非常喜欢金子，做梦都想得到一块金子。有一天，他穿戴整齐去市场，在市场他路过了一个金店，他看到店里的黄金，就冲进店里，抢了一把黄金就跑。过往的行人看到后，就将他抓住了送到了官府。官员问他：“人这么多，你怎么敢抢别人的金子呢?”这个人回答说：“我抓金子时，眼中没看到一个人，只看到了金子。”

对黄金的贪欲，让这个齐国人眼中只有黄金，而没有来来往往的行人，他的双眼已经被黄金迷失了。试问他怎么会有圆满的人生呢?

今天，每个人都在空虚世界上行色匆匆地追求着各自的完美，却不知所追求的绝对完美根本就不存在，反而在寻找绝对完美中被尘埃淹没，在无谓的奔波中忽略了许多珍贵的东西。而梦想的完美，一辈子也未能达到，留下的只有遗憾。

人生在世，获得名望固然可喜，但是不能被它们遮蔽了双眼，导致对现实的判断失误。永远执着于实干，你的人生永远都是饱满的。日本经营之神松下幸之助说：“不管别人怎样嘲弄，只要默默地坚持到底，换来的就是别人的羡慕。”不被名利遮住眼睛，永远保持自我，做最好的自己，你才能获得成功!

4. 放下贪欲，明白什么是你不能要的

这是一个物欲横流的世界，许多人只顾着追求生活中的利益和名誉地位，忽视了身边存在着的真正幸福，结果他们的心都被这些名利麻痹了。人生的许多不如意都是因为你不满足。问题恰恰在于，许多你想要的东西并不是你内心真正渴望的，而是外界强加给你自己的，或者是你被迫接受的。

如果你足够细心的话，就会发现，社会上的骗局往往是很容易被看破的，但是总有人会上当。马云在《赢在中国》的点评给出了引人深思的答案，他对选手董冰说："有时候自己的失败，不是因为对方的实力太强大，而是因为自己无法控制自己的贪欲。没有坦途，就不会被眼前的诱惑所蒙蔽。"

马云曾在家里召开阿里巴巴第一次股东大会，对于成立公司，他提出的第一点要求就是，启动资金需要这些创始人一起去凑，但是不能和亲戚朋友借钱。其中的原因，马云是这样解释的："创业的风险很大，谁也不知道我们会不会成功。很有可能企业还没存活下来就被打倒了。所以要做好最坏的打算。"

毋庸置疑，商场中充满了商机，重要的是不去重复或追随别人已经做过和正在做的，而这需要充分发挥人的情商，控制住自己的贪欲。这正是马云的优势。马云能够将阿里巴巴做成功很大程度上是因为他能够控制自己的贪欲，知道什么该要，什么不该要。在接受西班牙《国家报》采访时，他坦言："我是政府的好朋友，但我从来不和政府做交易。尽管和政

府做交易会获得更多的利益或者优惠，但是，也可能会因此失去更多。虚名福利，不会帮助一个企业发展，只会然打乱一名领导者的计划，所以我留在杭州，远离权力中心北京。我见过太多飞上天空然后摔下的人了。”在商业上，马云非常高调，经常有惊人之语；但在生活中，马云对名利看得非常淡。正是这种淡然的心态，让马云可以直面生活中的各种诱惑，正确地做出选择。

许多人想得到更多的东西，却把现在所拥有的也失去了。很多人只为了获取更多的利益，就不注意其他的细节，这样最终使得他们上当受骗，到头来一无所得，这可以说是对得不偿失最好的诠释。

从前有一个地主，他为了戏耍农夫，就对农夫说：“清早，你从这里往外跑，跑一段就插个旗杆；只要你在太阳落山前赶回来，插上旗杆的地都归你。”农夫一听高兴坏了，就拼命地跑，虽然太阳他在太阳落山之前跑了回来，可是由于身体太劳累，回来后就力竭而死。有人挖了一个坑，就把他掩埋了。地主什么都没有损失。地主之所以能够戏耍农夫，就是利用了农夫对土地的贪欲，他知道农夫渴望得到土地，就对他许下了承诺。最终农夫因为贪婪而毙命。

生活中，很多人都渴望过丰衣足食、美满幸福的生活，但是，人们常常就会被这种欲望所支配，把这种欲望变成不正当的欲求，变成无止境的贪婪，最终人们成为了欲望的奴隶，迷失了自我。

有一个来自贫困山区的打工者，通过自己的努力，获得了不寻常的成功，有一家资产千万的工厂。在沿海经济发达的地方，他买下了别墅，组建了完美的家庭，可以说是人们眼里的佼佼者和成功者的象征了。

他成了家乡人的骄傲，更成为了远近闻名的人，家乡来的客人，都给他带来家乡最好的特产，老家的人们也把他作为榜样来对子女们说……但是，这一切声名开始改变了他。之前，他是一个极其负责人的人，对家庭、对亲戚、对乡亲们都很亲切，随和。可是没过多久，他整个人发生了很大的变化，金钱、掌声、鲜花、女人、荣誉他都获得了，他被这些改变了。他有了情人，与老婆离婚，到处应酬，声色犬马，无心经营，导致公司效益下滑。随着生意的下滑，资金开始周转不灵，他勉强维持了两年，但最终没有救活企业，企业最终破产。而此时，他已经债台高筑，所有的债加在一起高达3000万元。那个让他名利双收的工厂，此时已经不再是他的了。

想想我们的身边，这样的例子比比皆是。创业时，通过艰苦奋斗和灵活经营取得了成功，但却因为快速致富所带来的名利而迷失自我，沉浸其中，最终落得了失败的下场。其实，创业者追求更多并非坏事。有了追求就有了前进的动力，就有了奋斗的目标。但是一定要发挥自己的情商，记得回到现实中来，后面还有很长的路要走。

人生是一门哲学，但许多人无法悟透其中的道理。在生活中，无论做什么，都应该有一个度和量，要知道什么是自己的，什么不是自己的，一味地追求本不该属于自己的东西，往往会适得其反，这不仅会一无所得，最终还会失去自己原本拥有的东西。该得则得，该放就放，这样的人生才能够圆满。

看看身边的人，整天辛苦地奔波劳碌，最终的结局不都是埋葬在容纳我们身体的那点土地吗？古往今来的皇帝们死后在自己的墓中放着各种的金银珠宝，希望自己死后仍然能够富贵，但是这些帝墓最终都逃脱不了被盗的命运，皇帝们搜罗的金银珠宝最终只是为他人做嫁衣。

在我们的生活中，要充分展现自己的情商，既要有追求，但也要适可而止。不仅要在生活中进行加法，追求名利、追求知识、追求成功、追求富贵，但同时也需要用减法，远离名利、看淡成败、安于淡泊。懂得适度，该得的得，不该得的不得，世界上的许多东西，都有因有果。有些东西不属于你，再抓也不会得到。不属于自己的东西，干脆放手，反而能有其他更大的收获。

如果你物质上总是追求更多，那你永远都不会满足。只有精神上富足，生活才会快乐起来。精神上的富足，远比物质上的奢侈有价值，我们只有精神上富足了，生活才会更加圆满！

5. 商人有所为，有所不为

马云是一个具有高情商的人，这一点从他在管理上的做法就能看出来。马云对“知人善任，人尽其才”的用人之道非常重视。他深知用人的目的，就是为了让员工发挥最大的才能，让员工充分体验到“价值”的所在，然后才能充分调动员工的积极性和创造性，从而出色地去完成某项任务。

在马云的办公室墙上挂着一幅金庸的题字：“善用人才为领袖要旨，此刘邦刘备之所以创大业也。愿马云兄常勉之”。马云说：“我挂在办公桌前面，这是给自己看的，挂在后面是给别人看的。天天看到这个，也是对自己的一种提醒。”

在阿里巴巴公司内，马云说自己的角色就像刘备。因为不管是技术还是销售方面，马云都不是专业人才。但是他懂得任用人才。他聘请雅虎的吴炯来做公司的CTO，让理财专家蔡崇信担任了阿里巴巴的CFO，并聘请了关明生来做阿里巴巴的COO。这种安排，真正做到人尽其才，而马云自己的工作量也没有变得更多。这种工作分配，既节省时间，还提高了工作质量。

在《老子·第四十八章》中有一句话：“无为而无不为。”意思是无为，然后能有作为。显然，不论做什么，都是要有所为有所不为的。人生当中，如果有人想无所不为，那么最终的结果只会是浪费了大量的精力后却一无所为。无论是领兵打仗，还是做生意都是这样，有所得就要有所失，有所攻就要有所守，想做的太多，必定一事无成。

事实上，除了在管理上放手让人才在舞台上自由起舞，自己轻松做好领导人，马云在公司业务布局上也坚持“有所为，有所不为”。在行业内大家都知道阿里巴巴有一个原则：那就是坚决不做网络游戏产品。马云也曾经公开表态：“就算饿死，也不做游戏。”这是和他个人的价值观有很大关系的。马云认为：“游戏不能改变中国，中国本来就是独生子女家庭，孩子们都玩游戏的话，国家将来怎么办？所以游戏我们一分钱也不投。”这种“有所为，有所不为”的做法，让马云赢得了更多人的尊重，也让阿里巴巴的口碑越来越好。

在互联网发展起来之前，孩子们一起玩的游戏如“跳房子”、“夹包”、“弹玻璃球”、“扇毛片”、“撞拐”、“抽木牛”等，大部分是“体力活”，现在想起来，这游戏比现在在电脑前一坐就几个小时乃至一天，还是有益的。后来条件好点，才买了象棋、军旗、斗兽棋、扑克等，坐着玩的游戏多了，还是可以开发智力的。但是20世纪80年代出现日本的“任天堂”游戏机后，“魂斗罗”、“超级玛丽”、“打坦克”等游戏风靡一时。由于利润丰厚，越来越多的网络公司进入到游戏领域。越来越多的网游被开发出来，沉迷于网游的人也越来越多。

在马云看来，网络企业的这种做法是不负责任的，任何一家企业，在赚取利润的同时，还必须能够承担起社会责任来。“君子爱财，取之有道”，如果为了赚钱就抛弃自己的原则，那不如不做企业。

有为与无为并非是相反的两个方面，而是相互联系、相互贯通的。无为而治，是要我们顺应客观情况，根据客观事物而为，并非是完全听天由命、任人摆布，所以我们在顺应客观的同时，应主动地、策略地制定合理的方针和策略来解决现实环境中所遇到的问题。

商场中的领导者们有三种境界：第一是亲力亲为；第二是有所为有所不为；第三是无为而治。所谓“有所为，有所不为”，最难做到的就是“有所不为”。企业规模还比较小的时候，老板对企业中的工作可以说是事无巨细，每件事都要亲历亲为。但是当企业的业务规模不断变大后，企业

的日常事务就逐渐地变多了，这个时候企业领导者就无法亲力亲为了，但是因为企业领导者习惯了对工作事无巨细，已经形成了管理上的习惯，很难做到“无为”，更何况，“有所不为”意味着放弃，而放弃往往是一件非常痛苦的事情。因为放弃意味着失去某些既得的利益，如地位、名誉、福利、家庭等等。而这些因素往往令某些人趋之若鹜，怎能轻易地放弃呢？但是企业领导者不能一竿子插到底，否则，公司的中层起不来，大老板和低层员工就会有断层，这样所有的员工也都非常累。因此，“有所为，有所不为”要求我们权衡轻重、利害、得失，作出正确选择。

那么，如何处理好“有为”和“无为”呢？这一方面非常考验企业领导者的情商。

（1）企业领导者在事情的开始阶段表现出“有为”来。

无数的商业案例证明，高层领导无需事必躬亲，而只需要用自己的实际行动给企业树立一个态度就可以了，通过自己的行动来给企业营造一种氛围。这种做法可以叫“拍板”，也可叫“决策”，这是企业领导者应该做的“有为”的举动。就像高层领导者仅在工程之始参加的“奠基仪式”，“开工动员”等也属于这类性质，主要做的是带动下属的积极性。

一个人的精力是有限的，企业领导者不可能什么都想要去亲力亲为而又什么都不会耽误。你必须要学会选择主要的，学会放弃次要的。这样才能“有所为，有所不为”。

（2）企业领导者在事情的中间环节上表现出“有为”来。

此时企业领导者的“有为”，是为了引导、完善员工在工作中的一些做法，促使员工的工作更加完善，更加符合企业领导者的要求。而当工作完成后，应当指引员工奔向新的目标，在新的领域开始自己的工作。具体来说，企业领导者就像员工们在商场上的引路人，对员工们加以引导。

因此，“无为”并不是说领导者对一切都不管，而是要企业领导者在必要的时候留心下属的动向。经常口出怨言或者发牢骚、自叹倒霉的企业领导者并不称职。

商人有所为有所不为不仅是在工作上要这样，面对机会时也应该这样。马云曾说："CEO 的主要任务不是寻找机会而是对机会说 NO。机会太多，只能抓一个，抓多了，什么都会丢掉。"作为企业领导者不可草率做出决策，而是要以高超的情商稳定情绪，认清发展趋势，待一切明朗、非常有把握时果断出手，避免因贪图一时之利而满盘皆输。

6. 永远不去抱怨生活

很多时候，身边的很多事情，总是无法让我们满意，觉得有各种各样的缺憾。很多人看到了这种不完美第一选择就是用抱怨来表示自己的不满，对遇到的事百般不情愿。其实，在这种情况下，我们就要调整自己的心态，如果我们保持着看这不顺眼、看那不顺眼的心态，那我们根本就没有办事情的心情，只会去挑毛病，恐怕什么事也干不成。如果有各种不完美的事情存在，我们能做的就是调整自己的心态，做好自己的事情，不去抱怨，用“不完美”的心把事情做到完美。这是一种“大成若缺”的智慧。

马云就是一个从不抱怨的人，今日的马云，在台上风光无限，是每个人心中最理想的“创业教父”。但是，在这些风光的背后，却是大家看不到的心酸、泪水、委屈甚至痛苦。只是对于这些，马云并没有抱怨过，而是咬牙坚持。

创业多年以来，马云并不是没有遇到过危机，但他始终坚信，危机就是转机。2002 年互联网危机，马云经历了互联网寒冬，许多企业面临着倒闭或者已经倒闭。阿里巴巴也难逃这场危机，资金缺乏，客户流失，都成了企业得以继续生存的大问题。有一部分股东也开始动摇了，甚至说出“如果还不盈利的话，就各自解散回家”这样的话。而当时的大环境也不容乐观，想要盈利谈何容易。为了保住企业，马云做出了一个大胆的决定：在全球范围内撤站裁员。这一措施，就是后来被大家称作“回到中国”的应急方案。可是，启动了这一方案之后，阿里巴巴公司呈现出一片惨淡的景象：原来30人的香港办事处只剩下8人；在美国硅谷的30个工程师只剩下3人；设在上海的办事处减员到10人以下。

残酷的撤站裁员虽然暂时化解了阿里巴巴的寒冬危机，让阿里巴巴的情况有所好转，为其赢得了宝贵的喘息时间，但是并没有从根本上解决问题，而且使阿里巴巴员工的士气大落。

即使是在这种艰难的情况之下，马云也没有抱怨。而是抓紧时间想办法解决问题。为了拯救阿里巴巴，马云做了三件大事：给员工灌输价值观；培训员工；提高销售人员能力。马云在公司说："即使倒下，也要是最后一个倒下的人；即使跪着，也得最后倒下。"他那时没有抱怨，只是坚信一点，总会有人比他更困难；他难过对手比他更难过，谁能熬得住谁就赢。放弃是最大的失败，永远不要放弃自己的信心，永远不要放弃当第一的梦想。

通过一系列举措，阿里巴巴员工的士气得到了迅速回升，上下一致，士气昂扬，共渡难关，终于有惊无险地度过了那个"寒冷的冬天"。

马云创业这十几年来，碰到过太多的失败与挫折，但马云从不因此而掉眼泪或者抱怨，而是把这些挫折当成磨砺。他甚至说："这十年以来，任何的成功与失败，都是在给我上课，通过这些波折，我积累了很多经验教训，这是我最想要的东西。所以，有时候可能要失败，我愿意做个尝试，我如果把麻烦一个个解决掉往前走的话，这是我的一种经历。如果我失败了，也是一种经历。创业者要有经历，才能对公司未来的发展做出正确的选择。从阿里巴巴诞生之日起，我就知道自己走的不是一条平坦的大道，是一条曲折的路，而曲折的路所经历过的东西是你最大的财富。走到今天为止，我越来越而觉得这才是正确的路，这才会让一个创业者心态永远平衡。"这就是马云的情商，他从来不会去轻易地抱怨什么，而是将一切的抱怨化成奋斗的动力。

生活中有句老话叫做"人生不如意事常八九"，我们的生活中有太多的不如意了。有的人在不如意的时候，只会一味地抱怨，怨天尤人。但是

抱怨其实只是徒耗时间的无益举动，对于解决这些不如意的事情毫无帮助。爱抱怨的人，内心常常充满凄风苦雨，他们只能在原地徘徊，自以为是地咒骂眼前的不幸，却不知道那些“不幸”就是自己造成的。其实，与其在不如意时一味地抱怨，还不如尝试着去努力改变自己、改变现状。在生活中，懂得改变、并努力去改变的人，总能用智慧发现机会并把握住机会，使得本将是无奈的人生过得精彩而美好。

马云常说：“世界上最没用的就是抱怨，不仅对你没有任何帮助，还会浪费掉宝贵的时间。面对每次打击，只要你扛过来了，就会变得更坚强。所以每当我遇到困难的时候，或者企业走不下去的时候，我总是想明天肯定更倒霉，一定会有更倒霉的事情发生，那么明天真的有打击来了，我就不会害怕了。你除了重重地打击我，又能怎么样？来吧，我能够扛得住。抗打击能力强了，真正的信心也就有了。”当我们接纳各种状况，并从中发现其光明面时，就会体验到越来越多不需要抱怨的美好。

伟大的成功归功于不抱怨。当你抱怨不公平时，是否反省过：“我够努力了吗?”没有能力的人，经常抱怨世界的不公平，因为机会被别人抓走了，留给他的只有抱怨。真正有能力的人，即使知道世界是不公平的，但他们从不去抱怨，而是通过付出超人的努力，让自己把握住稍纵即逝的机会。所以，要想真正成功，首先就得做到“不抱怨”。